青年学术文库

Youth academic library

伊川理学新论

刘乐恒 著

岳麓书社·长沙

目录

序言

近代文化巨子严复曾说："若欲究人心政俗之变，则赵宋一代历史最宜究心。中国之所以为今日之现象者，为善为恶姑具不论，而为宋之所造就者，什八九可言。"史家陈寅恪推崇宋代文化是中国传统文化的巅峰："华夏民族之文化，历数千载之演进，造极于赵宋之世。"他赞叹道："天水一朝之文化，竟为我民族遗留之瑰宝。"宋代文化开启了中国近世文化的主流，其对中国民族文化心理结构与政治伦理原则的影响更是至大至深，对中国的历史进程与中国人的思维方式、价值观念与精神风貌的形成与凝结具有无论如何估价均不为过的重大影响。作为儒学变革之后的一种新的思想形态的宋代理学，使传统儒学具有了更强的穿透力和说服力，传统儒学所提供的原则才得以提升为全民族共同认可的价值体系，成为一种非常牢固坚实的价值信仰，深深植根于吾民族的文化心理之中。同时对中国各类学术样式与思想体系形成强大的融摄力，在中国文化的价值坐标上占有醒目的位置。就精神气质而言，犹如唐君毅所论："中国民族之精神，由魏晋而超越纯化，由隋唐而才情汗漫，精神充沛。至宋明则由汗漫之才情，归于收敛，充沛外凸之精神，归于平顺而向内敛抑。心智日以清，而事理日以明。故学术则有理学与功利之学。功利之学重明事，理学重明理。二者中唯理学能代表宋明人之心智之极。"而在决定此一思想形态基本格局的"北宋五子"中，小程子（颐）是最重要的人物。他所建构的思想体系奠定了理学的形态，他与他的兄长大程子（颢）提出并倡导的天理论更是理学定名的主要依据。

中国哲学界之新锐刘乐恒君此书，通过“理气”、“感通”、“性情”、“工夫”、“政道”五篇，重新梳理并解答了小程子学说之全部，以“对比”与“融通”手法之交互使用，对小程子的主要概念及其内涵作了贯通性的解读，指出伊川理学的主要思想取向，乃在于强调理气、性情、体用的对比性，同时也强调它们之间的融通性，但以强调对比性为主。对伊川理学之释读，既能入乎内，依据伊川学说之概念范畴，作合乎逻辑的分析；又能出乎外，将伊川理学放置于宋明理学产生发展的思想史动态平台上加以审视，由此凸显出伊川理学的独特价值。

章学诚曰：“高明者多独断之学，沉潜者尚考索之功。”譬如昼而有夜，暑而有寒，故而论学不可究“独断之学”与“考索之功”孰高孰下，更难言唯我独尊。杨联陞先生即诚恳地说过，论学问最好不要谈第一人，而谈第一流学人与第一线学人。凡治一门学问，有了基本训练，自己认真努力，而且对前人及时贤的贡献，都有相当的认识的人，都是第一线学人。第一流学人则是已经卓然有所成就，他的工作同行决不能忽视的人。刘乐恒君，吾识之于上世纪末暨南园，彼时正值君之少年，好学深思，凝怀内朗，恬性笃好，敦究哲章。长而负笈沪上，辗转香江，进而执教珞珈。于学剖析毫厘，精辨幽赜。是为志兼“独断之学”与“考索之功”，其前程又岂可以限量也哉。

范立舟
2014 年 11 月 28 日
杭州市余杭镇西城时代家园

前言

本书的旨趣，是在借鉴学界相关研究的基础上，重新疏解程颐（1033—1107，字正叔，世称伊川先生）的理学思想，并将伊川之学界定为一个“对比而融通”的理学思想系统。所谓“对比”，是指伊川理学中的体与用、主与客、理与气、性与情、心与理、寂与感、道与器、形上与形下、天命之性与气质之性等，各自成为两两对照的一组内容。在两两对照中，对照双方构成了差异性。但人们对于这对照双方所构成的差异性，可有两种观法。一种是强化这种差异性与断裂性，并将之绝对化和固定化，最终将两者的对比性关系观为对立性关系。如果说“对比”不一定意味着是指“分解论”与“二元论”的话，那么“对立”就一定意味着对照的两者形成分解性、二元性的关系。① 第二种观法则是不将双方的差异与断裂视作本然的对立与绝缘关系，而是视为积极的互补、互构的融通性关系；换言之，这种观法理解到对比中有融通，融通中有对比。因此这种观法就并不意味着它认为对照双方确然存在着分解性、二元性的关系，而恰恰是要通过对比、差异而彰显出对比的两者的内在融通性与统一性。对于上述的第二种观法，有学者将之概括为“对比”的哲学，并指出说：“简单

① 在宋明理学中，实际上很少学者、学派会有这种观法，因为自古以来儒家的传统都是要展示出天人合一、身心合一、心性合一、心理合一、心物合一之蕴。

说来，所谓的对比是指‘同与异、配合与分歧、采取距离与共同隶属之间的交互运作，使得处在这种关系的种种因素呈现于同一个现象之场，并隶属于同一个演进的韵律。’”① 就此而言，对比并不只是对比。严谨地说，对比的意思是对比中有融通，融通中含对比。

对比的哲学与思想，在中国先秦的《周易》经传中得到具体的展示。《易传》指出：“一阴一阳之谓道，继之者善也，成之者性也。”② 在《易传》思想中，阴与阳、柔与刚、静与动、寂与感、微与显等两两对比之象，乃共同呈现于（或者说两者构成为）同一个现象之场。正因为两者构成对比性，同时又有融通性，正因为两者有同有异，而其内在的差异性则又有其内在的同一性作为基础，所以此现象之场便容易引发出动态的感通交互作用。而在这个动态、感通、交互作用的过程中，相互对比的两者，其差异性与同一性，其对比性与融通性，都不会消泯，而只会继续存在下去，并不断地流淌、充盈、提升，生生不穷。据此，学者指出，《易经》哲学含有两方面的对比，一方面是结构的对比，也即阴与阳等两两对照之象，存在于既对比而又融通的现象之场中；另一方面则是动态的对比，也即这些相互对比而又融通之象，能够通过动态、感通、交互的作用与过程，而得到实现、充盈、提升。人们如果真切理解到天地之间这两方面的对比性关系，那么就会增进人类文化的义蕴。因此沈清松教授说：“由此可见，《易经》哲学就是一种对比的哲学，它既重视结构的对比，也重视动态的对比，两者且能相互穿透，又互成对比，但其目的皆是为了导向在更普遍的法则之下，说明人主体之意义，敦促人进行有自

① 沈清松：《创造性的对比与中国文化的前景》，载氏著：《沈清松自选集》，济南：山东教育出版社 2005 年版，第 61—62 页。

② 《周易·系辞上》，《周易正义》，卷七，《十三经注疏》，北京：中华书局 1980 年版，第 78 页。

觉、有意识的努力，引导人类的历史前途。”[①]

不过，前文所述的对比哲学，或者说是对比与融通的哲学，主要说的是在本源而本真的状态下，天地、天道运行的本真善美之蕴。而人类生于天地之间，是天地化育流行的一部分，因此每个人自然地也能够在性与情、寂与感的结构性对比与融通的脉络下，引发出本真善美的动态性对比与融通。但是，在现实生活中，人们自己也能够遮蔽这种本源本真意义上的对比与融通结构。具体地说，人心可以通过性与情的对比与融通关系，不断地自我实现、充盈、提升；但同时人心也可以使得性与情不能相通，相互阻隔。在这个状态中，人心既遮蔽了性与情两者的结构性的对比融通关系，同时又不能展现出两者的动态性的对比融通关系。在这个状态中，性与情显示出一种“似分裂相”；换言之，就是在这状态中性与情仍然是隐含着结构性与动态性的对比融通关系，但因为情对于性的遮蔽，因此情与性呈现出表面上的不相通之相，故称作“似分裂相”。而这种性情的似分裂相也可以视作性与情的另一种对比性。但这种对比性是虚妄的对比性，而非本源本真的对比与融通关系。这种虚妄的对比性，在现实生活中可以视作“对立性”与“阻隔性”，但这又并非是说性与情在其本源的结构上真有所对立与阻隔，因为我们可以通过后天的德性修养工夫，使得性与情恢复到其本源本真的对比而融通的状态中去。

由此，我们实际上疏通出两种对比哲学，一种是本源本真的状态下，阴与阳、理与气、性与情等两两对照的内容所自然具有的结构性与动态性的对比融通关系；而另一种则是在现实情境中，人心因为不如理如实，而所形成的非本源非本真状态下的性与情、理与气的似分裂相。

笔者认为，伊川理学的主要思想取向，乃在于强调理气、性情、

① 沈清松：《创造性的对比与中国文化的前景》，载氏著：《沈清松自选集》，第66页。

体用的对比性，同时也强调它们之间的融通性，但以强调其对比性为主。同时，对于上述两种对比性，伊川特别注重第二种对比性，也即注重在现实生活中性与情、理与气因为人心的虚妄作用而所显出的似分裂相。在伊川看来，只有强调和正视性理与情气在现实中的这种对比性、似分裂相，让人们真切感受到两者之间的对立性与阻隔性，然后人们对此才有深切的体认，并自我要求通过后天的修养工夫，让这种虚妄的对比或对立得到消除，从而恢复到性理与情气所本然具有的第一种对比性关系中去，也即结构性的对比融通与动态性的对比融通。正因为伊川要强调性理与情气在现实中的似分裂相，因此他特别重视将性理的根本性、关键性位置升举出来，宛如将之静态地悬置在现实的情气之上，使得现实的情气受到规范、检束、收摄，从而逐渐地消除虚妄的情识习气之作用，并恢复性理与情气的本然关系。如果不通过这种方式，也即先区别出性理与情气的不同，而后将性理宛如悬置于情气之上并形成某种似静态而实则非静非动、寂寂惺惺之境，那么修养工夫就难以收到真切的效果，而同时在现实生活中，这种性理与情气的似分裂相也将持续下去，对人们的生活造成负面的影响。因此，性理与情气的第二种对比性，正是伊川最为重视的内容，所以他特别强调性情与理气的区分，并通过主敬涵养等工夫让情气在性理的照摄作用下，去其虚妄，复其本真，从而恢复到性理与情气的第一种对比性关系中。正因为伊川特别强调性理与情气的似分裂相，因此许多学者包括现代新儒家的代表人物牟宗三先生（1909—1995），便容易将伊川的这种强调直接等同于其主张理气与性情在其本然结构上是二分、二元、对立、阻隔。这不但是错误的看法，而且也消解了伊川为求超化现实众生之痛苦而流出的悲心与悲愿。

综上，伊川理学可以界定为一种系统展示出性理与情气具有“对比与融通”关系的哲学。伊川理学最重视第二种对比性，也即人在现实生活中所呈现出来的性理与情气的似分裂相，并强调通过主敬涵养等工夫以消除人心因虚妄所造成的这种似分裂相，从而恢复性理与情气所本然具有的融通性。这种本然具有的融通性，其实就是性理与情气的第一种对比性关系，也即结构性与动态性的对比融通关系。伊川对于这第一种对比与融通性关系其实也有所展示，本书的第一、二章就主要疏通这一内容，只不过伊川更重视第二种对比性。在他看来，人们只有将性理与情气所呈现出来的虚妄的似分裂相消除，两者的本源本真的对比融通关系才得以呈现。表示如下：

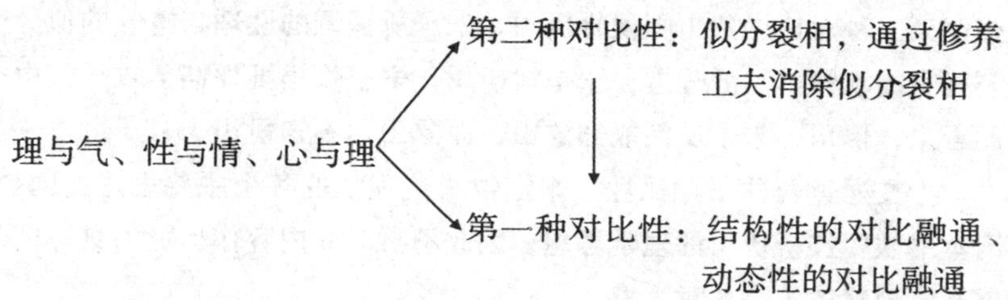

如果我们通过这个图表考察宋代理学诸大家，如周敦颐（1017—1073，字茂叔，号濂溪）、张载（1020—1077，字子厚，世称横渠先生）、程颢（1032—1085，字伯淳，世称明道先生）、程颐、朱熹（1130—1200，字元晦，世称朱子）、陆九渊（1139—1193，字子静，号象山）六位大家，就会发现他们的理学思想各有侧重。伊川、朱子基本上有着相近甚至相同的思想取向，此即相当强调第二种对比性，并强调通过主敬涵养等工夫，消除性理与情气的似分裂相，从而回复到两者所本然具有第一种对比性关系中去。笔者认为，相对于伊川、朱子，濂溪、横渠、明道三人的理学思想虽然各有所重，但其实皆能兼涵兼知上述两种对比性关系。只不过三者的侧重点也略有不同。三者之中，濂溪、明道最与伊川、朱子相近，但他们略更侧重第一种对比性，并展示出理气、体用在动态对比过程中的圆融一体之蕴。另外，横渠与明道一样，也侧重第一种对比性，但横渠更强调第一种对比性中的虚与气、心与性的结构性对比及其所引发出来的动态性对比，并在这基础上再明其融通性、一体性，因此这与明道直接强调融通一体性、而不先强调结构性对比的进路略有不同。① 而象山则不如前五者一样能够兼涵兼知两种对比性，同时他多只侧重在对于第一种对比性中的心与理、心与性所具有的一体融通性的一面，而既略去两者的结构性对比，又略去两者的动态性对比。这使得他的思想自成一格，下开王守仁（1472—1529，子伯安，别号阳明）一路，而向上则略契于濂溪、明道、横渠，而不契伊川、朱子一路，因为这一路特别强调第二种对比，象山则误将伊川、朱子所强调的性理与情气的似分裂相直接视作本然的分裂，于是对伊川、朱子作出批评甚至攻讦。由此看来，伊川、朱子反倒能知象山，而象山则不知伊川、朱子也。

上文通过两种“对比性”来定位宋代理学的各个主要思想方向。因本书主要探析伊川的理学思想，因此不再对此内容作出更为具体的展开。现略述本书各章大意。

本书是在消化学界特别是现代新儒家的伊川研究的基础上，提出伊川理学是一个强调性与情、理与气、体与用、寂与感、形上与形下之“对比与融通”的思想系统。而在对比与融通两者之中，他更侧重在对比性。在伊川看来，只有通过清晰展示出两者的对比性，人们才有可能深切体知到问题所在，并自我要求通过具体的修养工夫，使得在现实生活中两者的似分裂相得到消除，从而达至融通之境。全书

---

① 例如，横渠喜欢说“合”字，这意味着他先强调结构性对比，然后强调动态性对比及其融通一体性。如谓“合虚与气，有性之名”、“合性与知觉，有心之名”（《正蒙·太和》）、“气有阴阳，推行有渐为化，合一不测为神”（《正蒙·神化》）、“义命合一存乎理，仁智合一存乎圣，动静合一存乎神，阴阳合一存乎道，性与天道合一存乎诚”（《正蒙·诚明》）、“合体与用，大人之事备矣”（《正蒙·至当》）、“天人合一”（《正蒙·乾称》）等等。参见张载：《张载集》，北京：中华书局1978年版，第9、16、20、33、65页。明道则不喜欢说“合”字，他不特别重视对比性，而直接强调融通一体性。因此明道批评横渠谓“言体天地之化，已剩一体字，只此便是天地之化，不可对此个别有天地”、“合天人，已是为不知者引而致之。天人无间”。参见程颢、程颐：《河南程氏遗书》，卷二上，《二程集》，北京：中华书局2004年版，第18、33页。

各章都是通过这个纲领作出展开的。在前论部分，本书将先考察现代新儒家特别是马一浮（1883—1967）、唐君毅（1909—1978）、牟宗三三位先生对伊川理学的系统性阐述，并指出本书将在继承和借鉴马、唐二先生研究的基础上，消化与超化牟先生对于伊川理学的误读。

本书第一章“理气篇”主要是从理气及其关系的角度，展示出伊川思想中“理”的义蕴。第一节“理气”揭示出伊川的理气论是自其易学思想所引申出来的。理与象、理与气是体与用的关系。两者既具有对比性，又具有融通性；对比中含有融通，融通中存在对比。同时，这一节特别辨析伊川在理气论上的“所以然”之说，指出“所以然”包含着第一种对比性中的“结构性的对比融通”与“动态性的对比融通”两方面的内容，而这两方面的内容都不能推导出伊川所说之理是只存有而不活动之理。

第二节“理说”进一步考察伊川关于“理”的思想的三方面内容。首先，伊川之“理”说需要从《伊川易传》中引申出来，以作疏解与阐发。本节指出，伊川将理视作“实理”，而此“实理”之“实”有二义：一是理为当然性之理，这是从理气对比的角度而说的；一是理为功能性之理，这是从理气融通的角度而说的。其次，本节通过对《伊川易传》所论乾卦义的疏解，指出伊川之理是元亨利贞四德互涵互摄的构成性、生成性境域，故能流出众理，并分别展示为“物理”、“伦理”、“事理”、“性理”，因此人如果要明理，就需要从近至远、从大至小地“集众理”，以体会到各种理有其内在的相通性，也即体会到天理本身具有融贯性。本节并指出，天理的内在融贯性，指的是各种理都体现为一阴一阳的屈伸相感、虚实相生、动静相交之理。集众理便是要如此集，格物穷理便是要如此格。最后，本节指出伊川之理因为与气具有融通性，因此在本源本真的状态中，天理之流行即是气化之流行，气化之流行即是天理之流行，合言之则可称作天理气化流行。不过伊川更强调理的一面，而不太强调气的一面。

第三节疏解伊川关于“中”的思想，因为伊川主张中与道、理相通，因此这一节归在“理气篇”中论述。牟宗三先生对伊川理学的疏解，当以“中和”篇最为详细。本节在全书中也是最详细丰富的一节。本节将《中庸》的“中和”系统与《周易》的“中正”系统合并而观，疏解出伊川的“中和”、“中正”、“已发未发”之论，其实并不如牟先生所说的是混乱纠结之说，而是有着融贯的系统与脉络的。经过疏解，本书总结出伊川所说之“中”有三义，也即通于体之中、通于相之中、通于用之中。此三义分属三个层面，有其对比性；但同时因为中为心之象，中体现出整全的心，因此中之体、相、用三义又有融通一体性。本节特别在“通于相之中”一义上阐发较多，并通过对“在中”、“求中”二说的辨析，理清伊川中和说的关键，使之呈现出系统性与融贯性。

本书第二章论述伊川理学中的“感通”的思想。“感通”的论题是伊川理学的重要内容，学界对此多有所涉及，但系统的研探与辨析仍有待推进。本章主要分两节疏解伊川的感通思想，第一节是天道的感通；第二节则是人心的感通，而人心的感通实际上乃展示出人心的特性与状态，因此第二节其实也可以视作对伊川人心之论的整体性考察。首先是第一节“天道”。此节疏解了伊川关于天道感应的两方面思想。第一方面是指出北宋理学中，周濂溪、张横渠、程伊川都强调天道感应的“有始有端”与“无始无端”。“有始有端”与“无始无端”并非矛盾，而是揭示出天道感通在不同状态与层面所具有的特征。本节指出，周、张、程皆能体会到天道感通的“有始有端”与“无始无端”，但周、张侧重在对“有始有端”的阐发，而伊川则侧重在“无始无端”的阐发。此节的第二方面内容，是指出伊川特别强调天道的阴阳无端、动静无始的感应之道，其之所以生生不息，是因为天道的感应，是先阴后阳、先静后动、先屈后伸、先体后用的，因此天地万物皆先屈退静养而后伸展自如，君子则皆先退藏于密、摄用归体而后得以展也大成。据此，无论人与物，都要“精一”才能得到自然持续的发展。在人而言，“精一”即是二程的主敬工夫。因此伊川的工夫论有其易学思想的基础与背景。

第二节论述伊川“人心”层面的感通义，其实即是伊川的心论。本节指出，与“中”一样，伊川所论“人心”亦有体、相、用三义。此三义也是对比而融通的关系。同时，因为伊川主张心有体相用，因此其隐含着张横渠、朱子所阐发的“心统性情”的义涵，只不过伊川并未对此作出严整系统的表述而已。同时，通过心之体、相、用三大来充实“心统性情”之义，则可见伊川、朱子之“心统性情”之论，并非意味着牟先生所说的心、性、情之三分。因此，本节还辨析了牟先生对伊川心论的批评，从而对牟氏之说作出超化。

本书第三章“性情篇”论述伊川关于“性”与“情”的思想。第一节主要疏解伊川所论性情关系，梳理出在伊川的思想中，性情来源于天理气化流行。同时，这一节特别重视辨析伊川所论性情之“分”与“合”的问题。本节指出，伊川经常强调性情有“分”，此“分”有两种情况。实际上这两种“分”就是伊川理学所具有的两种对比性关系。第一种是强调在本源本真的状态下，性与情的结构性的对比，因此有“仁性爱情”之说；但在这种情况下，性情虽对比而实融通，因此性情并非本然地分离、分解。而第二种则是强调在现实非本源非本真的生活中，性与情所显出的“似分裂相”。这种“似分裂相”是虚妄而非实的，因此可以通过修养工夫的作用消除之，使之回复到第一种情况中去。同时，本节指出，因为伊川特别强调性情的现实情况中的似分裂相，因此其思想容易被误读为主张性情二分。

第二节主要疏解伊川对天地之性与气质之性及其关系的理解。这一节指出，伊川能够全面照顾到其中的各种义涵。首先，在伊川的思想中，天地之性蕴含着超越义与生成义。但因为伊川特别重视现实人性（也即气质之性）与天地之性的对比性、似分裂相，因此特别强调天地之性的超越义以对治之。同时，本节指出，虽然伊川特别强调天地之性的超越义，但其实他也提示出天地之性兼有生成义，只是因为伊川强调超越义，而此生成义遂隐而弗彰而已。可见，伊川所理解的天地之性并非只存有而不活动者。其次，伊川对气质之性则作出全面的界说，他为了对治现实人性的问题，因此较之明道更能指出气质之性的可上可下、可通可蔽。从这个背景出发，伊川对孔子“性相近”、告子“生之谓性”作出合理而全面的界说，值得重视。

本书第四章“工夫篇”则通过两节内容分别论述伊川主敬涵养与格物致知的工夫论。事实上，学界对此已经有基本上的疏解与研究。这一章的内容，则在学界研究的基础上，作进一步的细化、系统化。特别是在主敬涵养的内容上，本章展示出伊川通过“持志”、“养气”、“集义”的作用，从而展示出主敬涵养获得“自然”、“虚中”、“充盈”、“直方大”的境界。此境界的呈现，乃并非完全是牟宗三先生所说的“他律道德”所可达至的。同时，在格物致知的内容上，笔者一方面整理出伊川格物说的主要内容，另一方面则揭示出伊川格物说与《大学》文本的内在张力。总言之，笔者希望本章能够在对伊川工夫论的研究上略有所推进。

本书第五章“政道篇”则从中与正、仁与公、德与位的对比与融通的关系，来疏解《伊川易传》的政治哲学的思想。这一章认为，《程氏易传》的政治思想包含三个层面的问题。首先是“治体”即政治的方向与基础，对此程颐通过中与正的关系作出说明。其次是“治法”即政治的法则与举措，对此程颐通过仁与公的关系作出讨论。最后是“治者”即政治的决策者与管理者，对此程颐通过德与位的关系作出展开。程颐在这三个层面上的思考具有一致性，即中、仁、德分别是正、公、位的基础，但正、公、位有其相对独立性；而通过对正、公、位的相对独立性的培育，最终可更切实地实现中与正、仁与公、德与位的相互滋润、相互成就。换言之，中与正、仁与公、德与位既相互贯通、体用一源，又相互对比、体用有别。就前者而言，程颐保证了“以德为本”、“政道合一”的儒家政治思想的传统；就后者而言，他则又承认了政治问题的相对独立性，确立政制、社会、经济、教育、人才等具体建设的必要性；就前后二者的相通性而言，他指出培育具体的政治制度建设等事有利于深化、善化、回归儒家“以德为本”、“政道合一”的大传统。

本书另有两个附录。附录一疏解了张横渠哲学思想中的“感通”论题。张横渠与程伊川的“感通”论有异有通，可以互发互补。附录二则是发表于《现代哲学》学刊2013年第2期的一篇拙作，这篇拙作可以作为本书补充性的文字。

前论　现代新儒家论伊川

在本部分内容中，我们将对现代新儒家特别是马一浮、唐君毅、牟宗三三位先生对于伊川理学的论述与研究，作出具体的考察与总结。其实，宋明理学内部对伊川及其思想已经作出过深入的辨析讨论；同时，程门后学如谢上蔡（1050—1103，名良佐，世称上蔡先生）、杨龟山（1053—1135，名时，号龟山）、李延平（1093—1163，名侗，世称延平先生）、朱子等，也对伊川理学作出自觉的继承与扩充。上述这些内容，理应成为本书所要处理的论题。不过，本书并未对宋明理学之伊川研究作出系统的疏解考察，一来是因为学界已有相应的研究成果与基础，二来则是因为宋明理学对于伊川理学的辨析与讨论，虽然有着深入性，但是缺乏系统性。而这第二方面的问题，则是由现代新儒学来弥补和引申的。现代新儒家的代表人物，如熊十力（1885—1968）、马一浮、唐君毅、牟宗三、刘述先（1934—）等，都对伊川理学有过研探；而在这当中，能够作出系统性研究并带来深刻启发者，莫过于马一浮、唐君毅、牟宗三三先生。

马一浮先生是第一代新儒家的重要人物，他的学问与第一代的其他人物如熊十力、梁漱溟等先生一样，都可以通过牟先生所说的

"前一辈老先生启发性有余，客观的了解不足"① 来作出概括。不过，虽然马先生对于包括伊川理学在内的中华传统文化不特别作客观性研究，但因为他通过自身的生命与性情通于伊川理学，并且通过自身切实的修养工夫来作为保证，以理解伊川理学。这样的进路可以说是另一种"客观性"，也即通过生命、性情、工夫的作用，深入伊川理学的脉络与深意中，与之互动互观。同时，马先生更将此互动互观之所得，化入他的新儒学思想系统即"六艺论"中并作为六艺论的义理基础。因此，马先生的伊川研究，可以说是一种创造性的阐发，其中有客观性也有创造性。但马先生毕竟是大家，他的伊川研究的客观性与创造性实可相融相润，因此体现了伊川之学某种方向的顺理发展。所以，疏通马先生对伊川理学的研究，也可以从一个新的视野来考察、省思伊川理学本身。

唐君毅与牟宗三先生是现代新儒家第二代最重要的两位人物，他们两人都有客观、系统、深广的哲学史研究，而在这基础上，他们两人的伊川研究各具特色，都体现出伊川研究的新高度，但形成两种不同的定位与结论，颇成颉颃之势。牟先生在其研究宋明理学的巨著《心体与性体》中，通过充分而系统的疏解与论证，指出宋明理学可以分为三系，也即五峰、蕺山系，象山、阳明系以及伊川、朱子系。而伊川、朱子系将理视作"只存有而不活动"之理，也即理无活动性与生成性；将心视作实然的心气之心，也即心无本心义与本性义。由此，伊川、朱子的思想导出了"理气二分"、"心性情三分"的格局，成为宋明理学的歧出之路。牟先生的《心体与性体》全四册，通过三册来疏解宋代理学，第二册主要是疏解二程思想，将二程兄弟"分家"，分别拆分为程明道的"一本论"与程伊川的"分解论"。牟

① 牟宗三：《鹅湖之会——中国文化发展中的大综和与中西传统的融会》，载《牟宗三先生晚期文集》，《牟宗三先生全集》，台北：联经出版事业有限公司2003年版，第27册，第446页。

先生在第二册中将二程拆分出来，实际上是为了在第三册中批判朱子“理气二分”、“心性情”三分的理学思想作出准备与铺垫。由此可见，对伊川理学思想的定位与界说，是牟先生《心体与性体》一书中相当关键的论题。因为牟先生论证清晰、立论显眼，加之其哲学思想功底深厚，因此此书一出，便引发学界的热烈讨论，许多学者服膺于牟先生对伊川、朱子的辨析论证，视之为不刊之论。①

相对之下，唐君毅先生的伊川研究便略显寂寞，引发不了太大的讨论。这应是与唐先生哲学思想的表述较为晦涩与圆融有关。事实上，唐先生也对伊川思想作出系统而充分的阐发。他的阐发有时候是受到牟先生伊川研究的刺激而牵引出来的，但也不尽然。因为在牟先生《心体与性体》出版（1969）之前，唐先生就已经在1957年发表《略述伊川之学》一文，此文已经展示出他对伊川之学较成熟的界说。其后他在《中国哲学原论》之《导论篇》（1966）、《原性篇》（1968）、《原教篇》（1975）中不断绎读和阐发伊川所说的“理”、“性”、“心”、“工夫”的义涵。这当中以《原教篇》的相关论述最为详尽。总的来说，唐先生对伊川的理解与牟先生正好对反。他指出，伊川之学以心性论为主；伊川特别注重在一心中分别出性与情、理与气、寂与感，这是要对治现实生活中人心确然有性情为二、理气为二的妄境，这是伊川之学有进于其兄明道的地方，但这并不意味着伊川理学是分解性、二元论的进路。同时，唐先生在此基础上还指出了伊川之学特别是其工夫论所潜在的问题。唐先生对伊川理学的阐发有许多精彩之处，可惜学界的研究讨论尚不足。

总的来说，马、唐、牟三先生对伊川理学都有着系统、深入、丰富的探析与发明。而本书将伊川之学阐发成为理气、性情、体用“对比而融通”的系统，也是在吸收和引申三先生相关研究的基础上而

---

① 例如刘述先先生便基本赞同并继承牟先生之说。参见刘述先：《论儒家哲学的三个大时代》，香港：中文大学出版社2008年版，第92—136页。

展示出来的。可以说，本书基本上同意马、唐二先生之说，而基本上不赞同牟先生之说。在这部分内容中，笔者将具体概述三先生的相关论说，并略加评述。

第一节　马一浮

马一浮先生的哲学与儒学思想与伊川之学关系重大。笔者认为，马先生的新儒学思想在某种意义上说，可称作“现代的伊川之学”。程伊川的“体用一源”、“心统性情”①、“涵养须用敬，进学在致知”等命题，以及伊川于体用中重体、于性情中重性、于理气中重理、于主敬格物中重主敬的思想，都是马先生建立并阐发其新儒学思想系统“六艺论”的关键性资源。同时，常人通常将程（程伊川）朱（朱子）并言，马先生本人也基本赞同朱子理学并对之作出继承与引申，但他如果遇到伊川与朱子之说有不一致之处，则多会倾向伊川，并于伊川几无微词，因此马先生的思想中含有“从朱子回到伊川”的取向。② 而从总体上说，马先生对于伊川之学的继承与扩展，集中在两

---

① 笔者按：“心统性情”的命题本自张横渠，但经过朱子的阐发，伊川理学中也蕴含着心统性情的结构与关系。参见张载：《性理拾遗》，《张载集》，第 374 页；朱熹：《朱子语类》，卷五，《朱子全书》（修订本），上海：上海古籍出版社，合肥：安徽教育出版社 2010 年版，第 14 册，第 215—234 页。

② 这里最重要的内容是马先生认为李延平与朱子在“理一分殊”中过分强调“分殊”，而其实最重要的还是“理一”，而伊川实际上是在“理一分殊”中偏重“理一”。马先生指出：“但得本，不愁末。若不见理一，争知分殊？莫颠倒好。”“近人为学，重在分析名相，不知返求本源，只见分殊而不见理一，见别异而不见和同，故多为偏曲之见。须是从分殊中见理一，从变易中见不易。”按：“从分殊中见理一，从变易中见不易”之说，正是伊川理学的基本取向。参见马一浮：《尔雅台答问续编》，《马一浮全集》，杭州：浙江古籍出版社 2013 年版，第 1 册，第 490 页；乌以风：《问学私记》，《马一浮全集》，第 1 册，第 762 页。

大方面。首先，马先生通过阐发伊川的体用、理气、性情、寂感之论来建立其“六艺论”新儒学思想；其次，他特别重视伊川主敬涵养的工夫论，并对之作出丰富的揭示与阐释。本节则对这两方面内容依次概述。

首先，马先生的新儒学思想系统，可以通过“六艺论”来概括。所谓“六艺”，指的是孔子所编订的《诗》《书》《礼》《易》《乐》《春秋》六经。马先生指出，六艺最初虽然指的是六种儒家经典也即六经，但其实此六经是通于天地人生之根源的“道术”，故称“六艺”。六艺之为道术，其特征则在于六经所揭示出来的六艺之道，乃根源于心性，并流出成为本真善美的生活形态。马一浮说：

> 性具万德，统之以仁；修德用敬，都摄诸根。①
>
> 仁者，德之总相也，开而为二曰仁智、仁义，开而为三曰智、仁、勇，开而为四曰仁、义、礼、智，开而为五则益之以信，开而为六曰智、仁、圣、义、中、和，如是广说，可名万德，皆统于仁。②
>
> 以一德言之，皆归于仁；以二德言之，《诗》《乐》为阳是仁，《书》《礼》为阴是知，亦是义；以三德言之，则《易》是圣人之大仁，《诗》《书》《礼》《乐》并是圣人之大智，而《春秋》则是圣人之大勇；以四德言之，《诗》《书》《礼》《乐》即是仁、义、礼、智；此以《书》配义，以《乐》配智也；以五德言之，《易》明天道，《春秋》明人事，皆信也，皆实理也；以六德言之，《诗》主仁，《书》主知，《乐》主圣，《礼》主义，《易》明大本是中，《春秋》明达道是和。③

马一浮六艺论的根源与基础在于“性德”。所谓“性德”，也即含蕴着仁义礼智等无尽无量德相的性体。性德是一个根源性的境域，能够自然地含蕴、生成、流出诸种德相与德用，从而流出整个六艺之道。同时，六艺之道将会进一步生成酝酿并最终显发为本真善美的六

---

① 马一浮：《童蒙箴》，《马一浮全集》，第4册，第14页。
② 马一浮：《复性书院讲录》，《马一浮全集》，第1册，第99页。
③ 马一浮：《泰和宜山会语》，《马一浮全集》，第1册，第17页。

艺生活。由此，马先生将六艺论展示为一个六艺之道（本体）——六艺生活（大用）的全体大用、体用圆融的意义机制。① 在这基础上，马先生则通过横渠、伊川“心统性情”之说对这个全体大用的结构作出发挥。其云：

> 心统性情，性是理之存，情是气之发。存谓无乎不在，发则见之流行。理行乎气中，有是气则有是理。……此理自然流出诸德，故亦名为天德。见诸行事，则为王道。六艺者，即此天德王道之所表显。故一切道术皆统摄于六艺，而六艺实统摄于一心，即是一心之全体大用也。②

马先生综合了横渠、伊川之说，提出“心统性情、兼理气”之论，并以此作为诠释他的全体大用、体用圆融的六艺论之义理基础。这里有两点内容值得注意。首先，横渠、伊川以至朱子的“心统性情”说被马先生诠释成为体用圆融、性情通贯之论，而并非性情二分、心性情三分之说。其次，马一浮扩展横渠、伊川、朱子的“心统性情”说，并将之扩充为“心统性情、兼理气”，这既体现出马先生意识到偏于主观性的“性情”有着偏于客观性的“理气”作为根源，从而为其六艺论奠定更为真实无妄的基础；而同时也体现出马先生赞同伊川“性即理”之说而非陆王的“心即理”之说。他指出：“阳明‘心即理’说得太快，末流之弊便至误认人欲为天理。心统性情、合理气，言具理则可，言即理则不可。”③ 这体现出马先生理解到在现实生活中，人心存在着不能通于性、理的情况，从而造成心与性不一、心与理不一；同时他也照顾到从心、性、情在其本源结构上是圆融一体的。因此，两方面的内容综合起来，就只能如伊川一样说“性即理”、“心具理”，而不能直接说为“心即理”，这样说的话就容易

① 参见刘乐恒：《马一浮六艺互摄论析论——以诗教和易教为中心》，《汉学研究》第31卷第4期，2013年12月，第249—252页。

② 马一浮：《泰和宜山会语》，《马一浮全集》，第1册，第16页。

③ 马一浮：《尔雅台答问续编》，《马一浮全集》，第1册，第475页。

大段忽略现实生活中心与理不一的情况，从而造成流弊。

据此，正因为在现实生活中有性与情不一、体与用不一、理与气不一、心与理不一的情况，因此在这情况下性德或六艺之道就会受到习气的遮蔽，从而不能全幅地显豁发用为六艺生活或六艺大用。这个时候，六艺之体与用处于似分裂为二的状态。马先生指出，如果是这种情况的话，人就需要实下修养工夫。而这个修养工夫则相当简易直接，这就是“敬”，再具体说就是“主敬涵养”。主敬的工夫贯动静通体用，能够让心思专一，最终习气刊落，性德显露，从而六艺之道能够重新流出并显发为本真善美的六艺大用、六艺生活。[①] 因此在马氏六艺论中，主敬的工夫具有根本性的意义与作用，也即主敬能够让六艺全体流出并显发为六艺大用，让六艺的全体大用、体用圆融实现出来。而“敬”、“主敬涵养”则是伊川工夫论的基本主张。从上可见，马先生提出六艺论，其各方面的关节与内容，多是系统地继承与阐发伊川理学思想而来。

而通过上文对马氏六艺论的基本结构的概述，我们可知马先生是步步通过阐发伊川理学而将其展示出来的。另外，马先生的六艺论实际上可以说是通过六艺之三性质的互涵互摄所成。六艺的第一个性质是“六艺之为全体”，也即性德流出六艺之道，六艺之道体现出性德本体的全幅义蕴。第二个性质则是“六艺之为大用”，也即六艺之道自然地流出并显发为六艺生活，即本真善美的生活世界、六艺大用。第三个性质则是六艺之为工夫，也即人心通过主敬的工夫，刊落习气，显露性德，从而使得六艺全体全幅充盈并显发为六艺大用；因此六艺之为工夫是落实六艺之全体大用、体用圆融的重要性质。据此，马先生进一步考察，是怎样的义理基础，让六艺之全体、工夫、大用三性质得以相互构成、圆融一致？马先生会通儒佛之学的一切“义

① 具体内容参见马一浮：《复性书院讲录》，《马一浮全集》，第1册，第88—90页。

理名相”也即理气、体用、性情、心法等说义理之名言思想，并指出六艺的三性质之相互构成，乃本于“三易”也即不易、变易、简易之相互构成所致。不易即性、理、体，乃寂然不动者；变易即情、气、用，乃感而遂通者；简易即是全理是气、全气是理、体用一源、显微无间者，或者说即是通过工夫落实理气相即、体用一源的圆融之境。通过三易之互摄圆融，六艺之三性质亦自然地得到圆融互摄。表示如下：

不易（六艺之为全体）⟶简易（六艺之为工夫）⟶变易（六艺之为大用）

另外，马先生楷定三易之义云：

《易》为六艺之原，《十翼》是孔子所作，一切义理之所从出，亦为一切义理之所宗归。今说义理明相，先求诸《易》。易有三义：一变易，二不易，三简易。学者当知气是变易，理是不易。全气是理，全理是气，即是简易。（原注：此是某楷定之义，先儒释三义未曾如此说。然颇简要明白，善会者自能得之。）只明变易，易堕断见；只明不易，易堕常见。须知变易元是不易，不易即在变易，双离断常二见，名为正见，此即简易也。①

可见，马先生说三易是通过理气论来作出楷定的。他指出，我们不能只讲变易或只讲不易，从而偏于一边；同时也应理解到不易与变易是圆融相即的关系，不能从实际上分解出来。其实，这正是二程所说的“论性不论气，不备；论气不论性，不明”、“二之则不是”② 之说并经马先生的省思与会通所形成的思想。另外，马先生还通过伊川的理气体用论来阐发其“变易元是不易”、“不易即在变易”之义的。其云：“未见气，即是理，犹程子所谓‘冲漠无朕’。理气未分，可说是纯乎理，然非是无气，只是未见。故程子曰：‘万象森然已

① 马一浮：《泰和宜山会语》，《马一浮全集》，第1册，第31—32页。
② 程颢、程颐：《河南程氏遗书》，卷六，《二程集》，第81页。

具。'""'形而上'者，即从粗以推至细，从可见者以推至不可见者，逐节推上去，即知气未见时纯是理，气见而理即行乎其中，故曰：'体用一原，显微无间。'不是元初有此两个物事相对出来也。""太极未形以前，'冲漠无朕'，可说气在理中。太极既形以后，'万象森然'，可说理在气中。"① 按伊川的理气体用论的关键性取向之一，就是理气或体用的融通无间性。故伊川谓"体用一源，显微无间"②，又谓"冲漠无朕，万象森然已具，未应不是先，已应不是后"③。而由此亦可见，马先生主要通过伊川此二说以论其三易义，并且对伊川之说作出更具丰富性、动态性的说明。

不仅如此，马先生在其六艺论的基础也即三易之义中，并不是将不易、变易、三易并列而观的。换言之，三易中不易、变易、简易这三向度虽然是相涵相摄的圆融系统，但是"三者"却并非处于平起平坐的并列位置，而是略有轻重之别。一般而言，在三易中，马一浮相对地重视和强调不易义，而不太强调变易义。他认为明白不易本体，让不易本体全体透露，则自然有变易大用。故谓"性上既分明，则用已具，何须更讲"④、"体用本是一事。用不离体，有体必有用。用上有差忒，正因体上有障蔽在"⑤。因此，人们最重要的一步，是要通过主敬涵养的工夫，收摄变易之气，使之不能遮蔽不易之本体，并最终回归不易之本体。换言之，修养工夫是从变易之气中指向不易之体下工夫，而不是反过来。总言之，马先生主张摄用归体、摄变易归不易的取向。这种取向使得他在体用不二的基础上更重本体，在理气不二的基础上更重天理，在性情不二的基础上更重性体。而实际

① 马一浮：《泰和宜山会语》，《马一浮全集》，第1册，第32—33页。

② 程颐：《易传序》，《二程集》，第689页。

③ 程颢、程颐：《河南程氏遗书》，卷十五，《二程集》，第153页。

④ 马一浮：《尔雅台答问续编》，《马一浮全集》，第1册，第464页。

⑤ 乌以风：《问学私记》，《马一浮全集》，第1册，第727页。

上，马先生这种整体取向则是全面继承伊川理学而来。伊川正是在理气中重理，在性情中重性，在主敬致知中重主敬。因此伊川指出“有理而后有象”①，理较之象、气要根本与优先；伊川又指出谓“易，变易也，随时变易以从道也”②,《周易》之书强调随时变易，随时变易的用意则是随时变易以指向、回归本源的性体、道体、天理，伊川主敬的修养工夫也能说明此义；伊川另特别强调天下万事万理最终皆归于一理，故谓“万物皆是一理”、“穷至于物理，则渐久后天下之物皆能穷，只是一理”③。我们由伊川理学的这种基本取向，便很容易理解到马先生的六艺论及其新儒学思想，基本上是从伊川理学引申阐发出来的。

综上，伊川理学中理气融通、体用一源的思想，以及其重理重体的摄用归体之说，兼及其通过主敬以摄用归体、明理见性之论，都对马一浮先生的新儒学思想构成决定性的影响，成为马氏三易论与六艺论的基本思想取向。同时，在六艺论的层面，伊川的“性即理”、“心统性情”、“主敬涵养”之论，都是马先生展示其六艺论结构的主要思想资源。因此笔者认为马一浮六艺论、三易论及其新儒学思想，在某种意义上是伊川之学在近现代的顺理发展。

其次，马先生在伊川之学中，最重视、最强调并最能对之作出充分阐发的，是伊川“涵养须用敬，进学则在致知”④ 的工夫论。马先生对主敬涵养工夫有着真切深厚的体会，同时他对中国佛学思想也有着广泛系统的理解，因此他将伊川的“涵养致知”之说与佛家的“止观”思想作出会通，以扩发伊川工夫论的旨趣、义涵、价值。马先生的主要表述如下：

---

① 程颐：《答张闳中书》,《河南程氏文集》，卷九，《二程集》，第615页。
② 程颐：《易传序》,《二程集》，第689页。
③ 程颢、程颐：《河南程氏遗书》，卷十五，《二程集》，第157、144页。
④ 程颢、程颐：《河南程氏遗书》，卷十八，《二程集》，第188页。

> 《坤》六二“直方大，不习，无不利”，象曰：“六二之动，直以方也。”《文言》曰：“直其正也，方其义也。君子敬以直内，义以方外，敬义立而德不孤。‘直方大，不习，无不利’，则不疑其所行也。”主敬集义，涵养致知，直内方外，亦如车两轮，如鸟两翼，用则有二，体唯是一。“敬义立而德不孤”者，言其相随而至，互为因藉，决无只翼单轮各自为用者。故谓伊川此言略如天台所立止观法门，主敬是止，致知是观。彼之止观双运，即是定慧兼修，非止不能得定，非观不能发慧。然观必先止，慧必由定，亦如此言涵养始能致知，直内乃可方外，言虽先后，道则俱行。虽彼法所明事相与儒者不同，而其功夫涂辙理无有二。比而论之，实有可以互相助发之处，故今略言之。①

历来通过佛家思想说宋明理学的工夫论者，实无过于马先生。熊十力先生《新唯识论》文言本之“明心”章，其论工夫处，亦多受马先生所启发。② 在这段引文中，马先生通过《周易》坤卦以及佛家天台宗止观双运之说，指出伊川的主敬与致知之教，正如《周易》的敬以直内与义以方外，也如佛家的止定与观慧。两者一方面是以前者为基础，也即主敬是致知的基础，直内是方外的基础，止定是观慧的基础；而另一方面，两者在现实的工夫修养过程中则是并行兼备、相随相因者。

马先生强调，伊川的主敬工夫确为致知的基础，因为散心观理，必不能得；敬以摄心，则心净理明，才有真知。因此伊川说的主敬工夫即是《周易》艮卦所说的“止”，佛家止定之止也略近艮卦之止义。马先生指出，《周易》艮卦中的“止”有二义。一是寂灭义，这里说的寂灭并非是断灭的意思，而是说虚妄无实的妄心习气消除净尽之意。一是不迁义，这里说的不迁也并非是静止不动，而是说真心显现、常住不迁之意，此真心之常住乃是时止则止，时行则行，即动是

---

① 马一浮：《泰和宜山会语》，《马一浮全集》，第1册，第67页。按，原文“功夫”作“切夫”，今改正。

② 参见熊十力：《新唯识论》，北京：中华书局1985年版，第42页。

静，即静是动者。因此，主敬工夫所达至的“止”的境界，并非是断灭、静止之止，而是止中含蕴着真实、动态、通透之蕴，从而自然地显发通达为真实的观慧之力，据此可以致知明理。因此，在马先生看来，伊川的主敬工夫实际上是通贯动静、体用的自主自在的妙法，而决非所谓“他律道德”。因此他引用伊川的话发挥说：“无无止之观，无无定之慧，若其有之，必非正观，必为狂慧。故曰：‘未有致知而不在敬者。’敬实双该止、观二法，由此可知。”①

除了通过总结出《周易》艮卦说“止”的寂灭、不迁二义外，马先生还通过佛家天台、唯识二宗之止观法门，以进一步通其蕴，博其趣，让学者释疑。他指出，天台宗的三止三观三谛，实可对应于伊川的主敬致知。三止即体真止、方便随缘止、息二边分别止，三止可起三观，分别为空观、假观、中观。具此三观，则成三谛，也即相应而成真谛、俗谛、中道第一义谛。马先生说：“真谛泯绝无寄，俗谛万法历然，第一义谛真俗双融，于法自在，方为究竟。”② 他之所以要会通天台宗止观之说与伊川的主敬致知工夫，是要进一步指出主敬涵摄致知，主敬的义涵越深微，则致知观慧之功越融贯。因此，伊川的工夫可以说是即敬即知、即止即观、即定即慧、即心即理。另外，马先生还引用唯识宗《百法明门论》中的“别境五法”，也即一欲、二胜解、三念、四三么地、五慧，五境辗转增胜，以说伊川之主敬工夫。他指出，欲即儒家所说的持志、立志，念与三么地即伊川所说的主敬，胜解与慧即伊川所说的致知，观五法交互而进，便可见主敬涵摄致知。马先生因此总结说：“念及三么地，敬也。胜解与慧，知也。学者观于此，则于‘未有致知而不在敬’之义，亦可以无疑矣。”③

综上，马先生对于伊川“涵养须用敬，进学则在致知”的修养

① 马一浮：《泰和宜山会语》，《马一浮全集》，第1册，第68页。
② 马一浮：《泰和宜山会语》，《马一浮全集》，第1册，第68页。
③ 马一浮：《泰和宜山会语》，《马一浮全集》，第1册，第69页。

工夫论，可谓着力甚多，阐述甚富。他在此的主要贡献，乃是通过《周易》艮卦的“止”之义，与佛家特别是天台宗的“止观”法门，深入地揭示出伊川强调主敬作为致知的基础这一说法的合理性，并圆融地展示出伊川主敬致知的工夫，具有即敬即知、即止即观、即定即慧，也即主敬与穷理的交互一体性。马先生上述说法，言之成理，我们将伊川各方面的工夫论放置在这个诠释系统与脉络中，也自得融贯。这就与后来牟宗三先生对伊川工夫论的界说截然相反。牟先生指出伊川是以实然的心气之敬心，以体验静止而不活动的性理本体，这就导向心、理为二之说，因此伊川的工夫论是他律道德。① 对比两者之论，笔者是倾向于马先生之说的，虽然马先生过多地通过佛教思想以扩发伊川工夫论之旨趣。

总言之，本节从两大方面疏解了马一浮先生对于伊川理学的继承与发展。从上可见，马先生虽然并不主要地本着客观性、研究性的态度以对伊川理学作出系统的辨析讨论，而是从自身的哲学与文化之创思出发，从修养工夫的现实意义出发，到伊川之学中寻找思想资源，但因为他能借着对伊川理学的诠释，展示其丰富而圆融的六艺论思想，因此这也可以反过来体现出伊川理学具有丰富的诠释空间，可以作圆融性的理解。因此，马先生的伊川研究具有启发性，不容忽视。笔者认为，伊川理学中确有圆融、融通性的一面，才可以让后人得以作充实与引申。

第二节　唐君毅

唐君毅先生是大哲学家，也是重要的哲学史家。他的哲学史研

---

① 参见牟宗三：《心体与性体》，上海：上海古籍出版社 1999 年版，中册，第 329—330 页。

究，既重视对研究内容作客观的平情理解，同时也将他自身的哲学系统融于其中。因此他的哲学史研究中有他的哲学，他的哲学则有着其哲学史研究的支持。不过，在哲学史研究上，一位学者既能照顾到研究内容的客观性，又能体现出个人的系统哲思，这实非容易之事。如果功力稍有不足，或者在某一问题上照顾不到，那么这个“两行之理”的相辅相成性便会被打破，这对哲学思辨与哲学史研究来说都是个损伤。所幸的是，唐先生毕竟也是大家，他对两行之理的运用可谓炉火纯青。他能够两腿走路而徐疾自如，并在屈伸进退中自由阐发而又自得融贯。他对于伊川理学的研究就是其中的一个例子，虽然其中也有不慎、走作、偏差之处，但笔者认为它基本上是成功而客观的研究。

唐先生对伊川理学的研究，蕴含着他自身的哲学思想系统，这体现在两方面。首先，唐先生通过他所理解的生命存在或心灵境界的超升历程，来对二程理学作出省思。在唐先生的哲学系统中，人的心灵在最初的时候是外照而非内照、觉他而非自觉、由内而外而非自外摄内的，因此它首先会观照客观的现象界；在此之后，人就自然逐渐地自外归内、摄所归能，并理解到人之所以能够对客观世界有所观照，是由于心灵主体的各种作用；最后，人们将能够理解到心灵境界还需要超化主体与客体的对待，从而通达至无主无客、亦主亦客的超越流行之境。① 在这个脉络下，唐先生理解到宋明理学在其肇始之时，主要是对客观的天道流行作出观省，然后再求人的主体与天道的贯通合一。这与心灵的最初状态是相应的。但是，宋代理学发展到二程兄弟身上，则不行此路，而是直接从自我主体出发。二程体会并指点出主体、人道中已经蕴含着天道，人道即是天道，人的举心动念、视听言动具有天理的导向性。可见，唐先生对于二程的定位，含有他自身的

① 参见唐君毅：《生命存在与心灵境界》，台北：学生书局1986年版，上册，第47页。

哲学系统的脉络和背景。其次，他通过当然与实然的哲学辩证，阐发伊川理学的理气、性情、寂感的活动过程。在唐先生的哲学中，心灵活动是虚实相生、屈伸相感的无尽的感通历程。当其为虚时，此虚非真虚，虚将化而为实，故为当然而将发为实然者；反之，当其为实时，此实非死实，实将摄而为虚，故为实然而有待归本为应然者。[①]就在这背景下，唐先生指出，伊川所说的性、理其实就是虚而有待化而为实的当然之理，情、气则是实而其本则虚的实然之事。

通过上述两方面的哲学背景，唐君毅展开对伊川理学的研究。唐先生的相关研究可分为四大方面。

第一，论二程异同。唐先生指出，程明道与程伊川的理学思想虽然风格各异，但两人思想的最终归结，都是要成就出礼乐教化之事；而礼乐教化如要充分落实，则首先需要通过义理的辨析。因此二程兄弟都深入到心性义理的内容中去作出探究。[②] 另外，在二程异同的问题上，唐先生指出二程在理学取向上与其前辈如邵康节、周濂溪、张横渠等人不同，这就是后者首先重视对客观的天道的考察，然后再求下逮主观的人道，最终求得天人合一。但是二程则直接揭示出人道本身就是天道，尽心知性即知天，因此他们认为不必先立一天道，然后再求以人合天。唐先生认为，这是宋明理学发展过程中的一个关键，也即从“自天而人”转为“即人而天”，从“客观”摄归“主观”。这在唐先生看来是一个“进步”。因为正如前文所言，在唐氏哲学思想中，人的哲思与心灵首先是向外、对境的，然后经过心灵的自我收摄，并作出摄所归能、由客返主的自我观省活动，从而重视心灵主体自身。因此从周、张、邵到二程的发展，正好与唐先生的哲学取向相

---

① 参见刘乐恒：《唐君毅感通思想概述》，《宜宾学院学报》第14卷第3期，2014年3月，第1—5页。

② 唐君毅：《中国哲学原论·原教篇》，北京：中国社会科学出版社2006年版，第104页。

契，所以唐先生特别重视阐发这个内容。[①] 除了上述这个大关节外，唐先生另指出在“仁”、“公”、“密”、“诚”、“敬”等理学的重要论题上，二程兄弟的理解与阐发也具有相通性。所以，伊川之学可以理解为明道之学的进一步的顺理顺势发展。而伊川对明道思想的最重要继承和发展，则莫过于其工夫论。唐先生认为，伊川的“涵养须用敬”、“进学在致知”的内外互动相养的两行工夫，就是对明道所强调的“敬以直内，义以方外，合内外之道也”[②] 之说的系统具体之引申。[③]

但是，唐先生同时指出，二程在思想表达的取向与偏好上有所不同。明道重指点启发，伊川则多分别肯断之论，特别是他将一心分为性与情、体与用、寂与感二者，并在这个基础上引申开来，区别出理气论上的理与气、工夫论上主敬涵养与格物致知的不同性。对于伊川的这种“一分为二”的做法，唐先生指出，这种分别之论并不就是二分、二元的分解性进路，而是在“一”之中姑且分为“二”，因此这暂时所分出来的“二”最终皆归为“一”。故谓“伊川固非不知人心为整个之一心者，然此整个之心自仍有其两面”、“此乃只是于此一整个之心自身，姑分为内外两面，而更观人对此内外两面，当有之工夫”。[④] 据此，在唐先生看来，二程之学在思想的根本处并无不同，因此两人的差异只是第二义上的差异，而这差异并不足以构成二程兄弟可以“分家”的基础。不过，因为伊川在体用、寂感、性情、理气、主敬格物的论题上特别强调对比性，着语过多，因此容易使得不善于理解伊川之学的学者直接认为伊川只知二元而不知一本，只分性情而不明一心，所以“由于不明此中思想发展之迹，遂横将明道伊

---

① 参见唐君毅：《中国哲学原论·原教篇》，第105页。

② 程颢、程颐：《河南程氏遗书》，卷十一，《二程集》，第118页。

③ 参见唐君毅：《中国哲学原论·原教篇》，第122页。

④ 唐君毅：《中国哲学原论·原教篇》，第107页。

川兄弟相承之说，化作对立之二论，而亦使此宋儒之学中之道之流行，若有间断无相续矣”①。

另外，唐先生并不满足于停留在上述基本评判中，他要进一步辨析伊川为何强调体用、寂感、性情、理气、主敬格物等论题中的对比性。唐氏认为，伊川因为重视主体性，而不特别注重自天而人的客观性进路（但也并非没有），因此他的理学思想首在于其“于一心分性情”的心性情之论，而在这个基础上才引申出其“于一心别理气”的理气论，然后再在工夫上引申出其“以敬直内、以格物穷理应外”的工夫论。因此，在这里我们也宜按此顺序概述唐先生对于伊川理学各内容的具体探析。

第二，论伊川于一心中分性情。唐先生认为，伊川自己的理学思想，在其青年时代就已经相当成熟，这在其早年的《颜子所好何学论》中便可见。此文特别重视性与情“不一”的情况，换言之，就是在现实生活中，人们有荡性、凿性、梏亡其性的“情其性”之情。在这状态中，性与情显然不能等同视之，这时候人就需要有“性其情”的工夫，使得自己的情成为性之全幅发用。不过，无论情如何成为性之发用，情与性总是有“距离”的。因为性体的义蕴相当丰富微妙，而性所表现的情则有着特定具体的内容，总是不能全尽性之义蕴。例如，性有仁义礼智信之德，但性所表现出来的情，即使都是顺性而发，但这具体的情或表现出其中的一二德性，或一时只表现一德，所以常不能全幅表现出性之全体德性。举例来说，仁作为性体，能够表现出博爱的情感，但博爱的情感却不能全部体现出仁性的义涵；又如仁性表现出孝弟之事和孝弟之情，但孝弟却不能全尽仁性之蕴，因为仁性另可表现为尊老爱幼、治国平天下之事之情。因此，伊川便有“仁性爱情”、“孝弟非是仁之本”等对比性的命题。唐先生

① 唐君毅：《中国哲学原论·原教篇》，第107页。

指出，这就是伊川必将性情区分出来的理据所在。[①] 但是，唐先生指出，伊川虽然区分出性情二者，但性情本是不可分的，因为两者皆只是一整全的心之两面而已。这在伊川"心如谷种"的比喻中可以体现出来。谷种的生长之性即是仁、性，而其阳气生发之处即是爱、情。唐先生指出，伊川这一比喻其实与张横渠的"心统性情"之说有内在的相通性。[②]

除了辨析伊川所论心、性、情的结构之外，唐君毅先生还展示和论证了伊川的"性"具有生成性、动态性。笔者认为他的这一说明颇有针对牟宗三先生之说而立论的意味。因为牟先生对伊川理学最重要的批判，就是要论证伊川所说的"性"或"理"是"只存有而不活动"的本体，而唐先生对于牟先生此说则可谓反其道而行之。对于性的生成性的阐发与论证，唐先生是从伊川"性即理"的重要命题出发的。他用巨量的篇幅，探讨"性即理"的重要意义。他认为，性即理之说能够让人们理解到性作为本体，其本身便是一"当然之理"。所谓当然之理，就是说性在表现为情之前，蕴含着将情之"未然"实现为情之"实然"的当然性，这个当然性具有指向"情之表现之实然"的导向性意义。这样一来，具有当然性的性理在其发用为情之前，虽然处于寂然不动的状态，但却蕴含着能动性、动向性，因此性之寂然中有着感动之幾。由此可见，伊川所说的性、理是具有生成性的。性是生性，理是生理。这里，性理的"生"，如果是当然有生而实未生的状态，那么这状态因为未表现发用为情、气，因此可说为寂然不动之体；如果是当然有生而同时又实现此生、实现为情气，那么这状态因为性理处在实现为情气的过程中，因此可说为感而遂通之用。据此，如果将两种状态分别而观，则可分出体与用、寂与感、性与情、理与气的对比两面；但又因为性理是当然性的生性生

① 参见唐君毅：《中国哲学原论·原教篇》，第111页。
② 参见唐君毅：《中国哲学原论·原教篇》，第111—112页。

理，并具有表现为情气的导向性，因此这两面则又是毫无间断、一体流行过程中的两面。就前者而言，体用有别；就后者而言，体用一源。性情之“二”与性情之“一”本源地融会在作为生道的整全的一心中。但是，唐先生同时指出，伊川理学的殊胜之处在于其能够强调性理与情气的区别性，让人们常常理解到性理永远在实然的情气、心气之上，永远是当然之性理而未实现成为实然之情气，从而使人永不间断地进行德性的修养，以让当然之性理通畅无妄地显发为情气之大用。而不善解者，则容易将性理相对于情气的这种当然性，视作高悬的隔别于情气的本体，此则醍醐成毒药，错解伊川的性情论了。① 可见，“学者非有一思想上之自下至上之跃起者，未易悟此义”。②

在这里，因为论及伊川“性”、“理”之说，我们可以再概括一下唐先生对伊川“性即理”之说的意义和价值的阐发。首先，性即理之说使得“性理”成为宋明理学区别于其他思想哲学形态的关键特征。所以唐先生认为性即理之说具有划时代的意义，它开启出人心、性体本源地具有一当然之理之说。而这作为当然之理的性理，乃不同于以往中国哲学所说的“空理”、“物理”、“文理”、“伦理”、“名理”、“事理”者。这其中最重要的区别是性理是当然之理，而物理、文理、空理则是实然已然之理（佛家的空理说的是妄执的本性是空，这是从人的实有之妄执而说者）。另外，性理作为当然之理，同时又是“实理”，因为此性即理之说体现出性理有“命我行此理”的义涵，而且此性理作为当然之理，其虽然尚未实现成为实然，但其中也有“不当不实现”的义涵，因此是“实”而非“虚”者。③ 其

① 参见唐君毅：《中国哲学原论·原教篇》，第112—116页。
② 唐君毅：《中国哲学原论·原性篇》，香港：新亚书院研究所1968年版，第349页。
③ 参见唐君毅：《中国哲学原论·导论篇》，北京：中国社会科学出版社2005年版，第32—35页。

次，性即理之说通主与客、合尊与亲。唐先生指出，理是从客观的角度说，性则自主观的角度说，以往中国哲学史的思想，或偏客观之理，或偏主观之性，至伊川性即理之说则能贯通主客，让偏于性之“亲而不尊”与偏于理之“尊而不亲”得到会通，让人们理解到主观特殊者之中蕴含着客观普遍之理，而客观普遍之理则体现在主观特殊者之中。由此，理尊而性亦尊，性亲而理亦亲。在这背景下，人们就理解到理善而性亦本善，性之不善非本不善，而是背离了理之善所造成的后起的不善，因此对性善之说的客观性就更无疑问了。同时，正因为性即理指出了理之尊即性之亲、性之亲即理之尊，所以理解到这道理的人们便会将理想之所在视作真性之所在，从而直下承担，更不复疑。唐先生认为，即使是中西印传统的许多大宗大教都不解此理，例如西方的许多宗教只认为理想超越于现实而人性则只有罪恶，于是理与性分而为二；而通过这些大宗大教的这种思想取向，则又反过来显出伊川性即理之说的卓识与价值所在。①

第三，论伊川于一心中别理气。唐先生指出，伊川强调于一心中分性与情，是有其必然性和必要性的。伊川本人对这种必然性和必要性尤感自觉。这必然性和必要性是在人们感到已有、已发、实然的情气并不足以显出当然的性理之全幅蕴义时，而特别地显出。这时候，人们就会感到于一心中分别性理与情气而使之“对峙”、从而作两面而观的必要性。作两面而观，就能够观省感知到已有之情尚不能表现出当然之理的全幅蕴义，从而自觉地要求自己通过道德修养的实践，以求性理与情气的融贯性、相应性、一体性。唐先生指出，在人们观省感知到自己心灵的当然之性理与实然情气不相一致并做道德工夫实践的过程中，此人自己的观省感知也会自然地引申出两个方面的内容，从而自性情之说而推导出伊川的理气之论，而伊川的这种理气论

---

① 参见唐君毅：《中国哲学原论·原性篇》，第348—352页。

则又呈现出与性情论一样的当然与实然的“不一性”、“为二性”。首先，当我们自己观省感知到自己有当然的性理而要求自己的情气合此性理的时候，也同时会期望他人也能够自己感知此性理以自求合乎此性理。在这种状态下，我的自心能够感知到当然的性理不只是对我是当然的，而且也感知到其对所有人都具有当然性。由此，这当然的性理就自然地引申成为客观性、普遍性的天理或道心。在这时候，我就自然地会“提起”这普遍性的天理，以悬于他人之上而期望他人能够自己将此当然表现为实然。而在他人未将此当然完全表现为实然的时候，客观的天理与人们的实然的情气便构成了理气“为二”的境地。其次，我在做化当然为实然的道德修养和实践的时候，也有另一种期望性，此即不再期望他人自己自觉地化当然为实然，而是一般地期望人和物能够成遂其生育长养，成就其生之理、性之理。人与物在许多情况下，既局限在有形有限的小生之中而不见仁性之大生广生，同时又缺乏心灵的自觉之力化当然为实然（笔者按：如动植物等），因此我在此总有一种人与物不得其所、不遂其生、有所未得的不忍不安之情怀与期望。这体现出仁性、天理在现实情形中与实然的人与物的生之理、生之气的不合一，从而也构成了理气“为二”的境地。当然，在唐先生看来，上述的理气之别、理气为二，并非意味着理气二元论，因为其性质都是实然不能全体表现当然、当然不能全体通透为实然所致者。①

综合上述第一和第二点内容，唐君毅指出，无论是自我对于当然之性理与实然之情气的张力的观省感知，还是自我对多元他者的期望，其中都蕴含着性理与情气“为二”、“不合”的张力，以及欲达至（或者说回复）“为一”、“合一”的悲愿与情怀。唐先生的以下这段话总结得相当细微、精彩。今录出：

---

① 参见唐君毅：《中国哲学原论·原教篇》，第117—119页。

> 由上所论，则吾人在道德生活中，如自己不能使自己之仁义礼智之性，见于情气而成圣，固在吾人之生活中，有性理与情气之不一。即吾人已成圣，当此圣心依其仁，望他人亦能仁能义能礼能智，而他人不能自觉其性理，以自为仁义礼智时，此圣心仍将见一理气之不合一之世界。此即明道所以叹“人只有些秉彝……今日则人道废，天壤间可谓孤立也”。而对人物之求自遂其一般之生理生性而不能遂，以至啼饥号寒，颠连无告时，圣人亦同于此见一理气之不合一。圣人唯有以其无尽之仁心悲愿，以求此一切不合一者之合一。此则为一无穷之事业。而圣人即永是在此理气不合一之世界，求合一，而亦即永不能说世界之无此理气之不合一者也。①

唐先生这段话，在某种程度上可以说是他自己因受到伊川区分性理与情气，而所触发出来的夫子自道与仁者悲怀，令人敬慕无尽。至于伊川是否也有这样的悲怀，笔者认为当然是有的。只不过唐先生对伊川这样的一种悲怀，引申触类之论过多，物各付物之说略少。特别是他在“伊川于一心中别理气”的论题上的阐发，虽不能说与伊川的理气观不相通，但伊川的出发点是否必定如此，则未必没有可再斟酌的空间。

第四，论伊川主敬格物的工夫论。唐先生指出，当然的性理与实然的情气的张力，引申出修养工夫的论题，修养工夫能够化除情气的阻隔而让性理通透出来。因此伊川特别重视工夫论。而在伊川以前的理学家，如濂溪、明道、横渠等，因为尚未如伊川一样特重性理与情气的形上形下之分，因此在修养工夫的阐发上较为圆融。但自伊川之后，“凡此后儒之所为，实皆循伊川先严分此形上之理、与形下之气之说，更对形上之心性本体，作鞭辟入里之深看深说也”②。正因为伊川开启出严判形上、形下的进路，所以人们才特别重视通过修养工

① 唐君毅：《中国哲学原论·原教篇》，第119页。

② 唐君毅：《中国哲学原论·原教篇》，第121页。

夫的作用，达至理气、体用、动静之实一或本一。如果对当然与实然的不一不加重视并以工夫使之实一，或者工夫未至，那么即使善于从哲学的角度观省出天地万物、性理情气是本源为一，但由于这个义理之当然和现实之实然的张力尚在，所以这个性理情气的本源一体性尚不能真正落实和显现出来，而自己仍然是在数他人之宝。唐先生指出，伊川在思想的圆融性、系统性上虽然及不上阳明、朱子等人，但因为他特别强调落实工夫之前的当然与实然的“为二”性，因此可以对治理学中许多理气、动静、体用的圆融之论，以补其偏。①

由此，唐先生更考察了伊川的工夫论，指出伊川认为人们在无事时应该“主敬涵养”，在有事时应该“格物穷理”。首先论主敬工夫。他指出，伊川的“主敬”就是“主一”、“直内”，也即“自直其心”。这是主敬工夫的积极的一面。而从消极的一面说，人们还需要通过“闲邪”的作用管束自己，消除人心的邪曲虚妄。人们通过积极的主敬与消极的闲邪的内外两面的管束与凝摄作用，心将逐渐得真存诚，常直常中。在此，唐先生还指出，明道偏重在积极的存养诚敬，这是以内直外的工夫；而伊川则偏重在消极的拘束闲邪，这是摄外归内的工夫。伊川较之明道更能看到现实人性中的各种弊病，因此下药较重，而为喜欢放肆之风的人所不喜。其次论格物工夫。唐先生认为，格物穷理是“义以方外”之事，而与主敬涵养的“敬以直内”之事可相辅为用。前者通过主敬主一以明理，后者则通过穷格事物以明理，两者其实构成了一个圆环，最终都是要臻至“内外合一”，通达至天地万物皆是一理的纯然浑然之境。据此，唐先生指出，在整个内外一理的圆环中，格物的方式是可以多样的。他在此说得很精辟：“在此以格物穷理致知为‘合内外之道，以见合内外之一理’之意义下，人之格物，自可于外物多格，亦可少格。此非只格外物，亦非知

---

① 参见唐君毅：《中国哲学原论·原教篇》，第120—122页。

格内心之物；然以格内心之物为切。此中之要，在成就此整个之合内外之一心、一物、一理。”① 他还指出，在这种取向下，伊川能够兼重见闻之知与德性之知。当然，伊川此内外合一的工夫，仍是当以主敬直内之工夫为根本与关键，而不是穷格物理。

进一步地，唐先生还推导出伊川两行之理的工夫论所可能引起的问题。他认为在这里伊川并未处理好两个问题。首先是格物穷理的工夫论。唐先生认为，伊川格物论是说先知物理，然后求得心之贞定并通于本源的一理。但是，这并非直接承心体而起用的工夫，而是自外通内的工夫。若果人们通过散心思虑而非本心之力以格物穷理，那么这岂不是散上加散、支离上加支离吗？其次是主敬涵养的工夫论。他指出，主敬工夫指的是求心之主一不偏，以合于中，而这样的工夫其实是在一心之已发上用力的工夫。但是在已发上对治散心思虑是否有得、有效、有力，则是大有疑问的事。因此唐先生总结两方面的内容，并说：“人之一般思虑与伊川所谓敬之工夫，以及格物穷理之致知工夫，皆同在此心之动或心之用上说。”② 所以，唐先生认为，伊川在面对吕大临（1040—1092，字与叔）、苏昞（字季明）等人关于未发或者在已发未发之际能否用工夫的问题，不能善应善答，因为伊川并未感到这里的真实问题所在。由此，伊川的工夫论将会引发其后学的讨论，讨论在心的已发未发之际有没有工夫，以及心有没有未发之体的问题。

综上，本节概述了唐君毅先生伊川研究的四方面内容。总的来说，唐先生较之牟先生，基本上能够平情、如实、物各付物地对伊川理学作出研探与阐发，他并能本着其深厚的哲学思想与视野，对伊川理学所含蕴的价值与意义作深度的观省与总结。笔者认为，唐先生最为精彩、重要、合理的研究，可有两大方面。首先是他对伊川于一心

---

① 唐君毅：《中国哲学原论·原教篇》，第126页。
② 唐君毅：《中国哲学原论·原教篇》，第129页。

中严分性情、理气、体用、形上形下的做法，其必要性与合理性的照明，同时也通过“当然”与“实然”的辩证，以论证伊川的这种“二分”进路并非实际上的二元论，而是其中自有“不二”之义。唐先生的这一观点与牟先生之论构成鲜明的对比，可惜学界留意者并不多见。其次，唐先生对于伊川“性即理”的命题的意义与价值的阐发，可称作透辟淋漓，他通过天理之当然性，以论性之当然性、生成性，并由此阐发出伊川理学中性与情的不二；他又通过中国以至世界哲学史的视野，以探明性即理之说的划时代意义。这都是相当深入透辟的见解，具有深远的启发意义。不过，唐先生的伊川研究也有诸多不太合理者。例如，他竭力论证伊川理气论是自其性情论中引申而出，实际上这是唐先生囿于自己的哲学立场而对伊川作不恰当的理解，因此正如前文所言，他对伊川理气论的研究未免是过度诠释。事实上，伊川自己也有意将其性情论归本至理气论，并通过理气论引申出其性情论。这在《伊川易传》中可见。又如，唐先生指出伊川工夫论中的主敬之说是偏于在心之已发的状态上主敬，其实这是错误的理解，因为伊川的主敬工夫是要通贯动与静、体与用、未发与已发者。正因为唐先生不理解此义，因此他在《中国哲学原论·原教篇》论伊川理学时，使用“以敬直内，以格物穷理应外之道”① 的标题，事实上二程便曾指出说：“‘敬以直内，义以方外’，仁也。若以敬直内，则便不直矣。行仁义岂有直乎?”② 由此亦可见唐先生对程氏主敬工夫的误解。

---

① 唐君毅：《中国哲学原论·原教篇》，第104页。

② 程颢、程颐：《河南程氏遗书》，卷十一，《二程集》，第120页。

第三节　牟宗三

牟宗三先生于1969年出版的《心体与性体》是研究宋明理学的典范之作，此书前三册研究宋代理学。而在十年之后也即1978年，牟先生出版了《从陆象山到刘蕺山》一书，此书可视作《心体与性体》的第四册。《心体与性体》论证严整，脉络清晰，观点明确。正如刘述先先生所言，“这套书厘清了整个宋明理学的线索，首次把这门学问变成了一门概念清晰可以理解的学问”；“无论如何，通过牟的创造的诠释，令宋明理学在概念的清晰与体证的深入方面，均提升到以往从未达到的高度，影响深远”①。此言洵不虚矣！

在这大著中，牟先生对于宋明理学，并不满足于以往的学案式的研究，也不满足于泛泛的欣赏与点评，而是通过思想辨析与文献考证等大力气，力求从具有六百年演进历史的宋明理学中，梳理出哲学与思想上的几个大脉络、大关节、大问题，界说出其内部的理路与系别，并作出系统的检讨与省思。因此这本著作与一般的宋明理学史、中国哲学史的研究仍有所差别，而是借着哲学史的梳理以作哲学、理学的思辨与推绎。

笔者认为，牟先生《心体与性体》主要有两个可观的成就。首先是他通过吸收与超化康德哲学特别是其“道德的神学”之论，而证成康德所不能也不敢证成的“道德的形上学”（Moral metaphysics）。牟先生所谓的“道德的形上学”，是与“道德底形上学”截然相反的哲学。后者是指关于道德的形上学研究，研究主题是道德而非形上学；前者则是指以道德为进路，从而切入形上学本身，因此道德的形

---

① 刘述先：《论儒家哲学的三个大时代》，香港：中文大学出版社2008年版，第229、234页。

上学研究的主题是形上学，道德则是形上学的形容词。例如，王阳明的“致良知”之说，便揭示出了道德的形上学之蕴。首先，人的良知具有主观义，也即人心的良知能够知是知非；其次，主观的良知亦具有客观义，就是说主观的良知活动同时也即是天理本身；最后，良知的主客二义说明了道德的可能，开出了道德世界，但同时良知在主客二义外，更有绝对义，也即良知不但体现出道德界，而且也开显出存在界、存有界。良知是乾坤宇宙之根基，一切都在良知的呈现中如如涵具。牟先生体认指出，从孔子到王阳明，其思想都含有一种形上学的意义。孔子或先秦儒学主张的“成德之教”便是一种道德形上学；而继承孔孟而引申出来的宋明理学的“心性之学”，则更能够通过对心、性、理等论题的探讨，展示出更为系统严整的道德的形上学。这样，宋明理学便被牟先生明确界定为道德的形上学。[①] 这是牟先生《心体与性体》的一大贡献。

牟先生《心体与性体》的第二个成就，则是通过先秦的五部经典也即《论语》《孟子》《易传》《中庸》《大学》，以及宋明理学中诸家对于心、性、理及其关系的讨论，明确界说出宋明理学的三大系。首先，第一系也即最可称作嫡传的一系，是五峰、蕺山系。五峰即胡宏（1106—1166，号五峰），蕺山即刘宗周（1578—1645，刘氏讲学于蕺山）。牟先生指出，此系继承了北宋理学的开创者周濂溪、张横渠、程明道三大家所开创出来的理路，尤其是发展了张横渠“尽心成性”之说。此系首先将心与性分开而论，先讲道体，再讲性体，而最后则是通过心体的作用以让性体得到形著与呈现。此系之所以先论道体、性体，后论心体，是因为周、张、大程、胡、刘诸家的思想取向首先是从《易传》《中庸》而来，然后再通过《论语》《孟子》而作出逆反。前者侧重在发明客观的道体、性体，后者则侧重在

① 参见牟宗三：《心体与性体》，上海：上海古籍出版社1999年版，上册，第9页。

发明主观的心体。实际上，牟先生此说与唐君毅先生对宋代理学演变的考察相当接近。牟先生进一步指出，此系的“尽心成性”或“以心著性”之“成”与“著”，并非是本无今有之“成”、“著”，而是形著、工夫义，因此此系所论之心与性是本源地为一体的，心与性皆是即存有即活动者。其次，第二系则是象山、阳明系。如果说第一系是先心性分设，然后通过尽心成性、以心著性的工夫以证成心即性、心即理之义的话，那么陆象山、王阳明则直接从心体出发，单刀直入地证成心即理之义，故无须如第一系一样先经过心性分设然后再证成其本源为一这样的回环。因此，此系是从由《易传》《中庸》而直接走向《论语》《孟子》，并以《论语》《孟子》为主而统摄《易传》《中庸》。牟先生指出，第一系与第二系刚好构成一个圆圈，并且都属于心体、性体、道体（天理）相贯通的纵贯系统，因此这两系将道体、性体理解为即活动即存有者。最后，宋明理学的第三系则是伊川、朱子系。此系以前多被视作正宗、正统，但牟先生将其视作“继别为宗”，而前两系才是嫡传正宗。他指出，朱子对于宋代理学的开创者周濂溪、张横渠、程明道的思想皆不能有相应的理解，他所能够恰当理解的只是程伊川的思想，并且通过程伊川来统摄程明道，将二程视作一程。此系的主要特征，则是以《中庸》《易传》而与《大学》相合，并以《大学》为主。与前两系不同，此系并不是纵贯系统，而是横摄系统。换言之，就是此系并不主张心体、性体、道体（天理）的纵贯为一，而是将道体、性体体会为只存有而不活动，而将心体会为只活动而不存有的心气之心，这样就导出理气二分、心性情三分的格局。正因为心只是心气之心，心与性不一，心与理不一，因此此心只能横向而走。这便造成两方面的后果。从工夫的意义上说，此系必然走向后天的主敬涵养以及认知的格物致知一路；从道德的意义上说，此系必然走向他律道德而非自律道德，这是因为其主张心与理不一，心不能自觉地蕴含并呈现自性。由此可见，牟先生乃将伊川、朱子视作对道体、性体、心体毫无相应理解的一路，实际上即是将其逐出儒门正宗。这样的一种观点当然会激起千重浪。①

总言之，在宋明理学的分系上，牟先生将其分为三大系，前两系属于儒学正宗，伊川、朱子系则为歧出。而正宗与歧出的根本区别，其实就在于对道体、性体的理解不同。前两系将道体、性体体会为“即活动即存有”者，伊川、朱子系则将之体会为“只存有而不活动”者。② 而牟先生在《心体与性体》的第二、第三册中，便主要对伊川、朱子系从宋明理学的正统中简别出来，并论证伊川、朱子对于道体性体确然体会为只存有而不活动者。牟先生对此之工作，可分为两个步骤。第一步是将二程兄弟“分家”，也即将二程兄弟的为学与为人之风格视为两人的理学思想有本质的不同所导致的现象，从而落实出程明道的理学思想是“一本”系统，而程伊川则为“分解”系统，因此两者有本质差异。牟先生指出，“所谓‘一本’者，无论从主观面说，或从客观面说，总只是这‘本体论宇宙论的实体’之道德创造或宇宙生化之立体地直贯”；“总之，是寂感真幾：寂然不动，静而无静；感而遂通，动而无动；而为创生觉润之实体，亦即‘於穆不已’之奥体”。③ 所谓“分解”者，是指伊川提出“性即理”的命题，将理、性视为只存有而不活动者，使得心与理不通。他指出，“分解思考亦无碍，惟于分解中，道体只成理，则丧失‘於穆不已’之体之义；性体只成理，则丧失‘即存有即活动’之义，此则便有碍”。④ 而在这个基础上，牟先生的第二步工作则是重点分析朱子理学，特别是他的中和新旧说，从而指出朱子理学是朱子逐渐将伊川之学作出透彻的理解与诠释，并以此与诸学者辩论的基础上发展和形成的。因此，在这个背景下，牟先生对伊川理学的疏解和辨析就成为关

① 对于这三系的简述，参见牟宗三：《心体与性体》，上册，第36—52页。

② 参见牟宗三：《心体与性体》，上册，第53页。

③ 牟宗三：《心体与性体》，中册，第16—17页。

④ 牟宗三：《心体与性体》，中册，第206页。

键的一环。将伊川理气二分、心性情三分的思想格局落实下来，上可以将二程区分出来，下可以将伊川与朱子归并而论，从而证成宋明理学的三系说。

在《心体与性体》论伊川部分，牟先生分别通过“理气篇”、“性情篇”、“气禀篇”、“才性篇”、“论心篇”、“中和篇”、“居敬集义篇”、“格物穷理篇”共八节来辨析伊川理学。笔者认为，当中最重要的内容可总结为牟先生在论理、论性、论心、论中和四大方面对伊川理学的批判。其余的内容，如论才性、论主敬、论格物，其实都可以说是上述四大方面之引申。在本节中，我们就对四大方面作出概述。

第一，论理。唐君毅先生认为伊川理学的起始在于其心性情论，而其理气论则是伊川对其心性情论作反省的结果。而牟先生则先从伊川理气论出发作出研究。牟先生的相关辨析则可分作两方面言之。首先是辨析伊川（以至朱子）在论理时所用的“所以然”之说，其次是辨析伊川的天理感应论。我们也依次作出概述。首先，牟先生发现伊川语录中有许多“所以然”式的表述，如“道非阴阳也，所以一阴一阳道也”[1]、“离了阴阳更无道，所以阴阳者是道也”[2] 等等，而这“所以然”之说则被朱子所赞赏并继承。牟先生细致辨析伊川、朱子所偏爱说的“所以然”，指出他们是要揭示出“存在之理”而非“形构之理”。形构之理说的是类概念，也即通过知识性的类概念来描述、说明自然而形下的所以然之理，如柏拉图的多元的“理型”说，以及告子“生之谓性”之说等等。相对之下，存在之理则是要通至超越的存在本身、存在之然，这是一而非多者。总言之，“形构之理只负责描述与说明，不负责创造与实现”。[3] 他指出，宋明理学

① 程颢、程颐：《河南程氏遗书》，卷三，《二程集》，第67页。
② 程颢、程颐：《河南程氏遗书》，卷十五，《二程集》，第162页。
③ 牟宗三：《心体与性体》，上册，第80—81页。

对存在之理有两种体会。一种是通过“所以然”来体会出静态、定然、超越、纯一的存在之实现，另一种则是直接呈现出即存有即活动、即活动即存有的创生妙运的存在之创造。两种存在之理，前者侧重在静态的实现，后者则侧重在动态的创造。前者为伊川、朱子系所主张，后者则为宋明理学前两系所主张。据此，牟先生指出伊川、朱子系既不能发展出成熟系统的形构之理，同时又在存在之理的创造义上体会不足甚或无所体会，兼且试图用格物致知这种发展形构之理的方式来揭示存在之理，这样便形成混杂，也即容易导致混知识与道德、形构与存在而为一。其云：“在此混杂中，一方使作为道德实践的标准之太极性理之道德意义与道德力量减杀，只成为一个认知所对的存有概念（存在之理），一方亦使积极的知识（见闻之知、形构之理所代表之知）不能有真正的建立。”① 总言之，在牟先生看来，伊川喜欢说所以然之理，喜欢说“只是理”，这体现出他所体会出来的理是只存有而不活动的静态、定然、所以然的存在之理或实现之理。

另外，在“理气篇”中，牟先生还疏解了伊川论“感应”的内容。如果伊川所论感应是道体本身、天理本身的即寂即感，那么道体、天理将有活动义，这样的话伊川的理就并非只存有而不活动的静态定然之理。因此牟先生要竭力论证伊川所说的感应，并非道体、天理本身的所感所应，而是皆落在气上之感应。换言之，感应是气之感应，并非理之感应。因此他指出“感、应便都是落在气上说，天地之间便都是一气之感与应而已。此非《易传》言寂感义之本意。《易传》言寂感是从诚体神体自身说，不从气上说。气之‘感与应’与诚体神体之寂感并非同一层次”②。周濂溪、张横渠、程明道都继承《易传》，从诚体、神体、道体、理体上说寂感、感应之道，唯独伊川头脑质直，不知此义，而只好自气体上来理解和阐发《易传》所

① 牟宗三：《心体与性体》，上册，第 81 页。

② 牟宗三：《心体与性体》，中册，第 219 页。

说的感应了。不过，在伊川的文字中，伊川却有近乎从道体理体本身上来说感应之语，例如伊川有“往来屈伸只是理也”、“感则只是自内感”、“冲漠无朕，万象森然已具”[①] 等话。对此，牟先生指出伊川“往来屈伸只是理也”之“理”，并无其真义实义，而是虚位字，亦即只是气化自然的道理而已；而伊川“内感”之说看似可以上下其讲，而其实通过分析朱子对此语的诠释，则可以确证“内感”之说只是气之内感，而气则有内外二感也；同时，伊川论“冲漠无朕”、“万象森然”，许多学者如马一浮先生等将其直接体会为体用圆融、理气一体、即寂即感之论，但牟先生则指出，伊川一直是偏重在气上说感应，因为这个背景，所以伊川此说亦理应视作气机浑然粲然之一贯，而非体用圆融之一贯。[②] 这样，牟先生就消除了伊川文字与语录中的许多“似是而非”的思想，同时确证其整体上主张理是静态的只存有不活动之理，其论理气感应则偏重在气上论感应，理本身则无感应之可说。

第二，论性。“性”的论题包括性情及其关系、气质之性与天命之性及其关系等。在这里，牟先生重点讨论伊川的性情关系论。在他看来，因为伊川主张性即理，理只存有而不活动，因此性也必然是只存有而不活动者，能活动的则是心、情，因此在伊川理学中，心性情是一个三分而非融通的格局。不过，与其理气论一样，伊川的语录或文字中也似指出性体有活动性、性发为情，如谓“自性之有形者谓之心，自性之有动者谓之情”[③] 等等。如果牟先生承认伊川所说的是性本身有形、著、生、动的动态性展示，那么他对伊川理学的界说当然是要整个崩溃。因此，牟先生要论证“性之有形”、“性之有动”之说，其中必有曲折与深意，而必非直接地说性自身有形，自身有

① 程颢、程颐：《河南程氏遗书》，卷十五，《二程集》，第148、154、153页。
② 上述内容参见牟宗三：《心体与性体》，中册，第213—228页。
③ 程颢、程颐：《河南程氏遗书》，卷二十五，《二程集》，第318页。

动。首先，牟先生指出，伊川所说的“性之有形者谓之心”，此有“形”为“觉识”、“形著”义。“心之本性是觉识活动，有觉识活动即有形象。虽不似形体之物之有形象，然亦总是形象。心之有形即以觉识活动定。”① 但是，心之形著、觉识可有二义、二途、二种。第一种是将心之觉识活动理解为道德本心的实践活动，在这状态下心体与性体必全然为一。这是宋明理学第一、二系的形著觉识义。而第二种则是在心与性不能为一的基础上的形著，如果是要将心性联通为一，那么就只能是关联性的合一而非实体性的自一。这是伊川、朱子一系的途径。牟先生指出，这种形著义包含着依次的两方面的形著：认知的形著、本体论的形著，合起来就是认知而又本体论的形著。而这里面则有三步。首先是主观形著，也即人首先要有心知之明的作用，这作用能够让理彰显与明白，这是主观性的认知的形著义，这可以通过格物穷理的认知方式达至；其次则是客观形著，也即通过心对理的主观的静摄作用，作为存在之然、静态本体的理呈现出一个有形有象的客观的体段。主观形著（认知形著）与客观形著（本体论的形著）合起来就是“心静理明”，心与性合一。第三步则是实践形著，因为在现实情况中心有时“如理”有时不“如理”，这就需要主敬涵养的道德实践工夫的提住与保住，使得理成为道德、实践的存在。上述三步，是伊川、朱子系所说的“性之有形者谓之心”的真实义涵。但是，伊川、朱子的这种心之形著义，成就出来的是他律道德，而宋明理学前二系的形著义所成就出来的则是自律道德。前者是认知地实践的形著，也即通过后天的实然之心的认知的静摄与主敬的静涵两种作用，才能常常使得心静理明、如理顺理，并使得理形象化，但从实际上说这是心与性、心与理不是自体之本一的基础上使之合一，也即先分后合，这必然是他律道德。②

① 牟宗三：《心体与性体》，中册，第230页。

② 上述内容参见牟宗三：《心体与性体》，中册，第228—237页。

另外，除了“性之有形者谓之心”之说外，伊川另有“性之有动者谓之情”、“情出于性”[①]之论。牟先生指出，伊川这种性情关系论也并不表示性直接发而为情的性情本一义。他认为，伊川所说的“性”，是在他的“仁性爱情”之命题的背景下所说的“性”。伊川认为前人特别是韩愈等以爱说仁、以爱界定仁，是不如实恰当的。因为仁属于性，爱属于情，性与情不同，因此自然不能将仁与爱等同起来。因此牟先生便以此为背景，指出“性之有动”、“情出于性”之说，实际上是在性情二分的基础上的某种曲折之说。他指出，严格地说，性理本身是无所谓发与动，因此情也无所谓出于性。如果一定要说“出”，那么这应是说情依顺着作为所以然的理而动，而为理所统驭、领有，这便形成宛如情出于性理的状态。因此这种“出”并非自身实际之出，而是统驭与隶属关系之出，即性理统驭情气，情气依性理之统驭而出之出。“性之有动者谓之情”的说法也应如是理解。总言之，在牟先生看来，伊川“仁性爱情”的说法已经奠定了其心、性、情三分的格局了，因此伊川的其他文字语录中如似有说性情一体之义者，这必然不是真的说是一体。[②]

第三，论心。除了论“性”之外，伊川对“心”也有重要的表述，因此牟先生立“论心篇”一节以疏解之。牟先生对于伊川心说的基本观点是，伊川理学中并无“本心”之义，伊川所说的心皆是实然、经验的心气之心；如果伊川理学中有本心义，那么性、理必是即存有即活动者，因为本心即性、理。牟先生带着这个预设来考察伊川的心论，便发现伊川有许多“杂乱”、“模棱”、“依似”之语，从而直接作出指责而不再加以谦虚的深究。另外，与论“性”、“理”

---

① 按原文为“喜怒出于性”、“性之有喜怒”。参见程颢、程颐：《河南程氏遗书》，卷十八，《二程集》，第204页。

② 上述内容参见牟宗三：《心体与性体》，中册，第237—256页。

的部分一样，伊川也有“理与心一”①、“心如谷种”② 这样的说法。这种表述似乎在“杂乱”、“模棱”、“依似”之中以其较为清晰形象的风格“脱颖而出”，从而引起牟先生的思辨兴趣。牟先生指出，伊川“理与心一”之说并非真的是说两者之本一，而是先预设心理为二基础上的顺合为一，此合乃是关联性的合，而非实体性的自一。另外，牟先生还指出伊川“心如谷种”之喻最能体现出伊川的义理系统。他指出：“心与情之体用是无间之体用，是有机的生发之体用，心是真能发用此情者，心之发用即是情。但性与情之体用，是有间之体用，是统驭系属的体用，如主之与仆，性并不真能发用此情。情之发用之体是心，而不是性。”“心是总持地说，‘譬如谷种’，就中分别其所以生之理是性，实际之生发（阳气发动）是情。只此义理是伊川之真意、本意，故最为朱子所印持。”③ 总言之，牟先生认为伊川心如谷种之喻最能体现出伊川将心与情视为无间相通者，但性与情则是有间二分的主仆关系，性不能发用出情，性需要通过心的工夫以统驭收摄情。据此，心性情的三分格局已经很明朗。如果我们对比唐先生的相关解释，就会发现唐、牟二先生的解释系统具有鲜明的不同。笔者较偏向于唐先生的解释系统。而本书亦将作出具体的疏解与辨析。

第四，论中和。伊川生前曾与吕与叔、苏季明等门人讨论《中庸》中的“喜怒哀乐之未发谓之中”④ 的“中”之状态的问题。这个问题也可以概括为“中和”问题或“已发未发”问题。中和问题之所以重要，是因为它涉及对于心性情的结构的理解，也涉及对天下之“大本”、“达道”的定位，因为《中庸》指出“中也者，天下之

---

① 程颢、程颐：《河南程氏遗书》，卷五，《二程集》，第 76 页。

② 按原文为“心譬如谷种，生之性便是仁也”。参见程颢、程颐：《河南程氏遗书》，卷十八，《二程集》，第 184 页。

③ 牟宗三：《心体与性体》，中册，第 284—285 页。

④ 《礼记·中庸》，《礼记正义》，卷五十二，《十三经注疏》，第 1625 页。

大本也；和也者，天下之达道也”[①]。但是中和的问题相当微妙，朱子早年便因为如何理解未发已发的问题纠结甚久，最后才得以豁然贯通。伊川与学生主要探讨的是喜怒哀乐之情之未发的“在中”状态究竟如何，同时自然也讨论通过怎样的修养工夫才能进入“在中”的状态。牟先生的观点是，伊川门人吕与叔对于未发之中的理解是正确合理的，但伊川本人却颠三倒四、答非所问、一团混乱，例如伊川提出“中即道”的说法，同时又否认“中即性”之说，这是说不通的，因为性与道处在同一层面上。[②] 在疏解与消除伊川的“颠倒”、“混乱”之说后，牟先生指出在理解《中庸》“喜怒哀乐未发谓之中”的问题上，可有两种观点。第一种是吕与叔所理解的，在喜怒哀乐未发之前，跨越一步，异质地体会到超越的实体为“中”，此“中”之实体即是性体、本心。这可以称作超越的体证。第二种则是伊川所理解的，也即以平静的实然的心境自身为中，而不异质地指目一超越的实体为“中”，因此此“中”并无性体义、本心义。牟先生指出，第一种观点具有内在的融贯性，而第二种观点则很难与《中庸》相合。因为就第二种观点而言，实然的平静的心境并不能视作《中庸》所说的“天下之大本”，因此按照此说推出去，就会导出天下有两个大本，一个是未发的实然心境之中，一个是性理也即天下大本之中。由此，牟先生指责伊川的中和说有着内在矛盾，难以理清。不过，牟先生同时指出，在伊川中和思想混乱的背后，还是有几方面的内容是清晰的：一、伊川以其严肃的道德意识肯定一超越的实理；二、主张性即理；三、心是实然的心气之心；四、“中”是指实然的心就其未发未形时的平静状态；五、伊川的主敬、致知的工夫是后天的渐教工夫，因此其所成就的道德是他律道德。牟先生在伊川“中和”说的

---

① 《礼记·中庸》，《礼记正义》，卷五十二，《十三经注疏》，第1625页。

② 参见程颐：《与吕大临论中书》，《河南程氏文集》，卷九，《二程集》，第606页。

论题上着力最多，而最后却最不能理清其中的脉络。[①] 这当然是与牟先生对伊川理学的成见有关。对于这部分内容，本书将重新作出疏解，力求让伊川的中和说得到如实、系统、融贯的呈现。

综上，上述四大方面的内容，体现出牟宗三先生伊川研究的主要探索。基本上说，牟先生是从不同的角度论证出伊川理学中的性与理是只存有而不活动的性理，可活动的不是性理，而是情、气、心。据此，伊川理学被解释成为理气二分、心性情三分的分解性进路，而与明道的一本论构成性质上的差异，从而为系统分析朱子理学作出准备。

本节已经将马一浮、唐君毅、牟宗三三位现代新儒学的重要学者对伊川理学的论述作出简略梳理。从整体上说，马、唐二先生对于伊川理学思想基本上是肯定的，而牟先生则基本上是否定的。两者形成明显对照。[②] 笔者的主要方向，就是在吸收、借鉴马、唐二先生研究的基础上，消化与超化牟先生的研究，从而展示出伊川理学乃是一个“对比而融通”的思想系统。

---

① 上述内容参见牟宗三：《心体与性体》，中册，第292—320页。

② 实际上，唐先生在一篇博士论文的审查报告中，曾经借着报告批评牟先生伊川、朱子研究的观点。唐先生说：“此文论述先秦与宋明之儒学之心性论，亦涉及若干宋明以来学者所聚讼之问题。而此文之若干评论，自亦有若干尚待商量讨论之处。如于伊川朱子之学，固当谓其不如明道、象山、阳明之直透本原，然亦不宜抑之使卑。如此文之谓程伊川之主敬，只为一经验上之工夫。若此经验是康德之义，则盖不合伊川之主敬为‘具性之心之自持’之原旨。其论朱子之理，谓朱子之理为所以然之存在之理，虽不误，然于此所以然之存在之理，乃初由当然之理契入，而此当然之理，乃虚灵明觉之心所自具之性理，则本文似未能正视。朱子乃以心统性情，非心性情三分。朱子言心‘方其静也，一性浑然，道义全具’，此中之性即理、即道义。其语意即：心之全具此道义此性。盖非谓性具道义，而心不具也。朱子之格物穷理，归在即物而知吾当如何应之之理，即所以显此内具之性理。故似未可以朱子之道德论即为他律论。唯宋明之为功利之学之一流之道德论，乃近乎他律之说耳。”参见唐君毅：《论文审查及讲评》，载氏著：《中华人文与当今世界补编》，台北：学生书局1988年版，下册，第678—679页。

第一章　理气篇

从本章开始，我们正式辨析伊川理学的具体内容。本章首先自伊川理气论出发，探明其所论理与气的关系。事实上，在伊川理学思想中，“理”与“道”、“常”、“时”、“天”、“诚”等概念是相通的，而与“象”、“数”、“气”等概念是相对的，两组概念之间则往往通过“所以”、“所以然”的说法来作出关联。但是，伊川对上述两组概念并不严格地比合起来作出表述；特别是对“理”与“气”的概念，他并没有就理气关系作出自觉而系统的展示。① 因此，我们在研究伊川理气观时，需要充分注意到他的理气观尚不如后来朱子的理气观那样清晰和系统，这同时也让他的理气观留下可待诠释的空间。

要充分展示出伊川理气观的脉络与义蕴，我们需要将上述概念及其关系作出界说，并在这些概念的对比、互动的具体关系中，让其理气观得到融贯系统的呈现。在这个基础上，我们才可以从中作出辨析与评判。下文便据此展开。

---

① 唐君毅先生指出说：“性与理可相连，名性理；则情与气亦可相连，而名为情气。唯后一名，伊川未用之，唯以性与情相对、理与气相对，加以分辨耳。然观伊川思想之重点，则当是先有此性情之辨。故伊川亦多言性情之相对，而较罕及理气之相对。如《伊川易传》以乾坤为天地之性情，亦尚不以理气说天地，是其证也。朱子乃以重理气之相对，喜以理气言天地，以及人物之性情矣。”参见唐君毅：《中国哲学原论·原教篇》，第112页。

第一节　理气

要恰当系统地理解伊川的理气观，关键是理解伊川的易学思想。他相当重视《周易》，并且萃毕生精力为之作注，撰成《伊川易传》（又名《程氏易传》、《周易程氏传》）一书，因此《伊川易传》是研究程颐思想的最重要、最权威的文献，较之《二程遗书》更具有可靠性。[①] 同时，《周易》经传盛言性与天道，因此里面蕴含着中国哲学理气论、本体论、心性论、形上学的原初之思，《伊川易传》因为是要发明《周易》经传之蕴，所以此书的序言以及书中的文字也都充满着关于理气及其关系的思考与阐发。以往学界在研究程氏理学与哲学时，未能充分重视和汲取伊川易学思想中的资源，这未免是遗憾乃至缺憾之事。[②] 据此，研究伊川思想，当以《伊川易传》为要，而以《二程遗书》等辅之。

伊川对其本人易学思想的总结，主要集中在《易传序》、《答张闳中书》以及《程氏易说》三篇文字中。兹将相关文字录出如下：

> 易，变易也，随时变易以从道也。其为书也，广大悉备，将以顺性命之理，通幽明之故，尽事物之情，而示开物成务之道也。……《易》有圣人之道四焉："以言者尚其辞，以动者尚其变，以制器者尚其象，以卜筮者尚其占。"吉凶消长之理、进退存亡之道备于辞。推辞考卦，可以知变，象与占在其中矣。君子居则观其象而玩其辞，动则观其变而

---

① 《二程遗书》记伊川语云："旧常令学者不要如此编录，才听得，转动便别。旧曾看，只有李吁一本无错编者。他人多只依说时，不敢改动，或脱忘一两字，便大别。"程颢、程颐：《河南程氏遗书》，卷十九，《二程集》，第252页。

② 侯外庐等主编的《宋明理学史》则比较重视《伊川易传》中的理学思想的资源。参见侯外庐、邱汉生、张岂之主编：《宋明理学史》，卷上，北京：人民出版社1984年版，第132—154页。

玩其占。得于辞，不达其意者有矣；夫有不得于辞而能通其意者也。至微者理也，至著者象也。体用一源，显微无间。观会通以行其典礼，则辞无所不备。故善学者，求言必自近。易于近者，非知言者也。①

来书云：《易》之义本起于数。谓义起于数则非也。有理而后有象，有象而后有数。《易》因象以明理，由象而知数。得其义，则象数在其中矣。必欲穷象之隐微，尽数之毫忽，乃寻流逐末，术家之所尚，非儒者之所务也。管辂、郭璞之徒是也。理无形也，故因象以明理。理既见乎辞矣，则可由辞以观象。故曰：得其义，则象数在其中矣。②

遍理天地之道，而复仰观天文，俯察地理，验之著见之迹，故能"知幽明之故"。在理为幽，成象为明。"知幽明之故"，知理与物之所以然也。……乾始物而有象，坤成物而体备，法象著矣。推数可以知来物。……有理则有气，有气则有数。行鬼神者，数也。数，气之用也。……言所以述理。"以言者尚其辞"，谓于言求理者则存意于辞也。③

上述引文揭示出了伊川所理解的《周易》中"理"、"象"、"气"、"数"、"辞"的概念及其内在关系。引文中所有名词性的"理"皆指天地万物的最终根源也即纯粹的本体，在这个层面的理是至幽至微而无形无象的。但是，我们如果只通过纯粹的理来解释天地万物，则是不完备不可行的；因为理无形无象，而天地万物则是有象有形。因此这必然导出理与象的关系的问题。伊川指出，理与象并非二元、二分、二层，而是幽明微显的一体融通。换言之，两者构成结构上的对比而融通的关系，而非对立而二分的关系。因为理与象所处的状态不同，所以两者具有对比性；因为理是象的本源而幽微的本体，而象则是理的具体而明显的呈现，所以两者具有融通性。合而言之，理与象的关系是体与用的关系。体不是用，用不是体，这体现出对比性；但体用一源，显微无间，则体现出融通性。同时，因为理与

① 程颐：《易传序》，《二程集》，第689页。

② 程颐：《答张闳中书》，《河南程氏文集》，卷九，《二程集》，第615页。

③ 程颐：《易说》，《河南程氏经说》，卷一，《二程集》，第1028—1030页。

象是体用关系，因此可以说象是理的功能性、功用性的流行与展示。在伊川看来，象是理之所成者，故称“成象”；换言之，理的幽微之蕴通过其自身持住而无间的酝酿与流动，最终呈现出可见可闻之象。这就是“幽明之故”，是从理以至物象的所以然之故，是潜能化为现实、当然化为实然的连续性、指向性、功能性之过程。总言之，理与象的“所以然”关系绝非如牟宗三先生所说，是理与气、理与象的静态的分解性关系，并将理视作只存有而不活动的形上之道。① 在伊川思想中，两者的关系是结构性的对比融通关系，而其中因为理具有成象的生成性与动态性，因此理与气、理与象的结构性对比融通关系中，同时也蕴含着动态性的对比融通关系。

在这里，牟宗三先生看到了伊川的“所以”、“所以然”在由理而象的过程中的关键性意义，但却将这个关键作出错误的评判，实在可惜。考察伊川的思想，其“所以”、“所以然”之论都同时具有两方面的义涵。第一方面的义涵是指体与用、理与象具有对比性关系，体与用、理与象并不完全等同，体是用之所以然，理是象之所以然。第二方面的义涵是指体在实现为用、理在形著为象的过程中，体、理自身所具有的功能性、作用性、动态性、生成性。第一方面的义涵体现出两者结构性的对比融通关系，第二方面的义涵体现出两者动态性的对比融通关系。而我们从任何一方面的义涵，都推导不出伊川所说的理、体是只存有而不活动的静态之理体。就第一方面而言，体与用、理与象虽然具有对比性，但两者乃处于同一个现象之场中，因此两者在对比中含有融通。用与象具有动态性，那么体与理因为与用、象相通，因此绝不能视作全然静态的不活动的存在之理。就第二方面而言，用、象是作为所以然的理、体自身所呈现出来的功能性、动态性之然，可见理、体本身具有动能性、动态性。

---

① 牟宗三：《心体与性体》，中册，第213—215页。

比如伊川谓“道非阴阳也，所以一阴一阳，道也”①。这一方面指出本体之道与阴阳之象在结构上是体与用的对比性关系，因此不可将道完全等同于阴阳；另一方面则指出本体之道通过自身之功用而呈现、展示为阴阳之象的交互流行，换言之，阴阳是道的功能性展示，是道的功用。伊川又谓“忠恕所以公平，造德则自忠恕，其致则公平”②。一方面，忠恕与公平并不完全等同，两者具有对比性；另一方面，忠恕是本，公平则是忠恕自然展示出来的方向与功能，这里的“致”字就体现出“所以”、“所以然”所具有的功用性、方向性、动态性，因此忠恕与公平又具有动态的融通性。再如伊川云：“凡物有本末，不可分本末为两段事。洒扫应对是其然，必有其所以然。”“圣人之道，更无精粗，从洒扫应对至精义入神，通贯只一理。虽洒扫应对，只看所以然者如何。”③ 这也很明显指出“一理”为本，“洒扫应对”是末，前者是后者的当然与所以然，后者则是前者的实然与已然，两者具有结构性的对比关系；而同时，两者又具有动态性的对比关系，“洒扫应对”之然，是作为所以然的“一理”自身的功能性、方向性、动态性展示。

从上可知，牟宗三先生对伊川的“所以然”之说确有误读。他的误读之处在于忽略了伊川“所以然”第二方面的义涵，也即体与用、理与象的动态性的对比融通关系；而同时他则将伊川“所以然”第一方面的义涵，也即体与用、理与象的结构性的对比关系，误认作结构上的分解、分立、二元关系，而不能理解到这结构性的对比关系中，自有其一体融通性。事实上，马一浮先生就曾经对此作出澄清。有学生问道：“问：程子谓‘所以阴阳者道’，加‘所以’二字，似于阴阳之外别有主宰？”马先生的回答是：“为甚么如此？一阴一阳，

---

① 程颢、程颐：《河南程氏遗书》，卷三，《二程集》，第67页。
② 程颢、程颐：《河南程氏遗书》，卷十五，《二程集》，第153页。
③ 程颢、程颐：《河南程氏遗书》，卷十五，《二程集》，第148、152页。

固有个所以然，此便是道，非别有个主宰也。”① 马氏门人将伊川“所以然”之说中所蕴含的对比性关系错误地理解为分解性、分立性关系，认为在阴阳之象之外，别有一个道作为主宰。马一浮并不同意此说，他强调两者的融通性关系以作救正。

上述伊川易学思想中关于理与象关系的阐发，对我们理解伊川的理气观有关键性意义。因为理与象的关系，实即理与气的关系。在上述独立引文中可见，“有理而后有象，有象而后有数”的另一种相通的表述是“有理则有气，有气则有数”。不过，象与气实际上也略有区别。象实际上是气的一种初始形态，所谓“乾始物而有象”，理由幽至明、自微而显的过程，就是象的呈现过程，而这个过程实际上又是气之凝聚而尚未完全成形、显朗的过程。而气的完全成形、显朗、凝定，则称为“器”。因此，“象”与“器”分别体现为“气”的初始与凝定之两种形态。此即《易传》所谓“见乃谓之象，形乃谓之器”，韩康伯亦注云：“兆见曰象”、“成形曰器”。② 可见，象是气的一种形态，从《易传》到伊川都是承认的。

因为象是气，因此理与气也是对比而融通的关系。从融通性的方面而言，如果气是理的全幅呈现的话，那么此“气”也可称作“理”。例如天地的阴阳交感流行之气，也可称作阴阳交感流行之理。因此，《伊川易传》中常有“屈伸往来之常理”、“理必有对待，生生之本也”、“理有消衰，有息长，有盈满，有虚损”、“消长相因，天之理也”之说，而同时又有“天地阴阳之气相交而和，则万物生成”、“在阴阳之气言之，则消长如循环，不可易也”、“天地二气交感而化生万物”之论。③ 据此，天地阴阳之气，即是天地阴阳之理；屈伸消长之理，即是屈伸消长之气；因为理与气是一体圆融的。至于

① 马一浮：《尔雅台答问续编》，《马一浮全集》，第1册，第480页。
② 《周易·系辞下》，《周易正义》，卷七，《十三经注疏》，第82页。
③ 程颐：《周易程氏传》，《二程集》，第757、808、813、819、753、794、855页。

称作“气”还是称作“理”，则随不同的情况而定。称作“气”的，主要侧重在描述和形容现象界的现实具体情况，让人们理解到不能只知理而不知气；称作“理”的，主要侧重在现象的流行有其原则性、根源性、本体性的蕴义，让人们理解到不能执气而昧理。理气各有侧重，但总为一物、一义。而有时候伊川则直接理气并言。如《二程遗书》记伊川语谓“屈伸往来只是理，不必将既屈之气，复为方伸之气。生生之理自然不息”①；又谓“气则自然生。人气之生，生（原注：一作人之气生。）于真元。天之气，亦自然生生不穷。至如海水，因阳盛而涸，及阴盛而生，亦不是将（原注：一作必是。）已涸之气却生水。自然能生，往来屈伸只是理也”②。这里，“气则自然生”、“天之气，亦自然生生不穷”也即“生生之理自然不息”、“屈伸往来只是理”，理之生即气之生，气之生即理之生，更无不同。此处，伊川之所以理气并举，是因为他担心人们误会气之生生是既屈之气自身又成为方伸之气，从而沦于佛家所说的“轮回”。实际上，在他看来，气之生生具有交感性、不测性、神妙性，也即气之生生全体就是本体之理的动态与连续的呈现，因此说屈伸往来是气之生生，同时也是理之生生。牟宗三先生在伊川思想中理气融通的层面上未能理解清楚，他执意认为伊川主张理气二分，主张理是只存有而不活动的本体，因此他分析后指出“往来屈伸只是理”与“生生之理自然不息”二语，“此言‘理’好像是气化之自然之理，为虚位字”③。实际上，经过前文辨析，因为理与气的圆融一体性，因此伊川在这里所说的“理”皆有实义而非虚立。

另外，正因为伊川的理气观揭示出理与气具有对比而圆融的关系，因此伊川不但如前文所言阐发出了理气的融通性，而且他也强调

① 程颢、程颐：《河南程氏遗书》，卷十五，《二程集》，第167页。
② 程颢、程颐：《河南程氏遗书》，卷十五，《二程集》，第148页。
③ 牟宗三：《心体与性体》，中册，第216页。

理气的对比性。例如他明确指出理是形而上者，气是形而下者，理气不可完全混淆，两者具有相互对比的关系。其云："离了阴阳更无道，所以阴阳者是道也。阴阳，气也。气是形而下者，道是形而上者。形而上者则是密也。"① 又云："气，形而下者。"又云："'一阴一阳之谓道'，道非阴阳也，所以一阴一阳道也，如一阖一辟谓之变。"② 由此可见，伊川相当重视理与气的对比性。事实上，程明道也同样理解到理气或道气的对比性，明道云："形而上为道，形而下为器，须着如此说。器亦道，道亦器，但得道在，不系今与后，己与人。"③ 明道也指出道器或理气分属形而上与形而下，而且"须着如此说"，理气不如此说不行。可见明道也同样承认理气具有对比性。伊川对理气之对比的强调，可谓承接乃兄。不过，明道在理气之对比与融通二义之中更强调其融通性，如其强调"器亦道"、"道亦器"是也；而伊川则特别强调两者的对比性，而伊川的这一强调则容易让人们误认为他主张理气二分，而其实则不然。

综上，前文通过伊川的易学思想，推出他的理气观。总结言之，伊川的理气观来源于他的理象关系论。理与象是对比而又融通的关系，故其理气关系亦复如是。两者的对比性主要体现在理与气是体与用、本与末、幽微与明显、形而上与形而下的区别；两者的融通性则主要体现在体用一源、显微无间的本源状态上。同时，我们还通过辨析伊川的"所以"、"所以然"之论，认为"所以然"揭示出理与气具有结构性的对比融通与动态性的对比融通的关系。简略言之，理与气是二而一、一而二者。这样的话，伊川的理就并不是如牟宗三先生所指出的，是只存有而不活动的存有，是与流行之气没有内在关联的存有。

---

① 程颢、程颐：《河南程氏遗书》，卷十五，《二程集》，第162页。
② 程颢、程颐：《河南程氏遗书》，卷三，《二程集》，第64、67页。
③ 程颢、程颐：《河南程氏遗书》，卷一，《二程集》，第4页。

最后，我们再次回到伊川的易学思想。我们除了理解清楚伊川的理象、理气关系论之外，还应注意到伊川在理与象、理与气中，是有轻重抑扬之别的。理较之象、气要根本和重要，因为理是本体，气、象则是本体之用。而《周易》中的“数”则又是象与气之用。因此，他指出学者不能将所有的心思放在象数上，所谓“必欲穷象之隐微，尽数之毫忽，乃寻流逐末，术家之所尚，非儒者之所务也”；因为相对于象数之气，理更具重要性和关键性，因为理是气之本。据此，他主张通过“观象玩辞”特别是“玩辞”的方式，以理解和通达至本源之理。因为《周易》中卦爻之“辞”具有切近性、简易性、直接性，能够直接显理通象，因此学者最宜由辞观象、即象明理。可见，伊川对辞的强调，也是他在理与气或理与象之间最重视理的一个具体体现。观象玩辞，最终是要更好地明理。①

第二节　理说

除了辨明伊川在理气关系上的思想，以及其在理与气中更强调理的根本性作用之外，我们还需要探析伊川所说的“理”，其本身所具有的不同层面的义涵。考察伊川的文字、语录，便可知伊川围绕“理”的概念，有着许多不同的表述，诸如“天理”、“人理”、“事理”、“伦理”、“物理”、“正理”等概念，以及与“天理”相通的“实理”、“天道”、“至诚”等论题，都是伊川理学中值得探讨的内容。在本节中，我们将对此作出具体疏通。

首先说“天理”。在伊川的思想中，“天理”又称“理”、“道”、

① 唐君毅先生将伊川在理气观上的这一思想概括为“理主气从”，指出伊川“乃以生生之理为主，并以依之而有而生之气为宾”。参见唐君毅：《中国哲学原论·导论篇》，北京：中国社会科学出版社2005年版，第277页。

“天”，是天地间一切理、一切气的根源所在。而据前文所述伊川的理气观，我们也可以较清楚地区分出伊川所论天理，具有两方面的义涵，从而导出天理之二义。从理气对比的角度说，天理具有首出义、终极义、纯粹义，体现为纯粹至善的本体；从理气融通的角度说，天理则具有流行义、气化义、动态义，体现为化育万物的大用。天理的这两方面义涵都统一在理气的对比与融通的实义上。理与气确然有对比与融通的内在关系，因此这关系所通达出来的天理之二义，是实然而非虚说，所以在伊川看来，天理是“实理”。其云：“实理者，实见得是，实见得非。”① 又谓“皆是理，安得谓之虚？天下无实于理者”②。这里，实理之“实”也有二义，从理气对比性的角度说，实理是当然性之理。所谓当然之理，是说这个理并不首先是已经实现了的理。这当然之理能够实实在在地通过理之照摄和导向作用，让明理、穷理之人不得不实现之。明理、穷理之人在此确实体知到天理的这种当然而不得不然、不能不然之命。③ 而从理气融通性的角度说，实理则是功能性之理。理并不是只存有而不活动者，理的屈伸消长的功能与功用，成就出气化流行的现象世界，因此整个现象世界是天理一实的功用性、生成性流行，从而不息不已地生长发育万物。故谓“道则自然生万物”、“道则自然生生不息”④。伊川对实理的功能性的

---

① 程颢、程颐：《河南程氏遗书》，卷十五，《二程集》，第147页。

② 程颢、程颐：《河南程氏遗书》，卷三，《二程集》，第66页。

③ 按：对于实理的当然性的义涵，还是唐君毅先生讲得系统透彻，其云：“从现实存在上看，除非我是圣人，此理恒只是对我显为一当然之理，而对我之存心与行为有所命，为我之行为存心之一内在趋向。此理是在逐渐实现之历程中，而未完全实现者。故此理本身，总是有超越现实之意义者，亦总是形而上者。此‘实’，是说它虽未实现或未完全实现，但它是不当不实现者。我只要见到它，亦是不容已于要去实现它者。我之要去实现它，即只是把它本有之当实、能实之涵义显出，亦即它之自显其本有之当实、能实之涵义于我。此之谓形而上而又彻于形而下，超现实而又能现实化之实理。”参见唐君毅：《中国哲学原论·导论篇》，第35页。

④ 程颢、程颐：《河南程氏遗书》，卷十五，《二程集》，第149页。

这种强调，虽然是继承了其兄程明道之说，但这显然也是伊川理气融通思想的自然结果，而不得认为其只是随顺其兄之说而自己不加深究的泛泛之谈。

关于伊川思想中天理、实理所具有的本体和大用二义，以及此二义的内在关键，我们仍可作更具体深入的研究。这也需要回到伊川的易学思想中来，特别是他关于《周易》乾卦的阐发。乾卦之象为天。天含蕴“天理”与“天道”之义。伊川在其《易传》中发挥道：

> 乾，天也。天者，天之形体；乾者，天之性情。乾，健也，健而无息之谓乾。夫天，专言之则道也，天且弗违是也；分而言之，则以形体谓之天，以主宰谓之帝，以功用谓之鬼神，以妙用谓之神，以性情谓之乾。乾者，万物之始，故为天，为阳，为父，为君。元亨利贞谓之四德。元者，万物之始；亨者，万物之长；利者，万物之遂；贞者，万物之成。
>
> 四德之元，犹五常之仁，偏言则一事，专言则包四者。万物资始乃统天，言元也。乾元，统言天之道也。天道始万物，物资始于天也。云行雨施，品物流形，言亨也。天道运行，生育万物也。大明天道之终始，则见卦之六位，各以时成。卦之初终，乃天道终始。乘此六爻之时，乃天运也。以御天，谓以当天运。乾道变化，生育万物，洪纤高下，各以其类，各正性命也。天所赋为命，物所受为性。保合太和乃利贞，保谓常存，合谓常和，保合太和，是以利且贞也。天地之道，常久而不已者，保合太和也。①

这两段文字，就《周易》来说，是阐发乾卦所蕴含的德性、性情与功能；就哲学与理学来说，则是发挥出天理所具有的本源性与功能性。在伊川看来，就天或天理的本源性而言，天就是终极的“道”，是天地万物之所以资始资生的终极性本体与根源，此即所谓

---

① 程颐：《周易程氏传》，卷一，《二程集》，第695—698页。

"天道始万物，物资始于天也"，故伊川谓"此直谓形而上者"①。同时，作为本源性的天或天理，乃蕴含着各种德性、表现、功用，并将之具体实现与呈显出来。人们可以分别就天或天理的不同情况，而各以不同的象、名表示之，如"天"、"帝"、"鬼神"、"神"、"乾"等。在这里，天或天理作为本源性、当然性的道，其所以能够表现为功用性的终始与生育万物的天道运行，则是因为天理或乾道含有元亨利贞"四德"。

天道、乾道的元亨利贞四德，具有一多相即、相互涵摄的关系。"元"虽然是四德之一，但却具有独特而重要的作用。元在四德中具有起始性、包蕴性、统摄性，能够统摄包蕴元、亨、利、贞四德并流行于四德之中。因此，乾之四德使得作为本源性的天理，内在地成为一个构成性、生成性、功能性的存在境域（horizon）。这里蕴含着存神过化、象气流行之源，而并非只是静态而不能生化的存在之理。因此伊川将这个状态描述为"冲漠无朕，万象森然已具"②。可见，在天理的本源而纯粹的状态中，天理也不是截然与气不相关涉的，这状态可以说是摄用归体，大用统摄于本体中并构成本体的灵明之蕴。

正因为以元为统摄之德的乾之四德，是构成性、生成性、功能性的存在境域，因此此境域一有所感触引发，便自然地流出并呈现为天理气化流行之大用。同时，这四德是内在于乾道变化之始终的，因此天理气化流行是一个生生不息、常久不已、保合太和的无尽历程。对于这种状态，伊川结合《中庸》之说，形容为"至诚无息"、"至诚无妄"、"至诚感通"之道。其云："无妄者，至诚也；至诚者（原注：一无者字。），天之道也。天之化育万物，生生不穷，各正其性命，乃无妄也。"③ 又云："至诚无远近幽深之间，故《系辞》云：

---

① 程颢、程颐：《河南程氏遗书》，卷三，《二程集》，第64页。

② 程颢、程颐：《河南程氏遗书》，卷十五，《二程集》，第153页。

③ 程颐：《周易程氏传》，卷二，《二程集》，第822页。

‘善则千里之外应之，不善则千里违之。’言诚通也。至诚感通之理，知道者为能识之。”[①] 关于至诚感通的机理，其性质、发生、功能、作用如何，尚有待系统的研探，我们将另辟一章作出处理，此不赘论。

天理气化流行可谓纯粹刚健、至诚无息。同时，乾道变化、天理流行的无尽过程，也即是天地万物资始、长养、顺遂、成就的无尽过程。因此，天地间的一切人与物，无不是乾道变化、天道流行所通达与成就出来的。故人类与物类在其开始时，流行之天理便已经内化为其自身之所以为自身的根据所在与当然之理。换言之，人与物在根源上无不是天理的体现，人人物物各有理，各各通于本源的纯粹之理。这就成就出万物之“命”与“性”。由此言之，人与物的本源的性、命其实就是天理。故伊川谓“命，天理也”[②]、“天道生万物，各正其性命而不妄”[③]。只不过，物之命与性各有侧重。正如伊川在阐发乾道变化之义时所说，“天所赋为命，物所受为性”。“命”体现出天理的导向性、确然性、赋命性、不可逃避性，是人与物之当然而不得不然者；“性”则体现出天理内化为人与物自身的本源根据，成为人与物各自的本质性特征。但不管如何，人与物的性与命，在其本源意义上说，都是本源、纯粹、至善的天理的体现。

另外，《周易》乾卦与程伊川也同时强调天理气化流行的“各正性命”是各自正其性命。换言之，就是人与物虽然都通于天理，但其各自都有其自身所资始、长养、顺遂、成就的方向，不可笼统和混淆。这就如树的枝叶虽然都是同一个根本所通达生长出来的，但各个枝叶的形状、方位、大小等都有所不同。据此，在伊川的易学与理学思想中，天理内化为自然之物之性命，就体现为“物理”；天理内化

---

① 程颐：《周易程氏传》，卷四，《二程集》，第1011页。
② 程颐：《周易程氏传》，卷三，《二程集》，第923页。
③ 程颐：《周易程氏传》，卷二，《二程集》，第824页。

为人伦之物之性命，就体现为“伦理”或“人理”；天理内化为人类社会之事之性命，就体现为“事理”；天理内化为人的自我之性命，就体现为心性之理或“性理”。换言之，天理之流行，即人、事、物之所在，同时人、事、物皆体现出天理之其中一部分义涵，从而成为性理、事理、人理、物理。同时，自我、人伦、社会、自然，以至于盈天地间的一切，都各自有其终极的存在、价值、意义的源泉。正因为如此，伊川指出，人如果全尽己与物之性并参赞天地之化育，就需要“集众理”，逐渐地获得天理流行的融贯性和一体性。不过，“集众理”也有先后与轻重之序。每个人对于天理的感与知，最切近的当然是自己的心性，人的心灵的各种表现形态其实也都是心性的运作方式，因此人之穷理尽性首先需要穷尽自己之心性，然后才及于他事、他物、他理。据此，伊川表达出他的“集众理”之说云：“人要明理，若止一物上明之，亦未济事，须是集众理，然后脱然自有悟处。然于物上理会也得，不理会也得。”① 如果只是从一物一事上就能明尽天理，那么这是闻一知十之人。在现实中这种情况并非没有，但相当罕见。因为就常情而论，每一物一事之理，都通过此物此事的方向、形态而表现出来；人们的明理之过程，很容易受限于此物此事的方向、形态，而不能完全穷尽具有可普遍性的全体天理。因此，汇集众理、得其融贯便成为必要的工夫，② 但是他同时指出集众理应以性理、人理为本，物理为末，要懂得抓大放小。

由此可见，在关于理的论说上，伊川重视物理、伦理、性理之间的融洽性，并强调“万物皆是一理”③，这对于当今的社会来说具有启发意义。近现代以来，人类社会随着哲学与科学的演进，随着社会分工的加剧，人们对于天地间的不同之理，容易执其别而昧其通，而

---

① 程颢、程颐：《河南程氏遗书》，卷十七，《二程集》，第175页。
② 按后来伊川强调“格物致知”、“格物穷理”之说，其思想之渊源则在此。
③ 程颢、程颐：《河南程氏遗书》，卷十五，《二程集》，第157页。

不能知其类而观其通，徒增割裂，生出许多虚妄的问题、冲突、困惑，真可谓道术之为天下裂。事实上，在伊川看来，诸种“理”之间虽然有类别、层次、本末的不同，但其实都是天理流行的体现而已，从而为化解上述问题提示出一个本源的道理。在《伊川易传》中，物理主要指的是自然之物的屈伸、往来、上下、升降、消长之理，故谓“物理如循环，在下者必升，居上者必降”①、“理有消衰，有息长，有盈满，有虚损”②；人理或伦理主要指的是人的伦理关系中，男女与长幼等的互动、交感之理，如谓“一阴一阳之谓道。阴阳交感，男女配合，天地之常理也”③；事理主要指的是人类的历史与社会、个人的日常事务等方面的治乱、盛衰、进退、否泰、兴废之理，故谓“自古治必因乱，乱则开治，理自然也”④、“以理言之，盛必有衰，始必有终，常道也”⑤；性理则主要指的是自我心灵的动静、寂感、性情、知行、体用等方面的和谐互动之理，如谓“动息相感，乃屈信（笔者按：信即伸）也。君子潜心精微之义，入于神妙，所以致其用也。潜心精微，积也；致用，施也。积与施乃屈信也”⑥；等等。我们对伊川所说的这些物理、伦理、事理、性理作出梳理，就容易理解到在伊川的思想中，无论何种理，都体现为一阴一阳的屈伸相感、虚实相生、动静相交之理，因为众理皆为天理的体现，天理的流行本来如是。故伊川概括说：“质必有文，自然之理。理必有对待，生生之本也。有上则有下，有此则有彼，有质则有文。一不独立，二则为文。非知道者，孰能识之？”⑦ 正因为天理体现为众理，众理归

---

① 程颐：《周易程氏传》，卷一，《二程集》，第756页。
② 程颐：《周易程氏传》，卷二，《二程集》，第813页。
③ 程颐：《周易程氏传》，卷四，《二程集》，第978页。
④ 程颐：《周易程氏传》，卷二，《二程集》，第788页。
⑤ 程颐：《周易程氏传》，卷二，《二程集》，第852页。
⑥ 程颐：《周易程氏传》，卷三，《二程集》，第858—859页。
⑦ 程颐：《周易程氏传》，卷二，《二程集》，第808页。

本为天理，一即是多，多即是一，因此我们对于天理阴阳屈伸的往复流行的展示，既是描述性的，又是价值性的，事实中蕴含价值，价值因事实而显出。由此，伊川通过对《周易》六十四卦的理解与说明，通过对《易传》义理的阐发与扩展，让人们体知到天道与人道本源性的和谐与统一，省思到盈天地之间本来皆是一个自在无碍的意义机制与脉络，从而达至“保合太和”的“常存”、“常和”境界，由此避免人类世界的分裂、冲突甚至毁灭。可见，上述伊川的“集众理”之说，其现代性的意义与启示是不言而喻的。

最后，我们还须指出，伊川所论乾道变化、天理流行，一方面如本节所言，是作为本源性的至善本体的流行贯注、各正性命，而另一方面则体现为气化生生、成象赋形的无尽历程。伊川关于理的思想之所以有这两方面内容，是因为理与气在其本源、本真意义上说就是对比与融通的关系。我们在上节中已经作出具体的研探。所以，理必含蕴气，气必本乎理，无无气之理，亦无无理之气。故就天理流行的第二方面言之，天理流行就是气化流行。这就意味着天理本身是纯粹至善的本体，同时也是大化流行的气用，理既是“天理”，同时也蕴含并表现为“气理”；命既是“天命”，同时也蕴含并表现为“气命”；性既是“天性”，同时也蕴含并表现为“气性”。因此就人之性而言，人不可能只有天命之性而没有气质之性。其实，伊川对于理、命、性所具有的“气理”、“气命”、“气性”都有所注意并作出具体的描述与展示，例如《伊川易传》所说物理、伦理、事理的内容，多属于“气理”、“气命”等气的层面，只不过伊川并不用笔者的这些术语而已。笔者认为，这也是由于伊川在理与气之间更重视和强调理的自然结果，而他对理的这种重视和强调，是要显出天理的超越性、庄严性、根本性，以有力而深刻地转化现实中人性之污染与堕落，并使之回复性理之真与善。这与张横渠对天道流行的气化义的侧重，构成明显的对照。①

第三节　中说

要深入丰富地理解伊川之理，除了直接疏解其关于“理气”、“天理”的思想之外，我们还可以通过一些与之相关的论题，揭示其另外一些蕴义。以往研究伊川理学的学者，包括牟宗三先生等大家在内，多忽视了自其易学思想中汲取相关的思想资源以作研究，这是很遗憾的事。本书的其中一个工作，就是要补足这方面缺陷。笔者认为，伊川易学思想中的“中正”、“时义”、“常变”等论题，与伊川理气、天理论有着内在的相通之处。如果对这些论题作出系统研究，则我们对伊川所论“理”及其功用，必将有更深一层的理解与澄清。在这一节中，我们主要论述伊川关于“中”的思想。

中国传统哲学对“中”之义蕴的阐发，最重要的是两个系统。一是《周易》系统，《周易》经传有“正中”、“中正”、“刚中”、“柔中”、“时中”、“中道”、“大中”、“中行”等概念，我们姑且可以概括为“中正”系统；另一个系统则是《中庸》系统，《中庸》有“中庸”、“中和”、“中节”、“时中”、“中正”、“执两用中”、“不勉而中”、“从容中道”等概念，我们往往将之概括为“中和”系统。伊川对于《周易》和《中庸》都相当重视，并且通过自己的注释以及与门人的对话，阐发“中正”、“中和”之蕴。《周易》与《中庸》这两个系统的“中”当然具有不同的义涵，前者主要侧重在对卦爻的时、位、刚柔之德等方面的内容的揭示；而后者则主要侧重在人的

① 关于张横渠的气化论，可参见本书附录一。

心性状态及其根源，以及如何通过修养工夫达至中和这一终极境界。伊川对此也当然是理解的，但他同时体会到两个系统皆以“中”为关键性论题，并且两个系统都将“中”与“道”或“理”融通起来。例如他与吕与叔论《中庸》之义云：“中即道也。若谓道出于中，则道在中外，别为一物矣。”① 而其论《周易》大过卦之义云：“所谓大过者，常事之大者耳，非有过于理也。惟其大，故不常见；以其比常所见者大，故谓之大过。如尧、舜之禅让，汤、武之放伐，皆由（原注：一有此字。）道也。道无不中，无不常，以世人所不常见，故谓之大过于常也。”② 据此，我们对伊川思想作出引申，可以将之理解为：《周易》虽然是通过时位刚柔等义以说“中”，但此“中”乃通于道、理，而可与《中庸》相互丰富、相互发明。因此在这里，我们统合伊川所论《易》《庸》之说，并对其“中”的思想的各方面内容作出疏解与阐发。

首先是对“中“的界说。在伊川的思想中，“中”与“理”、“性”、“道”等形上层面的内容是内在相通的。不过，因为伊川在理气关系问题上特别强调理与气的对比性，指出理与气不能完全混淆，因此他在“中”是否即直接完全等同于“理”、“性”、“道”的问题上，有过一番详细的考虑。不过，由于伊川对于“中”的论说，多是通过语录的形式表现出来的。语录体的好处在生动活泼，但其不足之处则是容易流于支离甚至散乱。许多学者，包括牟宗三先生，都是通过程氏门人所记伊川语录的支离性，而直接推出伊川思想的支离性的。牟先生尤其指出伊川“中”说是“颠三倒四”、“支蔓纠结”③，下语既重，责之亦甚，令人惊诧。其实，中、印、西任何一位大哲，如果其哲思有深宏之处，则其各方面的思想理应具有自身的融洽性。

---

① 程颐：《与吕大临论中书》，《河南程氏文集》，卷九，《二程集》，第606页。
② 程颐：《周易程氏传》，卷二，《二程集》，第838页。
③ 牟宗三：《心体与性体》，中册，第293、316页。

当然这种融洽性是应然、当然，而并非一定是必然。如果我们真的发现这位哲人，其某一方面的思想，与他的整体哲思相矛盾，则可以指陈出来，并疏导出其矛盾和问题所在。但即使如此，我们会将他的这个矛盾和问题视作与其整体哲思构成了“部分的不相融洽性”（partial incoherence），而不能全然和直接地视为颠倒、纠结。如果他这方面的思想真是如此，并且这思想又具有重要和关键的地位，那么他就不能被视作“大哲”。因为历来的大哲是断然不会在重要和关键的问题上，采取颠倒、纠结的处理方式的。由此，我们理应先对伊川“中”说的各方面内容采取同情的理解，首先物各付物，明其层类；然后观其会通，得意尽意；最后引申触类，有所判明。

在《二程遗书》中，伊川指出“中”有多层面的涵义，其谓“只一个中字，但用不同”①。既然他是这么说的，那么我们理应留意到他对于“中”的阐发，有不同的侧重，不可混淆论之。在现存伊川的文字、语录中，我们最应重视他与门人苏季明关于“中和”、“已发未发”问题的问答，因为这些问答最为完整，具有显而易见的脉络性和系统性，能方便我们疏导其可能具有的内在融洽性。其次，我们也应疏解伊川的《与吕大临论中书》。但因为此书并非完整之本，而是据吕与叔所录到的片段辑合而成，因此其脉络性和系统性有所欠缺，因此需要通过伊川和苏季明的问答等内容，对之作出弥补、充实、丰富，方能显其真意。另外，此书的一些地方尚有不可解者，我们在此应保持谨慎的多闻阙疑之意，在这基础上，如可能通过其他文本的脉络和意思，作出充实和肯认，则努力为之，否则似未宜汲汲纠结于此。最后，我们还需要通过伊川的其他语录，以及其《伊川易传》的相关内容，作出参详疏导。通过上述三方面内容的互动、互观、互通，我们对于伊川的“中”说或将有一个清晰的梳理。这里，

① 程颢、程颐：《河南程氏遗书》，卷十八，《二程集》，第200页。

我们根据伊川语录和文字中，关于“中”的各论题的说法，作出分门别类的整理。

一、总说

1. 在中，谓求得其中。摄其心之谓也。中者，心之象。刚来而不穷，柔得位而上同，卦才之义，皆主于中也。王者拯涣之道，在得其中而已。①

2. 心一也，有指体而言者，（原注：寂然不动是也。）有指用而言者，（原注：感而遂通天下之故是也。）惟观其所见如何耳。②

3. 杨子拔一毛不为，墨子又摩顶放踵为之，此皆是不得中。至如子莫执中，欲执此二者之中，不知怎么执得？识得则事事物物上皆天然有个中在那上，不待人安排也。安排着，则不中矣。③

4. 曰：中是有时而中否？曰：何时而不中？以事言之，则有时而中。以道言之，何时而不中？④

5. 季明问：君子时中，莫是随时否？曰：是也。中字最难识，须是默识心通。且试言：一厅则中央为中，一家则厅中非中而堂为中，言一国则堂非中而国之中为中，推此类可见矣。且如初寒时，则薄裘为中；如在盛寒而用初寒之裘，则非中也。更如三过其门不入，在禹、稷之世为中，若居陋巷，则不中矣。居陋巷，在颜子之时为中，若三过其门不入，则非中也。或曰：男女不授受之类皆然。曰：是也。男女不授受，中也，在丧祭则不如此矣。⑤

6. 旅困之时，非阳刚中正，有助于下，不能致大亨也。所谓得在外之中，中非一揆，旅有旅之中也。⑥

7. 苏季明问：舜执其两端，注以为过不及之两端，是乎？曰：是。

---

① 程颐：《周易程氏传》，卷四，《二程集》，第1001页。
② 程颐：《与吕大临论中书》，《河南程氏文集》，卷九，《二程集》，第609页。
③ 程颢、程颐：《河南程氏遗书》，卷十七，《二程集》，第181页。
④ 程颢、程颐：《河南程氏遗书》，卷十八，《二程集》，第201页。
⑤ 程颢、程颐：《河南程氏遗书》，卷十八，《二程集》，第214页。
⑥ 程颐：《周易程氏传》，卷四，《二程集》，第989页。

曰：既过不及，又何执乎？曰：执犹今之所谓执持使不得行也。舜执持过不及，使民不得行，而用其中，使民行之也。又问：此执与汤执中如何？曰：执只是一个执。舜执两端，是执持而不用。汤执中而不失，将以用之也。若子莫执中，却是子莫见杨、墨过不及，遂于过不及二者之间执之，却不知有当摩顶放踵利天下时，有当拔一毛利天下不为时。执中而不通变，与执一无异。①

8. 可以仕则仕，可以止则止，可以久则久，可以速则速，此皆时也，未尝不合中，故曰君子而时中。②

二、中之界定

1. 盖中之为义，无过不及而立名。③

2. 中者，只是不偏，偏则不是中。庸只是常。犹言中者是大中也，庸者是定理也。④

三、论中与天理、天道

1. 先生曰：中即道也。若谓道出于中，则道在中外，别为一物矣。

2. 又曰：不偏之谓中。道无不中，故以中形道。⑤

3. 道无不中，无不常，以世人所不常见，故谓之大过于常也。⑥

4. 万物无一物失所，便是天理时中。（原注：一本无时中字。）⑦

四、论中与性

1. 先生曰："中即性也"，此语极未安。中也者，所以状性之体段。

---

① 程颢、程颐：《河南程氏遗书》，卷十八，《二程集》，第 213 页。

② 程颢、程颐：《河南程氏外书》，卷六，《二程集》，第 391 页。

③ 程颐：《与吕大临论中书》，《河南程氏文集》，卷九，《二程集》，第 606 页。

④ 程颢、程颐：《河南程氏遗书》，卷十五，《二程集》，第 160 页。按：《二程遗书》卷七记二程语云："不偏之谓中，不易之谓庸。中者天下之正道，庸者天下之定理。"笔者按，此语应是伊川语，然不敢完全确定，暂录于此以备参考。参见程颢、程颐：《河南程氏遗书》，卷七，《二程集》，第 100 页。

⑤ 以上两条并见程颐：《与吕大临论中书》，《河南程氏文集》，卷九，《二程集》，第 606 页。

⑥ 程颐：《周易程氏传》，卷二，《二程集》，第 838 页。

⑦ 程颐：《河南程氏遗书》，卷五，《二程集》，第 77 页。

（原注：若谓性有体段亦不可，姑假此以明彼。）如称天圆地方，遂谓方圆即天地，可乎？

2. 中止可言体，而不可与性同德。

3. 又曰：观此义，（原注：一作语。）谓不可与性同德，字亦未安。子居对以中者性之德，却为近之。①

4. 又如前论中即性也，已是分而为二，不若谓之性中。（原注：性中语未甚莹。）②

五、论中与已发未发

1. 喜怒哀乐之未发谓之中。中也者，言寂然不动者也。故曰：天下之大本。发而皆中节谓之和。和也者，言感而遂通者也，故曰天下之达道。③

2. 若谓性与道，大本与达道，可混而为一，即未安。在天曰命，在人曰性，循性曰道。性也，命也，道也，各有所当。大本言其体，达道言其用，体用自殊，安得不为二乎？④

3. 喜怒哀乐未发谓之中，只是言一个中（原注：一作本。）体。既是喜怒哀乐未发，那里有个什么？只可谓之中。……发而皆中节谓之和，非是谓之和便不中也，言和则中在其中矣。中便是含喜怒哀乐在其中矣。⑤

4. 中和，若只于人分上言之，则喜怒哀乐未发既发之谓也。若致中和，则是达天理，便见得天尊地卑、万物化育之道，只是致知也。⑥

5. 苏季明问：中之道与喜怒哀乐未发谓之中，同否？曰：非也。喜怒哀乐未发是言在中之义，只一个中字，但用不同。⑦

---

① 以上三条并见程颐：《与吕大临论中书》，《河南程氏文集》，卷九，《二程集》，第606页。

② 程颐：《与吕大临论中书》，《河南程氏文集》，卷九，《二程集》，第609页。

③ 程颢、程颐：《河南程氏遗书》，卷二十五，《二程集》，第319页。

④ 程颐：《与吕大临论中书》，《河南程氏文集》，卷九，《二程集》，第606页。

⑤ 程颢、程颐：《河南程氏遗书》，卷十七，《二程集》，第180—181页。

⑥ 程颢、程颐：《河南程氏遗书》，卷十五，《二程集》，第160页。

⑦ 程颢、程颐：《河南程氏遗书》，卷十八，《二程集》，第200页。

6. 或曰：有未发之中，有既发之中。曰：非也。既发时，便是和矣。发而中节，固是得中，（原注：时中之类。）只为将中和来分说，便是和也。①

六、论中与未发

1. 季明问：先生说喜怒哀乐未发谓之中是在中之义，不识何意？曰：只喜怒哀乐不发，便是中也。曰：中莫无形体，只是个言道之题目否？曰：非也。中有甚形体？然既谓之中，也须有个形象。曰：当中之时，耳无闻，目无见否？曰：虽耳无闻，目无见，然见闻之理在始得。②

2. 曰：固是所为皆中，然而观于四者未发之时，静时自有一般气象，及至接事时又自别，何也？曰：善观者不如此，却于喜怒哀乐已发之际观之。贤且说静时如何？曰：谓之无物则不可，然自有知觉处。曰：既有知觉，却是动也，怎生言静？人说"复其见天地之心"，皆以谓至静能见天地之心，非也。《复》之卦下面一画，便是动也，安得谓之静？自古儒者皆言静见天地之心，唯某言动而见天地之心。或曰：莫是于动上求静否？曰：固是。然最难。释氏多言定，圣人便言止。且如物之好，须道是好；物之恶，须道是恶。物自好恶，关我这里甚事？若说道我只是定，更无所为，然物之好恶，亦自在里。故圣人只言止。所谓止，如人君止于仁，人臣止于敬之类是也。《易》之《艮》言止之义曰："艮其止，止其所也。"言随其所止而止之，人多不能止。盖人万物皆备，遇事时各因其心之所重者，更互而出，才见得这事重，便有这事出。若能物各付物，便自不出来也。或曰：先生于喜怒哀乐未发之前，下动字，下静字？曰：谓之静则可，然静中须有物始得，这里便（原注：一作最。）是难处。学者莫若且先理会得敬，能敬则自知此矣。③

七、论中与已发

1. 问：《杂说》中以赤子之心为已发，是否？曰：已发而去道未远

---

① 程颢、程颐：《河南程氏遗书》，卷十八，《二程集》，第201页。
② 程颢、程颐：《河南程氏遗书》，卷十八，《二程集》，第201页。
③ 程颢、程颐：《河南程氏遗书》，卷十八，《二程集》，第201—202页。

也。曰：大人不失赤子之心，若何？曰：取其纯一近道也。曰：赤子之心与圣人之心若何？曰：圣人之心，如镜，如止水。①

2. 先生曰：喜怒哀乐之未发谓之中。赤子之心，发而未远于中，若便谓之中，是不识大本也。②

八、论中正

1. 九居二，非正也；处说，非刚也；而得中为善。若守其中德，何有不善？岂有中而不正者？岂有中而有过者？二所谓利贞，谓以中为志也。志存乎中，则自正矣。大率中重于正，中则正矣，正不必中也。（笔者按：此解损卦九二象辞。）③

2. 九三在内卦之上，主治乎内者也。以阳居刚而不中，虽得正而过乎刚者也。（笔者按：此解家人卦九三爻辞。）④

3. 不失中，则不违于正矣，所以中为贵也。诸卦：二五虽不当位，多以中为美；三四虽当位，或以不中为过，中常重于正也。盖中则不违于正，正不必中也。天下之理，莫善于中，于六二、六五可见。（笔者按：此解震卦六五爻辞。）⑤

九、论中与修养工夫

1. 凡学之道，正其心，养其性而已。中正而诚，则圣矣。⑥

2. 或曰：喜怒哀乐未发之前求中，可否？曰：不可。既思于喜怒哀乐未发之前求之，又却是思也。既思则是已发。（原注：思与喜怒哀乐一般。）才发便谓之和，不可谓之中也。⑦

3. 又问：吕学士言：当求于喜怒哀乐未发之前。信斯言也，恐无着摸，如之何而可？曰：看此语如何地下。若言存养于喜怒哀乐未发之

---

① 程颢、程颐：《河南程氏遗书》，卷十八，《二程集》，第202页。
② 程颐：《与吕大临论中书》，《河南程氏文集》，卷九，《二程集》，第607页。
③ 程颐：《周易程氏传》，卷三，《二程集》，第909页。
④ 程颐：《周易程氏传》，卷三，《二程集》，第886页。
⑤ 程颐：《周易程氏传》，卷四，《二程集》，第966页。
⑥ 程颐：《颜子所好何学论》，《河南程氏文集》，卷八，《二程集》，第577页。
⑦ 程颢、程颐：《河南程氏遗书》，卷十八，《二程集》，第200页。

时，则可；若言求中于喜怒哀乐未发之前，则不可。又问：学者于喜怒哀乐发时固当勉强裁抑，于未发之前当如何用功？曰：于喜怒哀乐未发之前，更怎生求？只平日涵养便是。涵养久，则喜怒哀乐发自中节。①

4. 或曰：敬何以用功？曰：莫若主一。季明曰：昞尝患思虑不定，或思一事未了，他事如麻又生，如何？曰：不可。此不诚之本也。须是习。习能专一时便好。不拘思虑与应事，皆要求一。②

5. 所谓"循性而行，无往而非理义"，言虽无病，而圣人气味殊少。③

上述引文，大概将伊川的中说作出分门别类的整理，观其脉络，可得会通。伊川指出"中"有诸多用法，其实无论"中"如何用，皆可以统摄为"心之象"一义。同时，心有诸义，中则有诸义。伊川指出，心只是一个心，其中并无支离分割的层面或部分，但心的整全性并不妨碍心有其内在的结构性与对比性。基本说来，心本身具有体与用、大本与达道、寂然不动与感而遂通的对比性而非对立性、分解性的结构。那么，中作为心之象，也应可说为"通于体之中"与"通于用之中"。不过，在表面上这又与中为"心之象"之义不合。因为说"象"则已经不是"体"本身了。因此，如果我们要恰当理解伊川的说法，此"心之象"的"象"则应采取广义的理解，也即并非心所呈现之相，而是"统言"与"虚说"。换言之，"心之象"也即是说整个的"心"。这样，问题就基本消除了，伊川之"中"具有"通于体之中"与"通于用之中"二义。不过，如果我们进一步细致考察上述引文，则更可见"心之象"的"象"，既有"统言"与"虚说"之义如上所言者，但亦有"别言"与"实说"之义，也即"象"可以说为心之体所呈现出来的真实之相。例如人的喜怒哀乐未

---

① 程颢、程颐：《河南程氏遗书》，卷十八，《二程集》，第200—201页。

② 程颢、程颐：《河南程氏遗书》，卷十八，《二程集》，第202页。

③ 程颐：《与吕大临论中书》，《河南程氏文集》，卷九，《二程集》，第608页。

发之状态，并非只是一个纯理纯体，因为人有形、有心、有身。因此即使人在喜怒哀乐未发之时，也不可能无形、无心、无身，因此此时的状态应是作为本体之中的未发已发之际的状态。在这状态中，心之体尚未发为心之用，但亦呈现出一个如然、如理的心之象。此即伊川所谓“既谓之中，也须有个形象”的“在中”之论。因此，在伊川的思想中，中不仅通于心之体用，而且也通于别言与实说的心之象。如果我们通过佛家《大乘起信论》的体、相、用三大通观之，则伊川所论之“中”，乃通于心之体、相、用，此中之相即是象。所以，中有三义，即体之中、相之中、用之中。另外，伊川将中之义界定为“无过不及”、“不偏”，此乃通于体、相、用三大者。这样的一种界定可以是“虚”而非“实”，也即消极意义上的状语；但同时也可以是“实”而非“虚”，换言之，中之体、相、用皆是确然地不偏无过不及者。据此，我们便分为体、相、用三义以论伊川的中说。①

首先是通于体之中。心之体即是天理、天道、天性。中有通于本体之一义，所以中也即是天理之中、天道之中、天性之中，故伊川谓“中即道也”、“道无不中”、“天理时中”。同时，正如本章第一节所

---

① 关于体、相、用三大，《大乘起信论》云：“摩诃衍（笔者按：即大乘。）者，总说有二种。云何为二？一者法，二者义。所言法者，谓众生心。是心则摄一切世间法出世间法，依于此心显示摩诃衍义。何以故？是心真如相，即示摩诃衍体故；是心生灭因缘相，能示摩诃衍自体相用故。所言义者，则有三种。云何为三？一者体大，谓一切法真如平等不增减故；二者相大，谓如来藏具足无量性功德故；三者用大，能生一切世间出世间善因果故，一切诸佛本所乘故，一切菩萨皆乘此法到如来地故。”参见真谛译、高振农校释：《大乘起信论校释》，北京：中华书局1992年版，第12页。《起信论》这段话说得很清楚，它指出所谓法即众生心，此众生心其实即一心。心有真如与生灭二门，心真如门即心之体，心生灭门即心之相与心之用。此体、相、用构成了一心之三种义涵。如果简略地说，体即心真如、心本体，相即心体所涵具的无量无边之自性功德以及所显现的无量无边之相状形色，用即心之体相所展示出来的功用。事实上，体、相、用三大虽然来自佛家，且有其特定的思想取向，但此说基本上将心的义涵和规模作出了基础性的展示，这是中国佛教的一大贡献。

论，在本源本真的状态下理与气是对比而又融通的关系。从理气融通的一面说，天理流行即气化流行，气化流行即天理流行。因此，如果我们参入“中”之义以观，那么天理流行即是“天理时中”；同时也即是“事事物物皆天然有个中在那上”，换言之，气化流行的现象天然地处于“时中”的状态中，而不可执定在某个状态、时位、关节而指此为“中”，如子莫执中之所为，而不理会天理气化流行即中之流行这一实义。上述伊川天理气化时中之义，可以反证伊川之理并非只存有而不活动者。同时，伊川还指出，人们要恰切理解天理时中之义，明确何者为中何者非中，那么就需要通过修养工夫，最终“默识心通”，也即心通于天理气化流行之密意，从而一方面能够理解和指出在气化流行的现象界和经验界中，何者、何处、何事为中为非中；而另一方面则能够在出处进退上无适无时而非中，也即随处即是过化存神，随处便是天理本体之中的体现和流行。

其次是通于相之中。此所谓“相”，也即本体、天理之中所呈现出来的处于幽明之际的幾微之象。正如前文所言，如果就人的角度而言，因为人有形有心有身，所以即使是处于喜怒哀乐未发的状态中，这个状态也并非只是一个纯理、纯体、纯性，而是理中、体中、性中含蕴着动静、阴阳之幾。此幾并未完全显现发用为可见可闻之象，也即尚处于当然、潜在的状态，而并未成为实然、现实的发用流行。总言之，此状态可称为“性而有相”而“性未成用”的状态。而这一状态理应不能称为纯然之性的状态，如前文所谓通于体之中的状态，而应称作“在中”、“性之德”、“性中”，而不能直接理解为“中即性”。而对于“在中”、“性之德”①、“性中”三说，伊川认为最恰当的是“在中”之说，其余二说不能无所偏，或不能足够地揭示出此状态之蕴义。这足以体现出此状态实可谓难言也，同时也透出伊川的

① 按“性之德”的说法来自吕大钧（吕和叔）之子吕义山，义山字子居。参见黄宗羲：《宋元学案》，北京：中华书局1986年版，第1123页。

某种苦心孤诣所在。总言之，人的喜怒哀乐未发之状态，是中的状态，而此中的状态是通于相之中，也即“在中”之境。

关于“在中”之义，这里可以引申出三方面内容以作补充性说明。第一，“在中”之论是顺承《中庸》之说而转出新意者。《中庸》的说法是：“喜怒哀乐之未发，谓之中；发而皆中节，谓之和。中也者，天下之大本也；和也者，天下之达道也。致中和，天地位焉，万物育焉。”[1] 这里的第一个“中”字与第三个“中”字，宜若相同。但伊川则以前者为“在中”状态之中，也即通于相之中；而后者则是天理、天道、天性之中，也即通于体之中。伊川之所以有这样的分疏，是因为他理解到前者是从人的角度说，而后者则从天的角度说；人不可无形无心无身，而天则可以说为纯然的天理、天道、天性，所以略有差别。故伊川谓“中和，若只于人分上言之，则喜怒哀乐未发既发之谓也。若致中和，则是达天理”。但是，我们并不能就此认为伊川所转出的新意，与《中庸》之说有根本的不合。因为“在中”之义说的是人心的“性而有相”、“性未成用”，而天理之中则为纯然天性。两者皆是说大本天性，只是喜怒哀乐未发之中是就人身上显出本体之中的蕴义罢了。因此这里所谓的新意，乃是伊川顺承《中庸》之原意并引申转精者，其最终并不违《中庸》之主要义理。

第二，“在中”作为通于相之中，其自身并不能独立分离出来。这是因为“在中”作为相，其性质首先是天理本体所呈露出来的幾微状态，其次是天理本体将发为喜怒哀乐之用而同时又未完全成用的幾微状态。换言之，此相是“性而有相”、“性未成用”者，其自身并不得独立而存。因此，伊川强调，在这状态中，“虽耳无闻，目无见，然见闻之理在始得”。因为“在中”的状态甚为幾微，尚未有见闻知觉，但此时本体已呈现其在中之相而尚未显发为时中之用；在这

---

① 《礼记·中庸》，《礼记正义》，卷五十二，《十三经注疏》，第1625页。

状态中，本体之理已经含蕴着发为见闻知觉的潜能性、灵动性、生成性，也即“见闻之理在”，这个“在”就体现出潜能、灵动、生成之义。故此“相”虽为真实相、如实相，但不是静而无动而毫无生成性的悬立之相。另外，苏季明问伊川，喜怒哀乐未发之前的“在中”状态是“动”还是“静”。在伊川看来，这是很微妙的内容，我们只有涵养工夫达至深厚纯熟之境，才能理解个中幾微。如果纯然是动，那么这意味着性体已经成用；如果纯然是静止，那么这意味着性体只是死寂之体而不能呈现为相用。当然，因为“在中”的状态通于大本，因此可以说是“寂然不动”的“静”的状态，但这静则并非是完全的静止，而是“静中须有物”，这里的“有物”是指“在中”的幾微之相，乃是本体天理自潜能化为现实的发动、生成之初，其所呈现出来的如然、如理、如实的灵动状态，这实有近于佛家所说的“寂寂惺惺”[①]。因此这过程作为相并不是完全的静止停顿。所以伊川会说“在中”之“中”乃是状性之“体段”，但“谓性有体段亦不可”。如果性实有体段，那么“在中”之相就是独立而实有者，这在伊川看来是不可以的。

第三，“在中”含有修养工夫的义涵。换言之，“在中”之“在”，不但显示出大本之性的相，而且“在”也具有“涵持义”、“存养义”、“敬止义”，故也含有修养工夫、养气工夫的义涵。当然，此相的义涵和工夫的义涵是内在相通的。有此相，乃有相应的照管到对此相的修养工夫。据此，如果完全去掉“在”字，而将喜怒哀乐未发之中直接等同于大本之中，并主张“中即性”如吕与叔之所论，那么这里将形成两个缺憾。首先，“中即性”之说未能照顾到中之通于相的层面。“在中”之相自身虽然不能独立分离出来，但毕竟此相乃是本体发为大用的过程中的某个如实、如然之状态，如果完全忽略

---

① 玄觉：《禅宗永嘉集》，《大正藏》，卷二十八，第389页。

对于此相的体认感知，而不作留意不加阐发，那么就会流于察理未精的问题。其次，“中即性”之说也未能照顾到涵养工夫的层面。“中即性”是单刀直入地以“中”为“性”。学者如果完全认同这种说法而不加以深入的体会，那么就多半只会通过察识的方式，以求直接“明心见性”，最终顿然达至“循性而行，无往而非理义”。这种方式未为错误，因为它很可以顿悟大本之性，但却因说得太快太直，而少能体会到“在中”状态中的幾微之气蕴。故伊川以为此论“圣人气味殊少”。结合上述两个缺憾，伊川指出，“中即性”之说“极未安”。我们需要注意到，伊川在这里并不下一个他惯常所用的判断语，如“非是”、“非也”等，而是以“未安”表达，则说明这说法并不是完全的错误，其在第一义上站得住脚，但在第二义上则未为妥当、贴切、完熟，未能安顿好“中”在未发状态中的微意。而下一“极”字，则是要让吕与叔亟待在上述缺憾上加以重视和体会，而不要让这第二义之“未安”逐渐演变成为第一义之“非是”。

因此，除了不特别同意“中即性”之说外，伊川特别强调我们需要通过涵养的工夫以体会和参与进“在中”的如理境界。在未发在中之境中，思虑未萌而见闻之理灵动惺惺。这种状态不能仅仅通过思索甚至察识的方法而达至，而应该通过主敬的存养、涵养工夫而达至。主敬涵养是说无论思虑之时还是应事之时，都应该主一、专一、专心致志，这并不能一步到位的，而是需要通过持续的专习之力，逐渐地变化气质，去除偏蔽，回复元气，住于理境，久而久之，方可如理而自在地持住于“在中”之境。因此，伊川指出，要体验未发在中境界，“只平日涵养便是。涵养久，则喜怒哀乐发自中节”。在这基础上，伊川还回答了苏季明所提出的如何“求于喜怒哀乐未发之前”的问题，换言之，就是如何处理“求中”的问题。我们如果细致玩味伊川的各方面回应，便可知他是指出了三种“求中”之说并作出回应：第一种是通过思虑知觉之力以求中，第二种是通过主敬涵养之工夫以求中，第三种则是通过“中即性”之义以求得其中。因此他在回应这问题前，先要拣别出“求于喜怒哀乐未发之前”的说法，要“看此语如何地下”。对于第一种方法，伊川是直接否定的。他认为思虑知觉本身便已经是性之已发并通过心的活动作用所形成者，这与喜怒哀乐的情感同属已发者。因此通过已发而体取未发，虽不能说全然无所见，但却必定会流转在已发之情感、思虑、知觉的出入无时的状态中，并随其出入、左右、上下、牵转而难有自由自在之境。如果要摆脱思虑知觉之牵转而获得如理的大自在、大自由，那么就需要专注而深厚的止定之力，以让思虑知觉对自己的牵转，转化为思虑知觉随自己的止定之功而各各如理如量地流出，从而随自心而自然如然地流淌。不过，这样的一种止定之力，则必然是通于未发之中的工夫。要不然，如仅就已发之情思中觅，何来这种止定的力量？对于第二种求中方法，也即通过主敬涵养之工夫以求得其中，伊川当然是赞同并提倡的。其理由和根据前文已述，今不赘言。伊川在其《易传》中所说的“在中，谓求得其中。摄其心之谓也”，说的也就是这种涵养以求中之法，“摄其心”也即通过涵养之力涵摄其心，使之不散乱走作，最终持住于在中之境。对于第三种求中之法，也即吕与叔式的通过“中即性”之义以求得其中之法。不过吕与叔对这个方法并未有明确的主张，但可以肯定的他的方法并不属于第一种。因为吕与叔、苏季明是自己要求去除思虑与见闻知觉所形成的散乱、遮蔽、虚妄、纷扰，以求得体认未发，回归义理，心地清明，得大自在，才求教于伊川。而第一种方法则正是要通过思虑知觉的作用以求中。不过，我们或许会进一步问，如果这思虑知觉并非具有负面的作用和意义，如第一种方法所言者，而是此思虑知觉自身即是正面的天理、性体流行之体现，也即如理如量、自然无碍的思虑知觉者，这样的话，我们可否于思虑知觉上求中？在伊川看来，思虑知觉之所以处于如理如量，也是因为有敬的作用，如果没有敬的作用，以让天理性体的如实义蕴通透出来，那么即使是在思虑、知觉、做事时着意求正，而实际上则是虽正亦邪，因为其基础并不如理如量。[①] 那么，吕与叔为了对治思虑纷乱烦扰，是否寻求通过思虑知觉之正以求中？这肯定是不对的，因为他是明确地要在喜怒哀乐未发“之前”或“之际”求中，以求去除思虑知觉之纷扰。吕氏说道：“此心之动，出入无时，何从而守之乎？求之于喜怒哀乐未发之际而已。当是时也，此心即赤子之心，（原注：纯一无伪。）即天地之心，（原注：神明不测。）即孔子之绝四，（原注：四者有一物存乎其间，则不得其中。）即孟子所谓‘物皆然，心为甚’，（原注：心无偏倚，则至明至平，其察物甚于权度之审。）即《易》所谓‘寂然不动，感而遂通天下之故’。此心所发，纯是义理，与天下之所同然，安得不和？”[②] 这里表达出他以“中即性”为基础的求中之说，他认为中就是本心性体，本心性体就是中，因此求中就是直接明心见性，让本心性体直接呈露出来。但至于具体的“求中”之法，吕与叔似乎并未示出，实际上他也未能形成系统的想法。不过从吕氏文字中，仍可寻找到他的一些零星的说明，其中最主要的是“空”的方法。其云：“‘回也，其庶乎！屡空。’惟空然后可以见乎中，而空非中也。‘必有事焉’，喜怒哀乐之未发，无私意小知挠乎其间，乃所谓空。由空然后见乎中，实则不见也。若子贡聚闻见之多，其心已实，如货殖焉，所蓄有数，所应有限，虽曰富有，亦有时而穷，故‘亿则屡中’而未皆中也。”[③] 与叔常患思虑知觉纷扰，所以试图通过“空”的方法去除各种私心杂虑

---

① 按《二程遗书》记伊川说道：“与叔、季明以知思闻见为患，某甚喜此论，邂逅却正语及至要处。”《遗书》又记道：“昔吕与叔尝问为思虑纷扰，某答以但为心无主，若主于敬，则自然不纷扰。譬如以一壶水投于水中，壶中既实，虽江湖之水，不能入矣。曰：‘若思虑果出于正，亦无害否？’曰：‘且如在宗庙则主敬，朝廷主庄，军旅主严，此是也；如发不以时，纷然无度，虽正亦邪。’”参见程颢、程颐：《河南程氏遗书》，卷十五、十八，《二程集》，第171、191页。

② 程颐：《与吕大临论中书》，《河南程氏文集》，卷九，《二程集》，第608页。

③ 转引自朱熹删定：《中庸辑略》，卷上，《朱子全书外编》，上海：华东师范大学出版社2010年版，第1册，第21页。

小知恶觉，最终达至没有私心小知的“空”的状态，这种状态就是天理、本心、性体所直接透显出来的“中即性”之境。不过，他的这种“空”的方法旋即受到二程的批评，二程是以“实”来对治其“空”论的。《遗书》记：“吕与叔尝言，患思虑多，不能驱除。曰：此正破屋中御寇，东面一人来未逐得，西面又一人至矣，左右前后，驱逐不暇。盖其四面空疏，盗固易入，无缘作得主定。又如虚器入水，水自然入。若以一器实之以水，置之水中，水何能入来？盖中有主则实，实则外患不能入，自然无事。”① 笔者在本节的前面某个注中，录出伊川“壶水”之说，此说与这里所引的文字语意略同，故可定为伊川语。伊川认为空诸杂思之法只是治标不治本，自外不自内，只有通过“中有主”也即通过主敬存养的方式，让自心持续而深厚地涵持于“在中”的如实境相中，私心杂念就因为主敬主一的统摄管束作用而自然不起。因此，这又需要回到主敬涵养的工夫中来，在未发之际、之前涵养便是。我们将伊川与与叔这两种求中之法作出对比，很显见伊川之说要高明深厚得多。与叔通过“中即性”之说试图让本心性体直接显露出来，同时则试图通过驱除各种杂念的“空”的方式达至此境；伊川则通过主敬涵养之法，持续地存养于“在中”的境相与状态中，釜底抽薪地让虚妄的私心杂念不能生起，最后自能完养心性，达至“中正而诚”之境。对比之下，吕与叔之说自然是“气味殊少”，不耐琢磨与玩味。因此吕氏其后确实服膺于伊川的主敬涵养之说。

综上，在上述三种求中之法中，伊川只采取第二种，也即主敬涵养，“存养于喜怒哀乐未发之时”；他否定了其余两种方法与工夫，并揭示出其最终也不得不归复并收摄在主敬涵养的工夫之下，方为完备无病。

① 程颢、程颐：《河南程氏遗书》，卷一，《二程集》，第8页。

最后是通于用之中。伊川指出，通过存养未发，“在中”的状态乃成为寂寂惺惺、有待发用的灵动之“活相”。此在中之灵动之相如果有所感触，就必有所感应，从而发为中节的真实如理之大用。在《中庸》系统中，这称作“和”；在《周易》系统中，则称作“正”。《周易》系统的“中正”之蕴，《易传》曾作揭示。《周易·系辞下》云：“二与四，同功而异位，其善不同：二多誉，四多惧，近也。柔之为道，不利远者，其要无咎，其用柔中也。三与五，同功而异位：三多凶，五多功，贵贱之等也。其柔危，其刚胜邪。”① 王弼和伊川都十分重视这段话所含的意义，并且落实在对于六十四卦诸卦、爻的阐发中。在伊川看来，一卦中处于二、五之位的爻，是处于“中位”。处于中位的爻，无论是刚还是柔，都具有“中德”。当然，正如《系辞》所言，在大多数情况下，处于中位之爻，刚中之德较之柔中要优胜一些，伊川云：“善莫善于刚中。柔中者，不至于过柔耳。刚中，中而才也。”② 这体现出伊川易学继承周代的传统，崇尚刚健中正。在他认为，刚健中正体现出天理流行的关键性义蕴。同时，他指出，处于中位的爻，其刚柔之德虽或不“当位”，但因为其处中，故其所发、所为、所行，一定是得正、无过、不偏；反之，并非处于中位的爻，特别是处于三、四之位者，其刚柔之德虽或当位得正，但因为其并不处中，因此位虽正而实不善。总言之，中则必正，正则不必有中，中的义涵较之正要根本与丰富。另外，如果我们将《周易》所论“中正”之义引申出去，也即不限于卦爻，而引申至整个天地间万事万物，伊川的“中正”之论实即可表整个体、相、用之义，因为整个卦爻之象其实皆是心之施设与表法，皆是心之体、相、用的真实义，皆可摄归于一心，统而为心之象。据此，中与正无疑说的是心之体与用、未发与已发，此恰好相应并通于《中庸》系统的中与

① 《周易·系辞下》，《周易正义》，卷八，《十三经注疏》，第90页。
② 程颐：《周易程氏传》，卷三，《二程集》，第829页。

和、大本与达道。因此，我们可以将伊川两个系统的中说统合而论，揭示其“中和”或“中正”之说的义涵。

总的来说，中与和或中与正两者，也是体与用、理与气的相互对比而又圆融一体的功能性关系。从对比的角度而言，中是天理、性体、本心，和或正则是情气之中节和谐者，中与和、中与正两者当然有所区别，不得全然混淆，故伊川谓“大本言其体，达道言其用，体用自殊，安得不为二乎”、“既发时，便是和矣。发而中节，固是得中，只为将中和来分说，便是和也”。但同时，中与正、中与和虽然具有对比性，但这对比并非对立，而是圆融一体的关系，因此“中”中含蕴着“正”与“和”之幾微与密意，而真实如理的刚正和谐之情气则含蕴者“中”之导向与作用。故伊川又谓“发而皆中节谓之和，非是谓之和便不中也，言和则中在其中矣。中便是含喜怒哀乐在其中矣”。兼合上述二义，方为伊川中和、中正之说的全幅蕴义。因此我们不能因为伊川对中和、中正两者之对比性的强调，而否认伊川思想中两者所具有的圆融性，并进而误认伊川对于体用、理气、中和之说采取分解性、二分性的理解。由此，就中和、中正的融通性一面而言，和则中在其中，正则需要中作充实方为如理之正。可见，中自有通于用之一义。

另外，关于通于用之中的这一层面，尚有两方面的内容需要作出讨论。首先是中重于和、中重于正。中与正、中与和虽然有对比与融通的关系，但是中与正、和并不处在同等重要的位置上，中较之正与和，具有更为根本、关键、重要的意义。这与伊川的理气论中理重于气的思想是相通一致的。“中”通于心之体，也即天理、天道、天性。此心之体蕴含着无穷的生生之密意，是天理流行的无尽藏，是天地化育的渊薮，故大本之“中”也含有无尽的生成之潜能。而此潜能自身作为当然之理，能够自身发用为实然的如理之气，从而体现为中之大用，也即“正”与“和”的达道。但这“正”与“和”可见可闻，有形有象；而“中”则无形无象，含有见闻之理却不可得而见不可得而闻。相对之下，当然是“中”的义蕴更为丰富、深厚、根本。这正如海上冰山，其藏在海水中的冰更多更厚，而且是不可见者，而其所呈现出来的可见的冰块，则只是冰山中浮出来的非常少、相当小的部分而已。另外，大海与众沤亦可为喻，今不赘言。据此，中之呈用于正、和者，亦复如是。故中涵摄了正与和，而正与和不能穷尽中之蕴。因此在中的体、相、用三义中，伊川重视的是体认未发之中，也即持续地涵养持住于中之相也即“在中”之境中，让作为大本的中之体的密意与消息，逐渐而全幅地通达流淌出来，成为中之大用，也即正与和。因此，我们从伊川主敬涵养的工夫论，便可理解到他更重视对于“中”的体认，一旦大本之中全幅流淌出来，那么和与正乃含藏其中，并容易呈显、发用出来，故无须汲汲于如何得正与致和也。

与通于用之中相关的另一个问题是如何在现实生活中，指认出何者的状态是体现出中之用，甚至中之相。这里，伊川与门人讨论得最多的莫过于“赤子之心”的问题。吕与叔坚持认为赤子之心之未发时便是本心性体，也即通于体的大本未发之中。伊川则坚持指出，赤子之心并不能直接说为大本未发之中，而只可说为已发之和而未远于大本未发之中者，因此赤子之心乃是中之通于并体现为用者，所以是“纯一近道”、“已发而去道未远”，而不能直接说为大本未发之天道、天理、天性。笔者认为，程氏之说还是较吕氏要体道精切。事实上，唐代禅宗也探讨过这个问题。有僧问赵州和尚：“初生孩子还具六识也无?”赵州回答道：“急水上打毬子。”僧再问投子和尚何意，投子则回答道：“念念不停留。”① 赵州、投子指出初生的婴儿是不会没有已发的心念、念头的，也即肯定是有六识的。但婴儿的念头宛如人们在很急速的流水上打球一样，是不会有所停留下来的，换言之就是念

① 普济：《五灯会元》，卷四，北京：中华书局1984年版，第206页。

起无住，有念而不执着。赵州之说，其实与伊川以赤子之心为已发而未远于中之论是相通的。念起即是已发，无住即是纯一近道、未远于天理之流行。另外，除了讨论“赤子之心”外，苏季明还与伊川讨论“圣人之心”的问题。伊川指出，圣人之心“如镜”、“如止水”。圣人之心，其未发时，能够不间断地持住于“在中”的状态，通于中之体、相，中之体乃寂然不动者，中之相乃寂感之际、寂寂惺惺者，故如镜、如止水。镜与止水，寂然不动而又涵具万象，故兼体与相。至于镜物之来、微风之吹，则自然明照感通，而呈其动用。故伊川以镜与止水喻圣人之心，此虽譬喻，然颇顺适。因此，就此而言，圣人之心较之赤子之心，更多有“在中”之相之一境，而较之赤子之心，乃更深入一层。所以圣人之心含蕴着赤子之心，其已发则纯然赤子之心且兼能安人利人、参赞天地；而赤子之心则于已发未发之际、体用圆融之蕴，尚须加以自觉、完养、忠恕的自然之功，方能臻圣。另外，除了“圣人之心”外还有“大人之心”。就修为的阶位而言，“大人”略下“圣人”一等，是大而未化者，故仍需要持续的存养未发之力，才能保有在中之境，并发为中节之情思知觉。因此“大人”之于赤子之心，是“不失”而已，不如圣人能够自然地含蕴着赤子之心而不着勉强之力。

综上，本节已经通过与伊川的中和、中正说相关的文本的互动互观，呈现出伊川“中说”的各方面义涵。概括地说，伊川将“中”界说为“不偏之谓中”、“无过不及之谓中”。这种界说并非只是形容性的界说，而是含蕴着实义。其实义在于“中”作为心之象，是真实地通于体、相、用三大者。首先是体大，即谓中通于心之体也即天道、天理、天性。在这个层面的中，是“中即道”之中。天理气化之流行是无定不测的时中之境，因此中亦无定难识，需要人默识心融、体贴天理才能理解和释然。而反过来亦可说，伊川强调通于天理本体的中的无定不测、不可划一性，也反证伊川所展示的天理决非只存有而不活动者。其次是相大，也即通于体之中所呈现出来的幽明之际、已发未发之间的幾微之相。伊川相当重视这一层面的内容，因为他深知心性修养工夫到了这个层面，是最为微妙和关键的。对于通于相之中，伊川概括为“在中”之境、相。他认为这一“在中”之境，不能通过“中即性”的说法对之作出忽略和消解。同时，本节还引申出关于“在中”之相的三方面内容。第一，“在中”之说是顺承《中庸》的中说而引申转精者。第二，伊川强调“在中”之相自身不能独立分离而论。第三，“在中”既是中体之相，也是工夫所造之境，因此蕴含着“求中”的工夫义。本节分析了三种“求中”工夫，并疏解了伊川对这三种求中之法的回应与处理。本节特别具体地理清伊川涵养主敬的工夫对于吕与叔“中即性”、“空”的“求中”之法的批评、转化、融摄。最后是用大，也即通于用之中。本节在这部分主要融合伊川所论《中庸》“中和”与《周易》“中正”两个系统，使之互发互观，并对中与正（或中与和）的对比和融通性关系作出揭示，同时联系通于用之中的这一层面，探讨“赤子之心”与“圣人之心”的问题，从而理清其义涵和意义所在。据此，伊川的中说的融洽性、脉络性、系统性得到了顺畅的考察、落实、体认。伊川的“中和”、“未发已发”之说，体现出“中”乃是其体、相、用之相即相融的整全之象，这契合他所特别强调的“体用一源，显微无间”①之义；当然，他同时也特别强调体、相、用的对比性，以让学者体认其中的精微之蕴，而不致于混漫笼统，同时也给人们的心性修养工夫的进行，导引出可循之径。而本节的疏通，也本于物各付物的态度，其以体、相、用说之，亦非强作安排，曲为之说；以证诸伊川之论，可知其本来如是如是。

附识：辨析牟宗三先生对伊川中和说的曲解

牟宗三先生的大著《心体与性体》对伊川理学的疏解甚为系统，

---

① 程颐：《易传序》，《二程集》，第689页。

可是他并不能理解伊川理学中理与气、性与情、心与性、中与和等关系是既对比而又融通的一而二、二而一关系，同时又被伊川强调对比性的倾向与风格所迷惑，于是进而错误地将理气等的对比性误认作对立性与分解性。可以说，这样的一个理解背景，造成了牟先生对伊川理学的全体误解，并最终作出全体曲解。特别是他将这个理解背景带进对伊川理学的一些义涵较为微妙、脉络较为丰富的论题的考察时，这种误解与曲解就更为明显。可以说，伊川理学中最为微妙的思想是其“中和”之论，如果不能心通其意、物各付物以观之，则很难清理出其中的各种层次与脉络，同时也很容易混淆其层次与脉络，并且将自己的混淆视作伊川自己的混淆。很不幸地，牟先生对于伊川中和说的考察便是如此。在本节中，笔者其实已经大体清理出伊川中和说的义涵，基本做到明其层次，知其脉络，观其融通。而在这里，笔者乃通过本节研探所得，澄清和超化牟先生对伊川中和说的曲解所造成的问题，从而对本节内容作出引申与补充。

牟先生对伊川中和说的批评有如下几方面：第一，界说混乱。这主要是说伊川对“中”的理解相当混乱。他指出伊川有时说“中即道”，有时则又反对吕与叔“中即性”之说，因此牟氏认为“夫既承认‘中即道’，而复不承认‘中即性’，此是说不通的”①。因为牟先生认为伊川对中的理解混乱不通，因此必然否定伊川整个中和说并对之横加责难。第二，不知大本。在牟先生看来，即使是伊川有“中即道”之说，也不能得出伊川只是理解含混而其实尚知大本的结论。他认为伊川的“道”、“理”、“性”是超越、先验、理性的不活动的存有，而其实这是即活动即存有者。而同时中体即性体，中者天下之大本。伊川既然将中体、性体、心体理解错误，那么自然就是不识大本了。不特如此，牟先生还指出伊川所说的“心”只是实然的、经

① 牟宗三：《心体与性体》，中册，第300页。

验的、心理学意义上的心，而无“本心”义，所以无论通过如何具体的“心”、“性”工夫，伊川都不可能识得大本、体验未发、理解中和。综合上述两大方面的问题，牟先生通过自己进一步的辨析和董理，指出伊川在就“中和”问题与吕与叔、苏季明的讨论中，可谓颠三倒四，纠结不明，不关痛痒，乖谬错误，并让在中和问题的理解上本来就很到位的吕与叔增加迷惑与混乱。

然而，通过本节疏通，我们再反观牟先生对伊川的批评，笔者倒觉得伊川的中和说无病，而牟先生则反倒具有他批评伊川的上述毛病。概括言之，牟先生之说含有四方面的问题：第一，混淆“中”的各个层面；第二，不知“中”有通于相之一义；第三，不理解伊川理学中实有“本心”义；第四，曲解伊川的“求中”工夫。这里笔者分别作出简略的澄清。

第一，牟先生混淆了中之通于体的层面和中之通于相的层面，因此他认为“前既云‘中即道也’，而此又谓‘中即性也’为‘极未安’。如‘中即性’为‘极未安’，即‘中即道’亦不得为安。此显伊川之颠三倒四”①。其实，揆之中之三义，则可知伊川是分别说中之体、相二义，因此“颠三倒四”之说乃是牟先生混淆之故。所以牟先生诘难说：“‘中即性’何以‘极未安’?”② 今答曰：“‘中即性’之说消泯了中之体与相的对比性，因此是‘未安’，但这混淆并非根本性的错误，因为中自有摄相归体之一义，因此这混淆并非‘未是’而是‘未安’。如果物各付物，性是性，相是相；在体的层面上说中即道，在相的层面上说中即在中、中非即性，斯乃安矣。”同时，伊川所说的“极未安”之“极”，是让吕与叔认识到他在人心未发层面所下的“中即性”之说，乃忽略了对“在中”之相的体认与涵持，因此修养工夫得不到妥善、合理、深入的安顿，如此则吕与叔之思虑

① 牟宗三：《心体与性体》，中册，第293页。

② 牟宗三：《心体与性体》，中册，第293页。

纷扰之习仍然得不到根本的刊落。并且与叔是为了解决自己的思虑纷扰、不得宁息的困境而求教伊川的，伊川说一“极”字，当然有其因材施教的对治意味，因此“极”的意思是说“在这个地方亟须注意、亟须体会清楚”的意思。

第二，牟先生不知有通于相之中的中之相一义，因此他将作为如然实相之“中”、“在中”之“实”义误转为“虚”说。其云：“中状性之体段，即就形容言，‘中’之为形容词亦与方圆之为‘谓词’不同。此极违名理。”[1] 实际上，“中”并非只是形容词，而是天理、本心、性体所呈之相，此相有其实义而非虚下者。但相非即是体，因此作为相之中不可直接说为性，也即作为相之方圆不可直接说为天地。方圆是相，中、在中其实也是相。因此这如何说是“极违名理”？

第三，牟先生指认伊川所说的心全是经验的、实然的、心理学意义的心。此则涉及对于伊川理学中有无“本心”的问题。这问题也是理解伊川理学的重要问题，我们将在本书另外一节作出详细辨析。不过，就本节所疏解者而言，以及就伊川所论的心有寂然不动之体亦有感而遂通之用而言，伊川所展示之心确有“本心”之义涵，而且此本心是寂然不动而又寂寂惺惺、灵妙不测者，因为此本心之性通于天理。本书于上两节确认出伊川所言之天理，自有变化流行义，因此本心、性体自然也是即寂即感、即存有即活动者。故牟先生将伊川之心完全归为无本心义的实然、经验之心，这如果不说是错误的，那么至少是偏颇的。

第四，牟先生不重视伊川与苏、吕问答中所含的工夫的问题，不知道其关键性意义，同时又曲解之。牟先生对伊川工夫说的曲解，主要体现在他对伊川主敬涵养以“求中”之说的责难。他认为伊川所

---

① 牟宗三：《心体与性体》，中册，第293页。

求之“中”，并非“中即性”之“中”，并非超越的本心性体意义上的“中”，而“只是收缩于实然的心之一层就其不发未形而说‘中’也”①。前者是吕与叔、李延平之“求中”，后者是伊川、朱子之求中。前者所求之中有超越性；后者所求之中则没有超越性，而只是实然的心自身的不发、未形、平静的状态。因此两者之“求中”有本质区别，前者之求中是通过喜怒哀乐之情跨越一步，以求体证超越之中，故称作“超越的体证”；后者之求中则是实然的心未被激发时的平静状态。据此，牟先生指出后者（也即伊川之说）带来诸多问题。首先，通过实然的心的平静状态以说“中”，认为“只不发便中”，故此“中”不可说为天下之大本的“性”。但《中庸》中“天命之谓性”的性体确是“天下之大本”，而这又是伊川所不能不赞成者。这样的话，伊川的求中工夫将导出两个“中”、两个“大本”，但这又是不可能的事。② 其次，根据伊川此说，中和的关系乃是所谓“综和”关系。牟先生云：“中节不中节，未发之中自身并不能决定之，须靠涵养工夫的灌注，并靠超越的性理以为标准，来决定之。从涵养工夫的灌注方面说，是后天的综和（‘涵养久，则喜怒哀乐发自中节’）。从超越性理以为标准方面说，如理始中节，不如理不可能中节，此可说是超越的综和。一个其自身不能决定其发必中节而须靠后天的工夫与先天的性理来决定之之‘未发之中’，其不能为‘天下之大本’甚显。涵养之敬是工夫之本，超越的性理方是真正的‘天下之大本’。”③ 实际上，牟先生通过分析伊川“求中”工夫所引申出来的两个问题，在伊川来说是不存在的，因为他对于伊川“求中”工夫的理解是错误的。通过本节的阐发，伊川的主敬涵养工夫很明显地并不是达至实然的心的平静状态。伊川所言的主敬涵养所达至的

---

① 牟宗三：《心体与性体》，中册，第302页。

② 参见牟宗三：《心体与性体》，中册，第305—307页。

③ 牟宗三：《心体与性体》，中册，第306页。

“在中”状态，乃是通于相之中或中之相的状态。正如本节所论，此涵养所达的“在中”之相并不能独立分离出来，而是“性而有相”、“性未成用”者，也即天理、本心、性体将发为喜怒哀乐的中节之用而同时又未完全成用的幾微状态。因此此“在中”之相不能独立而论。就其不能独立而论的角度而言，此相则是大本之中所呈现出来的原初之蕴，故非实然之心的平静状态，而是超越之性的寂寂惺惺、寂而常照之德。这样，“在中”作为相，既是中之体所呈现出来之实相，又是中之用所含蕴于此之实境。如此，则我们可以体认出伊川之中乃通于体、相、用者，中乃即体即相即用者，如是则岂有二本？岂是先分后合的综合关系？正因为牟先生未能深切伊川“在中”作为“中之相”之蕴，因此必不知涵养工夫的真义实义。此于牟先生下“灌注”一词以说涵养可见。可以说，伊川与朱子皆从未以“灌注”说主敬涵养。“灌注”意味着从外至内、自上而下，而主敬涵养则是自心或心自身之“主”与“涵”，此乃是由内发外、彻上彻下者。此内是本心性体，此彻上彻下即是体相用的如如一体之融通。举此一例，足见牟先生对于伊川主敬涵养的工夫说扞格不浅。不能体会和理解主敬涵养之工夫，又如何理解涵养所至的“在中”之蕴呢？

又牟先生认为伊川与吕与叔在“求中”工夫的讨论上，伊川不得其法，自我纠结，最后还以权威压人。牟先生谓“最后吕与叔提及伊川谓其‘圣人气味殊少’，此则只是无话可说，而以‘圣人气味’压之，故吕与叔惶悚承教，而其不耐之意，不欲再辨之意已露于言表矣”①。按这是相当没意思的批评，并未能促进我们深入理解伊川之思。伊川批评吕与叔“气味殊少”，是说他的“中即性”、“空虚思虑”的工夫过于直接，兼且采取了自外“虚”其思虑而不自内“实”其诚敬的方法。这种方法当然及不上主敬涵养这种自中而出的修养工

---

① 牟宗三：《心体与性体》，中册，第296页。

夫来得稳妥、厚实；同时也及不上主敬涵养所达至的持住于“在中”的境界之有深长无量之意味者。

上文举出牟先生批评伊川中和说的四个关键内容并作出疏通，此则约而已足。牟先生的其他责难，也多是不相应者，此则无俟广破矣。

另外，除牟先生外，唐君毅先生对于伊川中和说的理解也有偏差。与牟先生基本相反，唐先生对伊川理学有着同情恰当的理解，他对伊川的心、性、情、理、气的阐发不仅是正确的，而且相当深入精彩。笔者也深受唐先生这些阐发的启示。可惜唐先生不甚理解伊川主敬涵养的工夫论，导致他认为伊川中和说含有较大的问题。他指出伊川与吕与叔的讨论，伊川的回应“不能谓为善答，亦未能解决此中之问题”。其实这是唐先生未能细究伊川所论“中”的三个层面的内容所致，尽管唐先生在其他方面对伊川之学有着深入恰当的理解。同时，更严重的问题是，唐先生认为伊川的主敬涵养工夫只是就已发而言。其云：“大率在伊川意，凡言心皆是自心之已发，或心之动之表现于思与喜怒哀乐等上言。至于在喜怒哀乐之未发或心无思之时，则无工夫可用。工夫只在已发上用。故敬亦是心之已发上事。在其门下之苏季明、吕大临，则意谓在心之未发之时，亦应有工夫；否则不能对治心之不合理之思虑等之发，于其未发之先；亦不能开出此内心之性理，自然表现为中节之发之道路。”① 因此唐先生认为伊川所答不能相应，也即不能解决吕、苏的疑问。实际上，唐先生对伊川与吕、苏的中和问答的理解本来就是不相应的。因为伊川并未反对而且亦赞成在未发或未发已发之际下工夫，因此他主张“存养于喜怒哀乐未发之时”。在伊川的思想中，“中”作为心之象，乃是融摄体、相、用三大者。而工夫则是心的工夫。因此心的主敬涵养工夫，亦通于心

① 唐君毅：《中国哲学原论·原教篇》，第128页。

之体、相、用。故主敬涵养岂止是已发上事？如果没有主敬涵养工夫，“在中”的已发未发之际的蕴义如何体认出来？唐先生之所以这样说，其实也是他未能切实体会到伊川主敬涵养工夫的真义实义所致，这不可不说是遗憾的事。

第二章 感通篇

"感"、"感应"、"感通"、"交感"是伊川易学与理学的一个重要论题。这里的"感"，既包括天地天理流行中的感应交感之道，同时也包括人的心与身、心与境、心与天地、心与他者的感通之理。因此，在伊川的思想中，"感通"的论题也是相当丰富和深入的。而北宋的理学家无论是周濂溪，还是张横渠，抑或是程明道、程伊川，无一例外皆重视"感通"的问题，因为如果要理解和探讨"理"、"气"、"心"、"性"、"情"、"知"、"行"、"动"、"静"、"仁"等论题及其关联，都不可避免地触及对"感"、"感通"的理解和展示。不过，因为不同的理学家所"感"所"通"者有所不同，因此他们对感通之理的体会和侧重亦略有别，同时他们对于其所"感"所"通"者，其"应"之之道实亦微异。因为感应之道相当微妙，因此他们或主张人们通过默识心通的方式以体认之，周濂溪、程明道庶几近此；他们或认为需要充分解释天道流行中感通之机制、过程、蕴义，因此竭力阐发感通之道，张横渠即是一例。而程伊川则介于二者之间。对于感通之道，他既主张默识心通以体之，同时又在适当的时机，向学者略作阐发与揭示。由此可见，要对宋代理学的感通之论物各付物、微显阐幽地作出疏解、辨析、讨论、评价，并不是很容易的事。在这里，我们主要就伊川的感通论的两个层面内容作出探析；同时，本书附录中有疏解张横渠感通论一文，读者可将此与伊川的感通思想互观互参，或许可以增进对伊川感通论的理解。

第一节　天道

要研究伊川的感通思想，宜分“天道”与“人心”两个层面述之。牟宗三先生主要从天道的层面作出辨析，而唐君毅先生则主要从人心的层面作出辨析。笔者认为，唐先生的辨析系统深入而恰当，但牟先生通过天道层面对伊川感应论的解读则是有误的。牟先生的主要观点在于三方面：第一，伊川所说的感与应都落在气上说，全不落在体上说。其云：“感、应便都是落在气上说，天地之间便都是一气之感与应而已。此非《易传》言寂感义之本意。《易传》言寂感是从诚体神体自身说，不从气上说。气之‘感与应’与诚体神体之寂感并非同一层次。”① 第二，伊川不以寂感言天道或道体。他指出伊川“若论道，则万理皆具，更不说感与未感”② 一句，“此一分判即明示伊川不以寂感说道体，其于‘於穆不已’之体未能明澈甚显。其心目中所意谓之道（道体）乃只是理。理则无所谓‘感与未感’，故云‘更不说感与未感’也。”③ 第三，伊川另有“感只是自内感”之说，此说也是仿佛未定之论，其思想倾向则走向气的层面上的内外之感，而非理自身的即寂即感。其云：“《易传》言‘不疾而速，不行而至’，皆是言神感神应。寂体之神感神应不在条件制约之中，故‘感非在外’，一通全通，而亦是即寂即感，寂感一如。此完全是称体而言，非就气而言也。伊川于此不澈，既落在气上言感，而又言‘只是自内感’，此亦仿佛之辞耳。故朱子得以内外兼看，并以‘语极须

① 牟宗三：《心体与性体》，中册，第219页。
② 程颢、程颐：《河南程氏遗书》，卷十五，《二程集》，第160页。
③ 牟宗三：《心体与性体》，中册，第220—221页。

默，默极须语’说内感，此在气上亦只能如此说，然非明道说‘感非在外’之义也。”① 这三方面的观点中，第一点最关键和重要。

实际上，牟先生上述三方面观点都是错误的。如果我们联系到伊川的理气论，就很容易疏通牟先生观点的症结所在。在伊川，理与气是相互对比而又一体融通的关系。就对比义而言，理气不能混淆，因为理为体，气为用，体用自殊，不能混漫。而就融通义而言，理之机运即体现为气之机运，天理流行即是气化流行。牟先生不理解理气的这种关系，忽略其融通义，而又执着其对比义并使之尖锐化、对立化，最终导出理气二分的指责。实际上，在大多情况下特别是在其《伊川易传》的内容中，伊川所说的感应，即使纯是从气上说，其实也是纯然天理流行的体现而已。因为理与气除了具有对比性之外，在实际上乃是一体融通的。这样一来，气之寂感原即理之寂感，理之寂感体现为气之寂感。牟先生经常通过《易传》中的“寂然不动，感而遂通天下之故”② 等理或体上的即寂即感之道，来驳斥伊川以气言感应的观点，殊不知《易传》一书中咸卦的《彖》传云：“彖曰：咸，感也。柔上而刚下，二气感应以相与，止而说，男下女，是以亨利贞，取女吉也。天地感而万物化生，圣人感人心而天下和平。观其所感，而天地万物之情可见矣。”③ 《易传》在这里明明说“感”是刚柔、阴阳、天地二气之感，而不说天理、天道、本体、本心之神感神应。可见，《易传》既说理之感，也说气之感，因为理气相即，所以理之感即气之感，气之感即理之感。而《易传》之所以或言气之感，或论理之感，则是侧重不同，兼亦理解到理气除了具有融通性之外尚具有对比性。故伊川亦或在理上说感，或于气上说感，这也是顺承《易传》而来的合理合情的阐发。对比之下，牟先生无乃太纠结

① 牟宗三：《心体与性体》，中册，第222—223页。

② 《周易·系辞上》，《周易正义》，卷七，《十三经注疏》，第81页。

③ 《周易·咸》，《周易正义》，卷四，《十三经注疏》，第46页。

不通乎！

另外，牟先生通过伊川“理无所谓寂感”之说，直接指出伊川不以感应说道体。这也是未加深究之论。实际上，伊川所说的理无所谓“感与未感”，并不是说天道、天理全然没有寂感之理，而是说天道运化之感乃是无心成化者，此无心成化也即是无心之感，而非有心之感。这里，有心之感的“心”是指人心。人有形，故心有象。天理流行，於穆不已，无心成化，神妙不测；这并不同于人的有心之感，人心有象有形，有象有形之心与境物相刃相靡、交感交引，故不能不生出万端之思虑忧喜。当然，思虑忧喜有正有不正，有顺理有不顺理。但无论如何，人心之感总不如天道流行的无心之感之为深广博大、如如无量。《易传》所谓“显诸仁，藏诸用，鼓万物而不与圣人同忧”①、“天下何思何虑？天下同归而殊涂，一致而百虑。天下何思何虑”②，就是展示出天道的无心之感。而这里的“无心”之“心”，则也是指“人心”；天道流行，自然是“天心”的体现。因此“无心之感”非真“无心”也。可见，天道自是有感有应，只不过这是无心的感应，不从人心之感与未感而论也。

上述内容，已经将牟先生对伊川的相关文本的误读基本疏导清楚。在下文，我们便不再也无需回应牟先生之说，而直接通过系统疏解伊川的相关文本，展示出伊川关于天道感通、寂感的思想。

笔者认为，伊川关于感通的思想，最系统集中者应在《伊川易传》中求。而《伊川易传》中表达感应之道的内容，莫过于其对咸卦九四爻辞的解释。《周易·咸·九四》云：“九四，贞吉，悔亡。憧憧往来，朋从尔思。”伊川对此有相当详细的阐发，兹全部录出并加以分段如下：

> 1. 感者，人之动也，故皆就人身取象。拇取在下而动之微，腓取

---

① 《周易·系辞上》，《周易正义》，卷七，《十三经注疏》，第78页。
② 《周易·系辞下》，《周易正义》，卷八，《十三经注疏》，第87页。

先动，股取其随。九四无所取，直言感之道，不言感其心，感乃心也。四在中而居上，当心之位，故为感之主，而言感之道：贞正则吉而悔亡，感不以正，则有悔也。又四说体，居阴而应初，故戒于贞。

2. 感之道无所不通，有所私系则害于感通，乃有悔也。圣人感天下之心，如寒暑雨旸无不通、无不应者，亦贞而已矣。贞者，虚中无我之谓也。憧憧往来，朋从尔思：夫贞一则所感无不通。若往来憧憧然，用其私心以感物，则思之所及者有能感而动，所不及者不能感也，是其朋类则从其思也。以有系之私心，既主于一隅一事，岂能廓然无所不通乎？

3.《系辞》曰："天下何思何虑？天下同归而殊涂，一致而百虑，天下何思何虑？"夫子因《咸》，极论感通之道。夫以思虑之私心感物，所感狭矣。天下之理一也，涂虽殊而其归则同，虑虽百而其致则一。虽物有万殊，事有万变，统之以一，则无能违也。故贞其意，则穷天下无不感通焉，故曰："天下何思何虑？"用其思虑之私心，岂能无所不感也？

4. "日往则月来，月往则日来，日月相推而明生焉。寒往则暑来，暑往则寒来，寒暑相推而岁成焉。往者屈也，来者信也，屈信相感而利生焉。"此以往来屈伸明感应之理。屈则有信，信则有屈，所谓感应也。故日月相推而明生，寒暑相推而岁成，功用由是而成，故曰屈伸相感而利生焉。感，动也，有感必有应。凡有动皆为感，感则必有应，所应复为感，感（按：覆元本"感"上小注："一有所字"。）复有应，所以不已也。

5. "尺蠖之屈，以求信也。龙蛇之蛰，以存身也。精义入神，以致用也。利用安身，以崇德也。过此以往，未之或知也。"前云屈信之理矣，复取物以明之。尺蠖之行，先屈而后信，盖不屈则无信，信而后有屈，观尺蠖则知感应之理矣。龙蛇之藏，所以存息其身，而后能奋迅也，不蛰则不能奋矣。动、息相感，乃屈、信也。君子潜心精微之义，入于神妙，所以致其用也。潜心精微，积也；致用，施也。积与施，乃屈、信也。"利用安身，以崇德也"，承上文致用而言。利其施用，安处其身，所以崇大其德业也。所为合理，则事正而身安，圣人能事尽于此矣，故云“过此以往，未之或知也”，“穷神知化，德之盛也”。既云“过此以往，未之或知”，更以此语终之，云穷极至神之妙，知化育之道，德之至盛也，无加于此矣！①

这些话基本上将伊川所理解的天道、人心的感通之理展示出来。因此，本章所述伊川感通之思，皆自此引申触类而出。首先，感自何始？伊川指出，“感”即是“动”。感与动本身是阴阳二气的对比与交互作用。其云：“‘一阴一阳之谓道’，此理固深，说则无可说。所以阴阳者道，既曰气，则便是（原注：一作有。）二。言开阖，已（原注：一作便。）是感，既二则便有感。所以开阖者道，开阖便是阴阳。”② 阴阳作为二气，本来就是相互关联与互动，从而成为道之功用与流行的，故伊川谓“所以阴阳者道”，阴阳的交感互动是天道流行的功用，是生生之本，因此《易传》认为“一阴一阳之谓道”。伊川指出，这里面蕴含了天道流行的蕴义，但如果再深入一层，探究其内在的起源与机理，则无可辨析，因为这是自然而然的道理。正如《伊川易传》所言：“质必有文，自然之理。理必有对待，生生之本也。有上则有下，有此则有彼，有质则有文。一不独立，二则为文。非知道者，孰能识之？”③ 因此，动静无端，阴阳无始，天地之间，阴阳、屈伸、往来之感应乃可谓自然而然，循环不息，生生无穷，无始无尽。

但是，这道理是否如伊川所言，“说则无可说”呢？其实，如果换个角度观之，则尚可有可说之理。虽然伊川认为阴阳动静的感应，无始无端，但这只是他从实然的层面也即“横向”的角度来看待感应之理的结果。如果从从体至用、从本至末、从微至显、从潜能到实现、从当然至实然的“纵向”角度而言，阴阳二气的感动与感应，

---

① 程颐：《周易程氏传》，卷三，《二程集》，第857—858页。
② 程颢、程颐：《河南程氏遗书》，卷十五，《二程集》，第160页。
③ 程颐：《周易程氏传》，卷二，《二程集》，第808页。

应有一个根源与起始。这个起始其实即是由“静”而至“动”。换言之，也即是《易传》所说的“寂然不动，感而遂通天下之故”。伊川对于此义，自然是有所“感”的。伊川谓“冲漠无朕，万象森然已具”、“寂然不动，万物森然已具在”①。天理本体的状态是寂然不动的，但这“寂然”与“不动”并不是物理意义上的静止不动，这种状态岂能有所“感”所“动”？因此，天理本体的寂然不动之中，必然蕴含着某种意义上的微妙的灵灵惺惺之蕴。伊川则将此灵灵惺惺之蕴指认为“万象森然”。“象”犹“相”也。象、相的状态相当的微妙，此可以称作本体流行为大用、天道显发为气化“之间”、“之际”的状态。因此，森然之万象既通于寂然不动的天理本体，又通于感动屈伸的气化流行。我们如果将之完全视作“动”，则已经是气化感应的状态而非本体寂然的状态了；我们如果将之完全视作“静”，则尚不能恰当揭示出寂然的本体中万象森然的状态。对此，伊川则指点为“静中含有动之端”。其云：“一阳复于下，乃天地生物之心也。先儒皆以静为见天地之心，盖不知动之端乃天地之心也。非知道者，孰能识之？”②“端”有“始端”之意，意谓寂然之本体含蕴着生化感应之“动幾”。此“动幾”可以说是阴阳感应生生之始。

因此，在伊川思想中，我们对于天理流行、阴阳感应的深层考察，可有两个结果：一是阴阳动静的感应互动是无端无始的，一是阴阳动静的感应互动是有端有始的。而这两个观点却又不是冲突对立的，因为两者是自不同的角度的顺理引申。马一浮先生对此有着明确深入的体知。其云：“太极未形以前，‘冲漠无朕’，可说气在理中；太极既形以后，‘万象森然’，可说理在气中。”又云：“或问：既曰气始于动，何以又言动静无端、阴阳无始？答：一以从体起用言之，

① 程颢、程颐：《河南程氏遗书》，卷十五，《二程集》，第153、154页。
② 程颐：《周易程氏传》，卷二，《二程集》，第819页。

故曰有始；一以摄用归体言之，故曰无始。此须看《太极图说》朱子注可明。”① 可见，从实然的现象界的角度说，阴阳气化的感应生生是无始无端的；从当然而至实然的角度说，阴阳气化的感应生生是有始有端的，此始此端则是天理或太极所含蕴之“动幾”所生成出来的。不过，如果通观伊川的思想，便可知伊川对于感应之理的揭示，虽兼有此二义，但其前一义显，而后一义隐。因此，在从体其用、气始于动的内容上，伊川所论乃不如周濂溪、张横渠说得具体、丰富、系统。天理本体为何静中含有动之端？理为何能动？冲漠无朕中为何万象森然？伊川对此应有深入的体会，但却语焉不详。

对于这些问题，周濂溪、张横渠则给出了系统的解释。周濂溪《太极图说》谓“太极动而生阳，动极而静，静而生阴，静极复动。一动一静，互为其根。分阴分阳，两仪立焉”、“五行，一阴阳也；阴阳，一太极也；太极，本无极也”②。而其《通书》之“动静篇”则云：“动而无静，静而无动，物也。动而无动，静而无静，神也。动而无动，静而无静，非不动不静也。物则不通，神妙万物。水阴根阳，火阳根阴。五行阴阳，阴阳太极。四时运行，万物终始。混兮辟兮，其无穷兮！”③ 而张横渠在其《正蒙》一书中的“参两篇”中则说：“一物两体，气也。一故神，（原注：两在故不测。）两故化，（原注：推行于一。）此天之所以参也。”④ 其“太和篇”则说：“两不立则一不可见，一不可见则两之用息。两体者：虚实也，动静也，聚散也，清浊也，其究一而已。”“感而后有通，不有两则无一。故圣人以刚柔立本，乾坤毁则无以见易。”⑤ 上述周、张之说可以互发互补。我们兼合两说，并融会伊川之论，可以对阴阳感应流行之发端

① 马一浮：《泰和宜山会语》，《马一浮全集》，第1册，第33页。
② 周敦颐：《太极图说》，《周敦颐集》，北京：中华书局1990年版，第4—5页。
③ 周敦颐：《通书》，《周敦颐集》，第27—28页。
④ 张载：《正蒙》，《张载集》，第10页。
⑤ 张载：《正蒙》，《张载集》，第9页。

作出如下三方面的展示。

第一，“一中含两”、“两在不测”。首先，太极即是一理，而此一理则是神妙不测的，这是因为“一”之中有“两”含蕴在其中。此“两”则是阴阳或动静。而在一理的状态中，阴阳或动静并未成象、成气、成形，因此可称作阳动之幾与阴静之幾。阴阳动静二幾本源地相互交摄、互为其根，并相互构成此一理的状态。同时，因为阴阳动静之幾相交相摄，故此一理本源地蕴含着不测性、神妙性。实际上，这就是伊川所谓冲漠无朕中“万象森然已具”、“动之端乃天地之心”的根据与原因所在。

第二，“推行于一”。天理本体的最原初状态是一，但这个一乃是一而含两、两摄为一的寂寂惺惺、万象森然状态。在这个本源本真的状态中，阳动之幾与阴静之幾两者由于一方面有对比性（两），另一方面则有融通性（一），因此形成动态性的对比融通作用，从而自身自然地有所感，有所感则自然地有所动。此即伊川所说的“感则只是自内感”。一理自然有所感有所动，则首先显生出始而亨的阳元、乾元之气，此阳元之气生生顺遂。而在这过程中，阳元之气则因为一理之亦含蕴着阴静之幾微和潜能，因此其有所生则必有所成，其能始而亨则必能利遂而贞王，从而成为阴静之气。这就是周子所说的“太极动而生阳，动极而静，静而生阴”之义。由此，太极之理的自感、内感，流行发用为阳动之气与阴静之气，换言之就是阴阳二气。而在这里，我们并不能将阴阳二气视作相互分离、相互独立的二物。阴阳动静二气虽然具有相互对比性，但这相互对比性是以一体融通性为基础的对比性，因为从根本上说阴阳动静之本源只是太极一理，因此太极一理所显发出来的阳元之气即是阴静之气在其直遂、发散时的状态，而阴静之气即是阳元之气在其专一、翕聚时的状态。可见，气就是两体一物、一物两体者。因此，如果说在太极一理的状态下，此一理是一而含两、两摄为一的冲漠状态的话；那么在阴阳二气的状态下，此二气则是两而有一、一化为两的流行状态，也即是横渠所说的

“推行于一”。

第三，“感应无端”。阴阳动静二气显发出来之后，也即阴阳动静自交自感、由静至动之后，太极一理就流行为阴阳动静之气。由此，阴阳动静之感应循环，即如伊川所说，是阴阳无端、动静无始者。因为在太极一理的冲漠状态下，阴阳动静的两在之幾，是互相构成、互相涵摄、神妙不测的，因此阳动之气的元亨之生生长养，自然会因为自身所涵的阴静之幾的作用，而成为阴静之气的利贞之安顿成就。而同时，阴静之气也必会因为自身所涵的阳动之幾的作用，而再进一步地化为元亨之生生长养。这样感应往复，则成万物化生、不息不已的根据。同时，因为阴阳动静之幾的互构交感具有不测性、神妙性、境域性，因此阴阳动静的气化流行并不是机械性、轮回性的运动。对于这方面的内容，伊川最有体会，也展现、阐发得最为丰富系统。他指出，阴阳动静二气的交感流行并非机械性的运动，“其间元不断续”，故“不必将既屈之气，复为方伸之气”、“若谓既返之气复将为方伸之气，必资于此，则殊与天地之化不相似”、“天地之化，自然生生不穷”①，因此，动静、阴阳、屈伸、进退、往来的流行生生，是自然而然、如如无尽的感应应感之道。对此，伊川在上述独立引文的第四段中有丰富具体的阐发，故谓“凡有动皆为感，感则必有应，所应复为感，感复有应，所以不已也”。所以，充盈于天地之间者，只是阴阳动静的感应应感、交感交应而已。日月相推、寒暑往来、四时作用、万物万事，无不是天理气化的感应流行之道。

在上述三方面内容中，濂溪、横渠擅长揭示前两方面的感应之道，伊川则善于阐发第三方面的感应之道。当然，濂溪、横渠并非不知有感应无始无端之理，伊川也并非不知有感应有始有端之道，只是两者关注和侧重的问题有所不同，故成此二向也。现在我们物各付

---

① 程颢、程颐：《河南程氏遗书》，卷十五，《二程集》，第167、148页。

物、观其会通，则可以各自界定清楚两者感应思想的义涵和取向，同时也可以融合而非牵合“有始有端”与“无始无端”二说而成一感应之道的整全之思。表示如下：

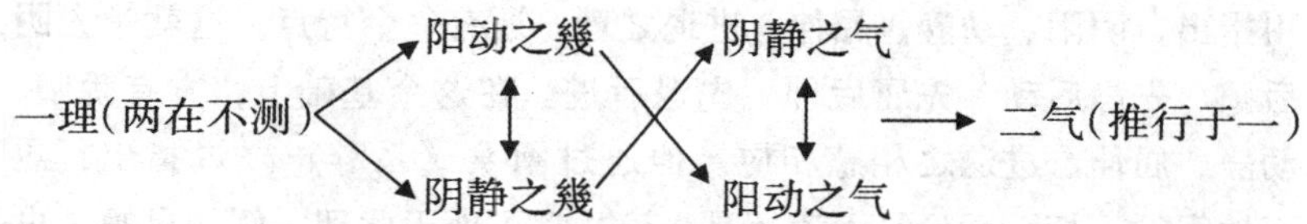

另外，因为伊川相对于周、张，特别强调阴阳感应之无始无端、循环不息的状态，因此他相当重视时间性，并主张随时变易以从道。在《周易》思想中，时间其实就是阴阳二气的感应变化所成之象。伊川重视阴阳感应变化，因此对于阴阳感应所开放出来的“时”也具有深入的敏感度。在他看来，时间的展开是阴阳的感应过程，而阴阳感应之“二”则又是天理道体之“一”的表现，故“时”中有“义”，时位之流行即是天理之流行。因此君子应该潜心体会到，感应之无始无端的无尽过程，其实就是时位变化的无尽过程，同时也是天理流行的无尽过程。故君子于此中应该俟时修德、随时取义、知时识势，臻于时中。总言之，就是要“随时变易以从道也”①，也即在感应变化的时间流行中，体知到天理并非一定不变的，而应该随时以处中、从道、明理。总的来说，“随时变易以从道”是《伊川易传》所揭示出来的重要内容，而这个内容则又与他强调感应的无始无端、生生不息是内在相通的。

其次，除了重视感应之道的无始无端、循环不息之义外，伊川还特别注重“摄用归体”、“反本归原”的逆向归复之路。这是伊川关于天道感通的另一个重要思想。在本节独立引文的第五段中，伊川通过解说《系辞》的话，指出阴阳动静之气的感应生生之所以不息不

① 程颐：《易传序》，《二程集》，第689页。

已、日新日纯，其原因不但是阴阳动静的感应循环所致，不但是一动一静、一阴一阳、一往一来、一屈一伸的交互作用所成。如果只是这个原因，那么这种感应循环之道，可能不会既大且远、持久不息。伊川指出，阴阳、动静、屈伸、进退之理，还有一个特点，这就是先阴后阳、先静后动、先屈后伸、先退后进。在这个基础上，方有阴阳、动静、屈伸、进退之相感相应。他通过阐发《系辞》之说指出，盈天地间的一切，无论是天道还是人道，都不外于此理。例如尺蠖之虫之所以能持续前行，是因为它自己先将身体自我屈缩，然后才能前进。它越能屈缩自己，它向前的伸展就越远。又如龙蛇之所以能够奋迅升举，是因为它们能首先蛰伏潜藏。人道也是如此。君子之所以能够利人利物，开物成务，振民育德，是因为君子首先会退藏于密，深入浸润于精微的天理之境中，不汲汲以用世为务，如此潜藏积养，久之则自然会致用广大。由此，通过对《系辞》的阐发以及自己对天地间之人与物的考察体认，伊川指出天地的感应之道还有“摄用归体”、“反本归原”的品格和特征。阴阳动静之气的感应应感是用的层面，而由阳动而摄归至阴静、由阴静而摄归至本源，则只有纯然而冲漠无朕的天理本体。他指出，天地间的人与物，皆可摄归至纯然一理。只有摄归至一理，并久久地涵持于此，天地之间的感应方得以顺畅自由地开展出来。本节独立引文的第二段即体现出伊川对天道感应的这一层义涵的阐发。

由此，因为天地的感应、感通之道需要不断“摄用归体”、“反本归原”，因此天地之所以能够化育流行、生生不息，皆是“精一”也即专精致一之故。伊川云：“天地之气，相交而密，则生万物之化醇。醇谓醲厚，醲厚犹精一也。男女精气交构，则化生万物，唯精醇专一，所以能生也。”[①] 其解《易传》谓：“专，专一。直，直易。惟

① 程颐：《周易程氏传》，卷三，《二程集》，第910页。

其专直，故其生物之功大。”[1] 实际上，不仅伊川主张“精一”之说，程明道也有此论，并且概括得比伊川要精辟一些。其亦解释《易传》云：“乾，阳（原注：一有物字。）也，不动则不刚。‘其静也专，（原注：专一。）其动也直’，（原注：直遂。）不专一则不能直遂。坤，阴（原注：一有物字。）也，不静则不柔。（原注：不柔，一作躁。）‘其静也翕，（原注：翕聚。）其动也辟’，（原注：发散。）不翕聚则不能发散。”[2] 乾坤之德，即是阴阳动静。阴阳动静之交感，即是乾坤之大生与广生、直遂与发散。乾坤之直遂发散是乾坤之大用，但是如果乾坤不能保有其专静精微之本体，便不能显发伸展为其大生广生、直遂发散之大用，故谓“不专一则不能直遂，不翕聚则不能发散”。另外，除天道外，人道与人心亦须“精一”，以潜心精微、存心养性、入与神妙、寂寂惺惺，方能感而遂通，达至圣人感人心而天下和平的真实功用。而这人道与人心的之“精一”之旨，其实即是伊川所常说的主一无适的主敬涵养工夫。因此，伊川的工夫论乃可以说是自其天道感通论而引申出来者。而以往学界则少能从这个角度来对伊川工夫论作出讨论。

综上，本节主要疏解了伊川在天道层面的感通思想。这关联着理气关系的两方面问题。首先，在伊川的思想中，天道层面的感应、感通主要体现为阴阳动静二气的感应关系，而阴阳动静的感应应感则是无端无始，循环不已的。但伊川同时也自觉到阴阳二气之感应因何而起“始”而发“端”的问题。不过，伊川在“无端无始”的层面阐发得相当充分，而在“有始有端”的层面则语焉不详。本节由此引入周濂溪、张横渠的系统的“有始有端”之说，以作补充，从而揭示出从一理到二气的由静而动的感通环节，以及阴阳二气生生无始的感通环节，并展示出这两个环节非但不相矛盾而且互相补充，共同展

---

① 程颐：《河南程氏经说》，卷一，《二程集》，第1029页。

② 程颢、程颐：《河南程氏遗书》，卷十一，《二程集》，第129页。

示出天道感通的全幅脉络。其次，伊川还特别强调，天道气化的感应之道之所以生生不息，不但是因为阴阳二气的往来屈伸、循环无端的作用，而且还因为阴阳二气的屈伸，乃是在先屈而后伸、先退而后进的基础上的屈伸互动。屈、退之至，最终乃是退藏归密、摄用归体，归于纯然一理。故天地之化生交感，兼是天地之道专精致一所造就出来的。

另外，如果我们深入理解上文伊川在天道层面的感通论的内容，便会对其理气论有更深入的理解。正如第一章所言，伊川的理气观主要有两大方面内容。首先，理与气的关系是对比而又融通的关系；其次，理与气两者有抑扬轻重之别，伊川重视理对于气的根本性、引导性的位置与作用。实际上，伊川理气论的两大方面内容，可以通过其感通论而得到本源的会通。根据伊川的思想，在阴阳二气未感未应之初，天下唯冲漠无朕的一理，此一理虽然含蕴着阴阳动静之幾，但因为在此中阴阳动静尚未显发为阴阳之气，因此此时理并不是气；反之，当一理显发为阴阳动静二气以及二气交感化生万物之时，此气化虽然全体是一理的发用，但因为此时唯有阴阳二气的显现流行，因此此时气并不是理。前者是全气在理，气摄为理，气隐理显；后者全理在气，理摄为气，理隐气显。据此，理与气具有对比性。而同时，亦正如这里所言，无论是“纯然一理”还是“阴阳二气”的状态，都不可能是无理之气或无气之理。据此，理与气具有融通性、一体性。同时，在气化流行的状态中，阴阳动静的屈伸二气的交感生生，需要精醇专一，方能致其大用。换言之，气化流行之所以不息不已，乃是阳动之气摄归为阴静之气，阴静之气退藏于密、摄归天理本体所致。由此可见，理相对于气来说具有根本性与导引性。故伊川以为理气之间乃有抑扬轻重之别，而不可并列而观。①

第二节　人心

本章第一节主要就伊川在天道层面的感通论而作疏解，本节则主要疏通伊川所理解的人心层面的感通论。人心之感通，实即心之显发、表现、功用。但心除了有心之用之外，也必有心之体。否则何者成其功用？可见，要探析伊川所论人心感通，则需要涉及人心的结构、体用、表现、特征、功能等内容，否则我们对其人心层面的感通论便不能作出物各付物的恰当界说。因此，本节的主要任务，是要疏解和澄清伊川关于"心"的各层面的思想，并由此定位其人心层面的感通论的义涵与意义所在。下文分四方面言之。

第一，心与中一样，兼含体相用。在伊川看来，心虽然是一个整体，但此整体中的各方面内容也具有对比性，不可完全混同而论。故伊川明确指出说："心，一也。有指体而言者，（原注：寂然不动是也。）有指用而言者，（原注：感而遂通天下之故是也。）惟观其所见如何耳。"② 伊川在这里明确指出一心可分体用二者。心之体与心之用，各指其寂然与感通的状态，因此两者具有对比性；同时两者皆摄为一心，体用一源，显微无间，因此两者也具有融通性。不过，伊川在这里举出心之体用二义，也只是举出一个大概。正如他在《伊川易传》中所说："中者心之象。"中涵体、相、用三义，那么心也必

---

① 如果通过"体用"的角度来定位伊川上述两方面的理气观与感应论，那么伊川的体用论可以说是"以体为本的体用互涵"、"以体为本的体用互动"。一方面体与用是相互涵摄与互动的；另一方面体较之用要根本，用先要不断地摄归于体，才能展示为大用。事实上张横渠也持有这样的体用观，只不过张横渠与程伊川的侧重点略有不同而已。参见本书附录一。

② 程颐：《与吕大临论中书》，《二程集》，第609页。

涵体、相、用三大。作为本体的心，当然是本心、性体；作为相的心，即是有形有象之心，然此心并非只是形、象、相，而是相而含性者；作为用的心，当然是本心性体所显发出来的流行之气。伊川“中者心之象”的观点及其所蕴含的体、相、用三义，也可以体现在他的“心如谷种”的说法上。这里我们将其“谷种”说录出：

问：“仁与心何异?”曰：“心是所主处，仁是就事言。”曰：“若是，则仁是心之用否?”曰：“固是。若说仁者心之用，则不可。心譬如身，四端如四支。四支固是身所用，只可谓身之四支。如四端固具于心，然亦未可便谓之心之用。”或曰：“譬如五谷之种，必待阳气而生。”曰：“非是。阳气发处，却是情也。心譬如谷种，生之性便是仁也。”①

在这个对话中，伊川之说其实蕴含了张横渠的“心统性情”的观点，后来朱子便通过对二程特别是伊川的心性情论的充分诠释，将心统性情的内在结构和机理作出清楚的揭示。只不过，伊川在此未如横渠“心统性情”的说法一样精约斩截，亦未如朱子的解释一样清晰系统，故有待疏解。但如果我们详细玩味伊川与门人的这一问答，则可见三人的说法虽侧重不同，但却是内在相通的。首先，心有本心、本性的义涵，因此心统性、心含性。伊川指出，仁义礼智是四端之性，四端之性与心的关系，乃有如四肢与身的关系。四肢是身的一部分，四肢的活动其实就是身自己的活动的具体体现。据此可知，性也是心的一部分，仁性的发端、发用、生长，其实就是心之本身、自身的具体体现而已，故谓“仁是心之用”。其次，心亦含蕴着情的义涵。伊川在这里指出不能将情等同于心。如果可将心喻为谷种，那么谷种因阳气而生的已然实然状态，乃是心所发出来的情用，而并不能反过来直接将情等同于心本身。综合上述两方面内容，可以说一心统性情、含体用。心在体、性的状态之时，体现为“寂然不动”；心在用、情的状态之时，体现为“感而遂通”。再次，心亦含有相的义

---

① 程颢、程颐：《河南程氏遗书》，卷十八，《二程集》，第183—184页。

涵。我们再考察“谷种”之妙喻，谷种有形，喻心有相。在这段引文中，伊川指出“心是所主处”。“所主处”有“主”有“处”，体现出心具有浑然“在中”的有形有象的相之状态。这个状态甚为微妙，同时亦是伊川所重者。最后，在伊川看来，心之体相用、心性情的结构，并不是分解性的，而是内在关联的有机、连续、灵动、互通、相融的不可分割的整体。这在谷种之喻中亦可体现出来。一方面，谷种本身就是一个饱满而内在相涵的整体。另一方面，谷种含蕴着生之性，生之性一方面内在于谷种，另一方面因其不能不生、不断能生、生长不息，而让整个谷种处于一体感发萌生的生生过程中。谷种的生之性，也即心所含蕴之仁性、仁体。仁首先是心之本心、本体，因此不可首先直接说为“仁者心之用”，故“未可便谓之心之用”。但同时，仁作为本心本体，因具有生之性，故体现为性之生，生之酝酿与饱满，则体现为仁之发端、发用，并体现为“情”与“事”。在这个状态中，“仁是就事言”。可见，仁通于体用，并展示出心是显诸仁、藏诸用的一体的寂感之心，故伊川所揭示的心统性情、涵三大的结构，其中绝无分解性和割裂性，只不过伊川特别注重心、性、情或体、相、用在结构上的对比性而已。

综上，可见伊川“心譬如谷种”与“中者心之象”是侧重不同但内在相通的表述。中涵体、相、用，心亦有性、形、情。心之体相用三者是既对比而又融通的关系。在此，心之整体义涵已作概述。下文将分别就心之用、心之相、心之体三方面作出疏解。

第二，心之用。心之用的层面也即是伊川所说的“感而遂通天下之故”的心之已发的层面。人心的这个层面的状态，其实与理气层面的阴阳动静、一阴一阳、无始无终的二气感应，有内在的相通性。因此，在这层面的心可以说是全然的心气之心。此心既是心之气，也是气之心。正如伊川特别强调阴阳二气感应无端的层面一样，他对心的感而遂通的层面也是特别重视。《伊川易传》中所说的心多指的是心之用而言。但是，阴阳二气感应的层面与心之用的层面也有所不同。前者的感应应感的循环之理，乃因为天地之道的专精致一，而自然、全然地展示出至诚无妄的一真流行之道；但是人心层面的感应则存在着真与妄两种情况。因为人心有形有象，因此就容易有所局限；同时人心与境物很容易在交感的过程中有所偏差遮蔽，形成相刃相靡的负面性状态，从而执象逐物、走向封闭与自私。当然，因为人心是自由自觉的，因此人也可以通过自己的心性修养工夫，去除虚妄执着，超化封闭自私，从而回复到贞正无妄的本源通透的状态上来。而人心的这两种状态，体现出人心感通的两种情况。在伊川看来，前者是人心感而不通、无感不通、邪感不通所致，从而形成“私心”；后者则是人心的感而遂通、随感随通、虚中无我，从而形成“公心”。而前者则是后者的遮蔽性、衍生性、从出性的负面形态。对此，自觉者会不断地保有“公心”而不使之流为自我封闭局限的“私心”。

这里的问题是，我们应该如何保有公心，使得自心感无不通？事实上，此则与天道阴阳气化层面的感通流行之道是相通相应的。天理气化的感应流行，一方面是屈伸进退、无始无端的循环所致；而另一方面则是阴阳气化的由伸归屈、由进归退，并最终摄用归体，通过专精之一的翕聚之道，自然地保有气化感应流行的通畅顺遂。相应地，人如果自觉地要保有其公心，最根本的方法也同样是专精致一、摄用归体。在上一节的独立引文的第二段，伊川指出圣人之心能够通过“贞一”之道而使其感无不通，退藏于密，在至繁至赜的事变心思中，深知天下最终皆归于一理，所谓“天下之理一也，涂虽殊而其归则同，虑虽百而其致则一”。通过专精致一、存神尽性之功，圣人之心自然处于虚中无我的公心状态，从而无不感无不通，就如寒暑雨旸的自然屈伸进退一样。可见，如果要保持公心也即感而遂通的状态，就不能不退藏于密，回归一理。因此伊川指出“法无妄之道，利在贞正，失贞正则妄也。虽无邪心，苟不合正理，则妄也，乃邪心也，故有（原注：一作其。）匪正则为过眚”[①]。如果不能贞定其意、归于正理，并使得正理通透而充润为虚中无我的公心，那么即使在实际生活中让心思不走作、不偏斜，使之不向邪妄的方向走，但那也只是把持住而已，而并非自然地让自己的心志无感不通，全幅皆为天理之流行发用。因此这个把持住的“公心”是得不到天理的通透充实的“邪心”、“私心”而已。

第三，心之相。前文说到，人心有形有象，因此心不可能无心之相。关于这一层面的心，我们大可注意伊川与门人的一个对话。其云：“问：‘人之形体有限量，心有限量否？’曰：‘论心之形，则安得无限量？’又问：‘心之妙用有限量否？’曰：‘自是人有限量。以有限之形，有限之气，苟不通（原注：一作用。）之以道，安得无限量？孟子曰：‘尽其心，知其性。’心即性也。在天为命，在人为性，论其所主为心，其实只是一个道。苟能通之以道，又岂有限量？天下更无性外之物。若云有限量，除是性外有物始得。’”[②] 在这里，伊川其实区分出心的两个层面：一个是心之相，一个心之体。心之相则也含有两种状态，一种是受到心之性、象、相的限制，粘系于此，并流为有限量的私心；而另一种则是心因为天理、天道的通透与充润，心所含之形、象、相因为全体皆天理之通透，而成为心的妙相妙德，有此妙相妙德，心乃是虽有形而同时又无限无量之心。因为天理无限无量，故此心亦无限无量。就后者也即第二种状态而言，心处于相而含体、体而有相的“在中”、“所主”、涵持、浑然的本真状态中。因此这种状态并非脱离心之本体而成为独立之相。故伊川曾有“心与道浑然一也”[③] 之说。这种浑然是融通一体的浑然，而并非在分解基础上的糅合。此即本书上章所讨论的“在中”状态。这里不再赘论。

---

① 程颐：《周易程氏传》，卷二，《二程集》，第 822 页。

② 程颢、程颐：《河南程氏遗书》，卷十八，《二程集》，第 204 页。

③ 程颢、程颐：《河南程氏遗书》，卷二十一下，《二程集》，第 276 页。

第四，心之体。伊川理学中必定有“本心”的概念，正如他自己所说的心“有指体而言者”、“寂然不动是也”。同时，此“本心”其实即是天理、天道、天心在人身上的体现，故伊川谓“一人之心即天地之心”①。天道生生不已，本心亦自然生生不已，故本心亦称作“仁心”。天道至诚无妄，故本心亦至诚无妄，故本心亦称作“诚心”。② 因为“仁心”、“诚心”是本心，而“公心”则可以说是仁心、诚心的表现与发用，所以仁心、诚心的义涵要较公心丰富，前者能够包含后者，后者则不能尽前者之蕴。故伊川谓“公只是仁之理，不可将公便唤做仁”③。这里所谓“理”，是指仁体所表现出来的相与用。但公作为仁之相与用，不可能直接等同于仁。当然，如果在现实情况中，公心为仁心所充实，从而公心全幅通于体相用三大，那么这样的公心本身就是仁心了。

综上，伊川对“心”的阐发，也涵具体相用三大，因此心有多个层面，层面与层面之间不可混淆，具有对比性。但同时，此心则是一个整体的内在融通之心，因此心之体相用也具有本源的融通性。伊川对于心的对比性与融通性皆能加以重视与阐发。在此，我们需要再留意到三点引申性的内容。首先，伊川对于心之用的层面阐发特多。这里其实含有伊川的一种思想取向。他深刻认识到在现实状态中，人心有公与私之两面，这两面并非并列而出，公心通于本体，是本心、天理的表现形态；私心则是本心、天理受到遮蔽的心的从出性形态。在伊川看来，人心很容易走向私心的偏邪与堕落，因此他相当重视对现实人心的形态的描述，并且系统地考察其根源。伊川的这种取向与悲心，使得其思想中心用之义较显，而心体之义略隐。但我们并不能因为伊川有这种取向，而直接得出伊川理学没有本心义的结论。其

① 程颢、程颐：《河南程氏遗书》，卷一，《二程集》，第13页。
② 程颢、程颐：《河南程氏遗书》，卷二十四，《二程集》，第315页。
③ 程颢、程颐：《河南程氏遗书》，卷十五，《二程集》，第153页。

次，伊川对于心的整全性、一体性的揭示，主要是从本心的生成性来落实的。伊川指出："心，生道也，有是心，斯具是形以生。"① 这里的"心"指的是心体、本心、仁性。而本心仁性作为生道，具有"形"、"著"、"充"、"养"、"感"、"通"的作用，从而表现并形成心之相、心之用。而本心的这种生成性是不息不已的，故整个的心皆处在一个体相用融通的动态性过程中。因此伊川甚至说出"仁则善气也，所感者亦善"② 这样的话。仁是心体，但因为仁具有生成性，因此仁体自身也包含着用之蕴并显发为心之气用也即"善气"。而究其根源，本心仁体的这种生成性，当然是天理的生成性、感通性在人心上的体现。最后，上文基本疏通出伊川理学中含有心统性情、心通三大的结构，但伊川对于心的这个结构，尚未系统清楚地表达和展示出来；同时，关于心与意、知、物等的关系的问题，伊川也缺乏更充分的疏解。这当然是因为伊川尚处于宋代理学发展过程中的开始阶段所致，他的贡献是提出了许多原创性的思想取向与规模，但是更进一步的发展，则有待于朱子等人的落实与完成。

附识：辨析牟宗三先生对伊川心论的研究

牟先生对于伊川的心说，也是有所误解以致曲解的。在"中说"的一节，笔者已经基本澄清了伊川心性论自身的结构义涵，与牟先生所理解者之根本区别所在。因此，这里主要针对牟先生在《心体与性体》第二册第二章辨析伊川"论心篇"的内容，作出简要梳理与辨明。

牟先生对于伊川心说的研究，主要的观点有两方面。第一方面，牟先生指出"伊川此《论心篇》语最为杂乱、模棱与依似，好像只是些灵感，一时之想法，很难得其确定之条理与其立言之一贯的分

① 程颢、程颐：《河南程氏遗书》，卷二十一下，《二程集》，第274页。
② 程颢、程颐：《河南程氏遗书》，卷十八，《二程集》，第224页。

际，亦很难了解其概念的、本质的主张究何在”①。其实，如果真是这样的话，那么伊川便不足以成为一位有自身系统的哲学家，因为哲学家的基本要求，是他有一个原创、清晰、重要的哲学概念，在这个主要的概念的统摄下，各种相关或具体的概念之间则保持着融贯性、自洽性。实际上，与他批判伊川“中和”说一样，牟先生对伊川心说也是先存在一个系统性的成见，然后通过这个成见的有色眼镜，试图框定伊川心说的基本倾向，这已经是一失；同时，因为伊川论心，是体相用三义相互对比而又融通的整体，如果对此不加深究，就容易混淆伊川论心的不同层面，这又是一失。两失交叠，便会造成杂乱之感。其实，牟先生虽然指责伊川思想杂乱，但究其实这些表面上的“杂乱”是可以理清的。第二方面，牟先生指出，如果去除伊川的杂乱、依似之语，我们就会看到伊川心说的最关键重要的问题是伊川心说缺乏“本心”的义涵。这样的话，其引申出来的结果，是心、性、情的三分架构。性是静态的存有，即存有而不活动；而心则是动态的气用，即活动而不存有。而情则严格地说不是性之所发，而是心之所发。

针对牟先生上述第一方面的指责，我们其实只要将伊川论心之不同层面的内容，物各付物，各安其位，就可以消除曲解，此不待详辨。而在第二方面的问题，则伊川是否有“本心”的问题，则最可辨析。

例如，牟先生分析伊川“心有形有限量、苟通之以道则无限量”之论（参见本节第三点内容所录出的引文），正确地指出伊川心“有形有限量”之论说的是心所表现出来的“相”或“形态”②。但他指出“‘形象’或‘形’是由气来决定的。‘气’是‘心气’之气”，这就只能说对一半。因为此心之相固然是气的形态，但其同时亦通于

① 牟宗三：《心体与性体》，中册，第277页。

② 参见牟宗三：《心体与性体》，中册，第288页。

性或理，心之体相用乃是一体融通的关系。据此，牟先生将心之相归为气，而拒绝其本亦通于理，其用意是要摄相归心、摄心归气，证成伊川实无本心之说。进一步地，牟先生再诠释伊川“苟通之以道则无限量”之论，并指出说：“显然，依伊川，心不即是道，而是须‘通之以道’。盖心是‘有限之形，有限之气’之心也。但在孟子，本心即是道。本心是道德的超越的心，并不是形气之心，亦不待‘通之以道’。”“形气之心本身并不即是道，‘通之以道’而如理合道时，始可说‘心即道’，是则此‘即’并不同于依孟子义而说之‘心即道’之‘即’也。孟子义的‘即’是本体论的真体（即活动即存有的本心）之‘自即’，而伊川之‘即’却是某种关联方式下之关联的‘即’也。‘通之以道’，关联上去了，方可说‘心即道’。”① 简言之，因为伊川所说的心没有本心、本体、天道的内在义涵，只有气用、气机、气相的灵动义蕴，因此心“通之以道”指的是通过一个与气心没有内在贯通的静态存有的道，来与心气进行相通，那么这种相通便不是内在的贯通，而是先分解然后再关联起来的配合与兼合之“通”，而并不是孟子的心即道之“即”。实际上，牟先生并未理解到伊川所说的心“通之以道”的“通”之妙义。在现实情境中，人心必有形有相，此心之相既可以通过人心的自觉自养自通，从而自然地保持其为“妙相”，也即使得心体、天理、天道与心之相如如而一。天道具有无限无量的妙蕴，也即伊川所说的“天下更无性外之物”，故在此状态中也即天道与心相如如而一的状态中，此心之妙相当然是妙用无限的，因其形其量皆因无形无量之道的通达充润，而成为通于无形无量之妙形妙量。而这“妙相”的状态，理所当然地是心之体相用三大如如通澈的脉络下的心之相。此相既是气，亦通理，也即牟先生所说的“自即”，但牟先生自己没有理解到伊川心说本有此“自

① 牟宗三：《心体与性体》，中册，第289页。

即”之义。但是，从另一方面，伊川还注意到在现实情境中，人心亦有自偏自蔽的可能性，这就让心与本源之道不相贯通，于是此心之气之相之用之象，得不到自心所本涵之天道的通达充润，而此人则因为其心之自偏自蔽，因此也并不能理解到自心本来就涵有本心、天道、天理之义，于是心之相与心之体不通。但这种“不通”并非本然性、结构性的“不通”，而是后起性、从出性、虚妄性的“不通”。因为有这种不通，所以一方面造成心所本有的妙相不妙，也即不能通于无限无量之境，而执着在有形有量中得不到大自在，从而本有的“妙相”化为“粗相”；另一方面，又因为这自心所造成的粗相是自心自偏自蔽的虚妄执着所成，因此此人自己当然也可以通过修养工夫的作用，让虚妄的不通回复到本源的贯通，达至心之体相用的本然一体圆融之境。因此，伊川这里的“通之以道”之说，并不是先在结构上分出天道与心气，然后再作关联上的兼合；而是通过修养工夫化除虚妄的不通，而回复本源的心即道的相即相通之境。可见，牟先生试图通过伊川“通之以道”之说，论证伊川所说之心只是气相、气用而无本心之义涵，则确实是不通之论。①

另外，在心与情的关系上，因为牟先生认为在伊川的思想中，情不能是性之所发，而只能是心之所发。如果情是性之所发，则性有生成性与活动性；这样的话，伊川就有本心的概念。实际上，在笔者看来，伊川确实认为情是性之发用，是性体活动所成者。牟先生不承认这个事实，故往往曲为之说。牟先生指出说：“心与情之体用是无间之体用，是有机的生发之体用，心是真能发用此情者，心之发用即是

① 伊川另有“理与心一”、“心，道之所在”之说，牟先生也同样指出这体现出伊川是先“预设心理为二，其为一者是两者合顺而为一也，不是实体性的心之即理之自一也”，“而‘心，道之所在’，则心与道为二、而非即道也”，这其实也是“妙相”与“粗相”、“通”与“不通”之辨，今不赘言。参见牟宗三：《心体与性体》，中册，第280、281页。

情。但性与情之体用，是有间之体用，是统驭系属的体用，如主之与仆，性并不真能发用此情。情之发用之体是心，而不是性。"① 概括地说，情是心之发，非性之发；心为实然的心气、气心，无本心义。这是牟先生的主要观点。但是，伊川尝谓"在天为命，在义为理，在人为性，主于身为心，其实一也。心本善，发于思虑，则有善有不善。若既发，则可谓之情，不可谓之心。譬如水，只谓之水，至于流而为派，或行于东，或行于西，却谓之流也"②。这里，伊川明确说心、性、理、命是同一层面的概念，因此伊川的"心本善"当然是说"本心是善"，所谓"发于思虑"当然是"本心发于思虑"。牟先生则曲解认为"心之本善是就其未发之浑然状态说"、"由心之浑然状态之不能决定其自己必为道德地善，进而要决定其必为道德地善，须看其是否顺性依理，即，须以理来决定，此即为他决他定，而非自决自定者"③。实际上，在伊川看来，心之"未发之浑然状态"乃是心之持住于妙相的状态，此妙相是通于体相用三大者，是无限无量之本心、性体、天道的浑然在中之境。因此心之浑然本善状态就是本心之将发而为情而又未发也即已发未发之际的幾微之蕴，此蕴之化隐为显、化当然为实然、化潜能为实现，便是已发之思虑情气。因此心之浑然状态确能自主自定自我负责，以其以妙相之状态通于体相用也。这在上段已作阐发，且也较牟先生的解释更显顺适，故不待再加深辨也。

另外，除了"论心篇"外，牟先生在其"性情篇"中辨析了伊川"性之有形者谓之心"④ 一语，指出这句话并不意味着伊川有"本心"、"心性是一"之论，因为这关键是如何看"有形"。牟先生指

① 牟宗三：《心体与性体》，中册，第284—285页。
② 程颢、程颐：《河南程氏遗书》，卷十八，《二程集》，第204页。
③ 牟宗三：《心体与性体》，中册，第286、287页。
④ 程颢、程颐：《河南程氏遗书》，卷二十五，《二程集》，第318页。

出，此“有形”、“形著”是一种认知性的关联的形著，以及存在之然与所以然的本体论的形著。[①] 故伊川的“心性是一”乃是关联性的“一”，而并非实体性的自“一”。后者是真“一”，前者则为“二”矣。另外，牟先生指出如果引入朱子关于“形著”之说，则伊川的这句话的义涵更为明显。故牟先生对朱子的形著义作出分析，并将之分作三步而论：一、主观的形著：认知的关联；二、客观的形著：本体论的关联；三、实践的形著：通过主敬的工夫时时提撕之。合起来成为他律道德。[②] 实际上，这都是牟先生理所当然地视伊川、朱子无本心义而所曲解出来的怪论。就伊川而言，“性之有形者谓之心”一句话说得很平实清楚。心是有形的，此有形之心则是性本身之有形者，也即性、体、本心所表现出来的相。可见，在伊川思想中，性在其当然、幽隐的状态中，必有化为实然、明显之形相的潜能，此潜能通过感通、感发的作用，将自然地化当然为实然、化隐为显，这就是形相之所始。此如芽之初萌、泉之流出。芽是根之所发，芽与根不相断；泉是源之所出，泉与源岂曾离？可见，伊川这里说的“有形”，当然是本心性体自身之有形有相，并形成兼通性相之心。正因为心是兼通性相者，故心兼有“所主义”与“生成义”。所谓“所主义”，说的是“心是所主处”，心因为有形有相故有“处”，而此处则含蕴着性体本心将发而未发之幾，此幾微之蕴是心自身所可以把握发挥的，故心于此能够自主自动自发自立，不由乎我，更由乎谁？可见伊川所说的心“通之以道”之说就并不是以心关联于道的他律道德，而是心之自主自通、道之即性即心。所谓“生成义”，说的是“心生道也”，本心性体自然具有形、著、动、发、充、养的作用，而同时因为心兼通性相，故性之形著充养即是妙相之所形所成的动态性、生成性的过程，因此性之生成就是整个心的生成，故伊川谓“心生道

① 参见牟宗三：《心体与性体》，中册，第231页。
② 参见牟宗三：《心体与性体》，中册，第235—236页。

也”。通过心之所主义与生成义，心与性、道之间显出其相互对比而又一体融通的关系。就其融通性的一面而言，性之相不能离性而独立，故心亦不可能与性为二。如此分疏，乃顺理而出，更无牟先生的纠绕不澈之论。

总言之，经过本节及本附录的具体诠释，伊川所说的心实有本心之义，而且在其思想中心之体相用三义是内在融通的，因此牟先生对伊川心论的判定是不正确的。但是，这里我们要进一步考察，为何伊川之心说会让牟先生造成这样的误判呢？实际上，这症结在于牟先生实未能深知伊川思想中心“相”之妙用。人心有形有象有相，同时人心也有自由意志，可自觉自主以使得心相皆是心体之全幅通达，于是此心之相乃得以保持为本源之妙相，这就是伊川所说的“在中”、“浑然”、“所主”、“体段”、“性之德”等。但同时，人心也有自遮自蔽之可能与现实，如果是这个情况，那么心之相便得不到本与之相通相即的本心性体之通达与充润，于是心之妙相虚妄地成为与本心性体不通不即的粗相。因此，在人心保有妙相的状态中，心与理、心与性是相即相通的；而在人心虚妄地流于粗相的状态中，心与理、心与性乃现出似不即不通之二相。但此似不即不通之二相之显出，并非说在这状态中心与理、心与性真的是分解性的不即不通；而是说人心自我遮蔽后所显出的虚妄而现似的不即不通。牟先生就是在这个关节中，将现似的虚妄的不即不通，视为本源的真实的不即不通，从而造成混淆。其实，伊川理学的殊胜之处，就在于重视实现情境中人心的这种不即不通之相并加以强调、深化、描述、阐发，以展开并明确其中的病痛与虚妄所在。他同时也不特别强调心与理、心与性如如相即相通的境界，因为伊川认为这种强调容易使得学者不能深切正视现实情境中尚有许多不即不通处，需要自身的艰贞之力、深厚工夫以步步对治消除之，从而由虚妄的不即不通，回复真实的相即相通。同时，伊川于此较多说“通”而不多说“即”。这是因为他主张主敬涵养的工夫，这种工夫具有渐进性与稳固性，因此是逐渐涵养、逐渐相通并最后涣然冰释、相即不二的过程；而一开始说“即”则容易将工夫的艰难性和过程性取消，他理解到人们即使是一时顿悟心与性、心与理之相即，但又因为工夫之不稳不厚，此一时之“即”则容易在另一时成为“不即”。故伊川所说“通”而不太喜欢说“即”。

因此，自上所论，牟先生可以说是将伊川的这种悲心与权用，误认伊川主张心性情三分，主张心与理不一、心与性不一；而同时他又见到伊川有相通合一之说，则只好通过“关联”之说（认知的关键、本体论的关联以及主敬工夫的他律道德实践)，以作曲解曲通。这是很遗憾的事。

第三章　性情篇

“性”、“情”及其关系的论题也是伊川理学的重要论题。从义理的结构和顺序来说，伊川性情论是其理气论的自然引申。人之性情便是天之理气在人身上的体现。而在第一章我们提到，伊川思想中的理与气是对比而融通的关系，故人之性与情也自然是对比而融通的关系。当然，伊川的性情论虽本于其理气论，但其中也有另立一节以作充分疏解的必要。同时，伊川对于“性”的义涵也有新的阐发，学界对此已有深入系统的研究，本章的第二节“性说”则主要从天命之性与气质之性、性与才的来源及其内在关系作出考察，以消除学界的某些误解。

第一节　性情

唐君毅先生认为，伊川的理气论是从他的性情论中引申出来的，他认为“自伊川既辨性情，更及理气，方有此理气之论；朱子遂大张此理气之论。故自思想史观之，此理气之论，固起原于性情之论”。①

① 唐君毅：《中国哲学原论·原教篇》，第112页。

笔者认为，伊川相对于周、张、邵诸人来说，固然是特别重视主体性，重视即人道而天道在其中的思想取向；但伊川在性情论上，确实是自其天理、理气论中引申出来。他早年受到周濂溪《太极图说》《通书》的影响，注重从天道之气化生成义以论人的性情感通之理，这从伊川青年时代的《颜子所好何学论》一文可见。据此，唐先生的说法有值得商榷之处。同时，伊川对于性情及其关系的较完整论述，也在《颜子所好何学论》一文中显出。今将此文的相关文字录出。

> 圣人可学而至欤？曰：然。学之道如何？曰：天地储精，得五行之秀者为人。其本也，真而静；其未发也，五性具焉，曰：仁、义、礼、智、信。形既生矣，外物触其形而动于中矣。其中动而七情出焉，曰：喜、怒、哀、乐、爱、恶、欲。情既炽而益荡，其性凿矣。是故觉者约其情使合于中，正其心，养其性，故曰性其情。愚者则不知制之，纵其情而至于邪僻，梏其性而亡之，故曰：情其性。凡学之道，正其心，养其性而已。中正而诚，则圣矣。君子之学，必先明诸心，知所养，（原注：一作往。）然后力行以求至，所谓自明而诚也。故学必尽其心。尽其心，则知其性；知其性，反而诚之，圣人也。故《洪范》曰："思曰睿，睿作圣。"诚之之道，在乎信道笃。信道笃则行之果，行之果则守之固。仁义忠信不离乎心，造次必于是，颠沛必于是，出处语默必于是。久而弗失，则居之安，动容周旋中礼，而邪僻之心无自生矣。①

濂溪与伊川论人性、性情，皆通过会通《易传》《中庸》而申发出来。而《易》《庸》之学，正是从天道流行出发，然后求天人合一

① 程颐：《颜子所好何学论》，《河南程氏文集》，卷八，《二程集》，第577—578页。

者。因此可以说伊川是完全继承并扩展了周子的天道、性情论。[①] 在伊川的这个文本中，性与情的来源及其关系得到了基本的描述，现在我们以此文本为基础，并结合伊川其他文字，对此作出两方面的展示与阐发。

第一，论性情的来源。显而易见，伊川指出人之性是天理气化流行之赋命成性的结果。正如本书第一章所述，天理中蕴含着元、亨、利、贞之德，故人之本性中也蕴含着仁、义、理、智、信五常之性。天理中元之德既是别德，又是总德，元能统摄四德并与诸德构成一个至极本源的天理发动之幾；因此，人性中仁之德也能统摄五性而构成一个寂寂惺惺的性德流行之势。此即《伊川易传》所谓“四德之元，犹五常之仁，偏言则一事，专言则包四者”[②]。人之本性在其本源未发的状态中，是“真而静”的，但因为此真而静之性含蕴着五性的互构互摄，故此真静之性非只是静止的存有，而是如伊川所说的“静中须有物始得”[③]，也即寂然不动中含蕴着可感可动的幾微性与方向性。同时，天理气化的流行对人不但有“成性”之义，而且有“赋形”之功。另外，正如第一章所述，理与气、天理与气化是对比而融通的关系，因此天理气化流行在对人的成性过程中，也必然蕴含着赋形的过程。据此，人之性与人之形也是相互对比而又一体融通的

① 周濂溪《太极图说》谓“惟人也，得其秀而最灵。形既生矣，神发知矣，五性感动而善恶分，万事出矣”，伊川则谓“天地储精，得五行之秀者为人”、“形既生矣，外物触其形而动于中矣。其中动而七情出焉”；《太极图说》谓“圣人定之以中正仁义”、“圣人之道，仁义中正而已矣”，《通书》谓“诚者圣人之本”、“圣，诚而已矣”，伊川则谓“中正而诚，则圣矣”；《太极图说》谓“无极之真，二五之精，妙合而凝”、“主静”、“无欲故静”，伊川则谓“其本也，真而静”；《通书》谓“德：爱曰仁，宜曰义，理曰礼，通曰智，守曰信”，伊川则谓“其未发也，五性具焉，曰：仁、义、礼、智、信”；等等。另外，《通书》尚有许多内容与《颜子所好何学论》相关，今不赘。上述引文参见周敦颐：《周敦颐集》，第5、6、13、15、16页。

② 程颐：《周易程氏传》，卷一，《二程集》，第697页。

③ 程颢、程颐：《河南程氏遗书》，卷十八，《二程集》，第201页。

关系。一方面，性与形是形而上与形而下的对比性关系，不可完全混淆，因此伊川严格区分出天命之性与气质之性、本性与才性气性；但另一方面，性与形也是融通一体的关系，天理流行即是气化流行，因此成性的过程即是成形的过程，性之生成即是性之有形的过程，而这个过程其实即是心之形成，故伊川谓“自性之有形者谓之心”①，故心与性在根本上是不能分开的。

人既有性、有形、有心，则有感。感的发与生，是内外互动的结果。在内，即人之本性是一个寂然不动而又静中含蕴可动之幾的寂寂惺惺的境域；在外，即人心在现实情境中需要与境、物形成交互性关系。正因为有内外互动，因此人心便能感而发为情。此即伊川所谓“外物触其形而动于中矣，其中动而七情出焉”。这里的感与动，是心的感与动，但从本质上说则是性之感动，故伊川尝谓“自性之有动者谓之情”②。当然，在这里伊川不说“其性动”，而说“其中动”、“动于中”，是因为他要照顾到在现实情境中性之感通实际上是有形之性之感动，具体地说即是人心在性而涵相的未发寂然的状态中，与物相感而有所应所动，这状态便称作“中”。但这心之“中”之动，实质上乃是性之动也。因此学生问情感的发动是否出于性，伊川对此作直接的肯定。《二程遗书》记道：“问：‘喜怒出于性否?’曰：‘固是。才有生识，便有性，有性便有情。无性安得情?’又问：‘喜怒出于外，如何?’曰：‘非出于外，感于外而发于中也。’问：‘性之有喜怒，犹水之有波否?’曰：‘然。湛然平静如镜者，水之性也。及遇沙石，或地势不平，便有湍激；或风行其上，便为波涛汹涌。此岂水之性也哉？人性中只有四端，又岂有许多不善底事？然无水安得波浪，无性安得情也?’”③ 这里所谓“湛然平静如镜”，说的

① 程颢、程颐：《河南程氏遗书》，卷二十五，《二程集》，第318页。
② 程颢、程颐：《河南程氏遗书》，卷二十五，《二程集》，第318页。
③ 程颢、程颐：《河南程氏遗书》，卷十八，《二程集》，第204页。

是水之性而涵相的寂然状态。而水之因风、石或环境的改变而有所波动，则是水之性而涵相的性相整体之波动，所以我们不会说水因风而动，只是水之湛然平静的水相之动而决非水体之动。同样道理，人心之发而为情，是心之性相整体之感动，而决不能说为只是心之形相之动，而绝无心之本体性体之动。这是因为无性安得有相，无水安得有波？在伊川看来，天理流行即是气化流行，气化流行即是天理流行，理与气在实际上是不能分离的。因此，天道成性赋形所成的人心，其有所感所动，也必然是心之性相的一体感动，也即"其中动"，而非仅心之相感动而心之体无感。所以，牟宗三先生在分析伊川性情论时指出"喜怒'感于外而发于中'，此'发于中'非发于性，乃发于心也。发于心而为情，必有其所以然之理以对应之，此即所谓性也"[①]，这就明显是误读与曲解了。

第二，论性情的"分"与"合"。在伊川的思想中，性与情有严格的对比性，这对比性构成了性情之"分"。而伊川这里所说的性情之"分"，其实含有两种情况。第一种情况是：在心的本然结构上说，性与情是体与用、未发与已发的关系。性是未发之体，此未发的状态不能说为情；情是已发之用，此已发的状态不能说为性。因此伊川有"仁性爱情"之说。仁是体性，而作为性的仁有所感动而发出的恻隐之爱，则只能说是情，而不能说是性。伊川云："孟子曰：'恻隐之心，仁也。'后人遂以爱为仁。恻隐固是爱也。爱自是情，仁自是性，岂可专以爱为仁？孟子言恻隐为仁，盖为前已言'恻隐之心，仁之端也'，既曰仁之端，则不可便谓之仁。退之言'博爱之谓仁'，非也。仁者固博爱，然便以博爱为仁，则不可。"[②] 在这里，伊川其实揭示出了性情需要区分出来的两个原因。一个原因是仁是未发之性体，而作为仁之发端的恻隐之爱或博爱，因为其属于仁之已发之

① 牟宗三：《心体与性体》，中册，第242页。

② 程颢、程颐：《河南程氏遗书》，卷十八，《二程集》，第182页。

端的状态，因此是已发之情用；性体与情用各有所属，故谓“爱自是情，仁自是性”。而另一个原因是，在伊川看来，仁作为性体，有其丰富的义涵，是一个如如无量的无尽藏；而恻隐之爱则只是如如无量的仁体之所发的一端而已，而仁体之所发另可有无量多端。如果通过树根与枝叶作比喻，则可以说性犹根本，情犹枝叶，而此根本可以发为这一枝，也可以发为那一叶，而恻隐之爱则只是枝叶之一而已，而不能代替所有的根本所发出的枝叶。因此伊川说“仁者固博爱，然便以博爱为仁，则不可”。对于这个内容，唐君毅先生阐发得最为到位。其云：

> 一至纯粹之情，而能表现此仁义礼智信之性者，亦未必能同时表现此五性，而恒在一时只表现其一性；又在其表现五性之一，如仁时，亦不能穷此一性之可能有之表现，而表现此仁性之全。如人已有至纯粹之对人物之爱，此固能表现此人之仁性。然人之此爱，固不足以尽此仁性所可能有之表现，其及于其他人物者，即不能表现此仁性之全也。此即伊川之所以谓韩愈之“博爱之谓仁”之说为非是。盖人纵至博爱而无所不爱，皆只是自已有之博爱事上言；而此能博爱之仁性，固仍有未表现于此一切已有之博爱之事者在也。依此情之只限于在性所已有之表现上说，而性却不能只限于其此已有之表现上说，则情必不能穷尽此性而表现之。而情之内容、与性之内容，即恒有一距离。此即已足见情之非即性，爱之情不同于仁之性。①

综合上述两方面原因，可见伊川强调性情之分，是对于性情关系的实际情况的揭示。但同时我们也应注意到，此处伊川虽然强调性情之分，但这个分是对比性的分，而不是对立性、分解性的分离。就第一方面的原因而言，性与情虽然分指未发之体与已发之用，但正如我们在上文第一点内容中所强调的，情是性本身之发动，故性情虽对比而实融通。因此伊川说：“称性之善谓之道，道与性一也。以性之善

---

① 唐君毅：《中国哲学原论·原教篇》，第110—111页。

如此，故谓之性善。性之本谓之命，性之自然者谓之天，自性之有形者谓之心，自性之有动者谓之情，凡此数者皆一也。"① 而就第二方面的原因而言，其实也可以通过情为性之发用来作解释，同时还可以通过当然与实然的关系来作说明。唐君毅先生指出，伊川性情论中所说之性是"性即理"之性，也即天理及其流行体现为人心本体之性及其性之指向。此性即理之性"即谓性之未表现于情，在情上未然者，当表现于情之实然上之谓。故谓性即理，即谓性为一当然之理。只说性情之相对为内与外、已表现与未表现之二者，则性之当表现于情，而为当然之理之义，尚不得见。必言性即理，乃见性之为未表现于情者，同时为理当表现于情，亦具有一'指向于情之表现之实然'之意义者。则此当然之性理，虽未发、未表现而静，同时具有一能动之动向义"②。可见，情用虽然不能表尽性体的无尽义涵而使得性情似永成一距离，但因为性是当然之理，因此情是此当然之理自身所必然指向、导向出来的实然的内容，因此性情没有实际上的间隔与分裂，性情没有现成性的"之间"。综上，从性情的本然结构来看，性与情之"分"并非真分，而是在融通一体基础上的互为对比；故性与情之"合"亦本无合，因为两者的互为对比不过是一个连续而融通的过程中的分两面而说。

另外，性情之"分"仍有第二种情况。上述第一种情况是指本源之性应当并实然地发为本真之情的顺理无妄的情况；而第二种情况则是性所发的实然之情并不能成为性理的全幅通达，从而遮蔽了本源之性体，此即伊川所说的"情既炽而益荡，其性凿矣"、"愚者则不知制之，纵其情而至于邪僻，梏其性而亡之，故曰情其性"。人心之所以造成这样的负面境况，是因为人的心灵容易为境、物之所牵引，生成情识。而情识在开始时并不一定是虚妄负面的，境物之牵引在开

① 程颢、程颐：《河南程氏遗书》，卷二十五，《二程集》，第318页。
② 唐君毅：《中国哲学原论·原教篇》，第112页。

始时只是让性体有所感发、通达、流淌出来而已；但是随着心灵、情识对于境物的进一步粘连与执着，以及心与境、情与物的相刃相靡的作用，性体的当然、自然、本然的方向就容易受到扭曲与遮蔽。如果人们不知道这个问题，不通过切实的修养工夫以使得情皆顺性，而任由情识走向放纵、邪僻之境，那么本来是性体之自然发用的情识，便反过来桎梏当然之性理，从而自我封闭了自己的本真善美的生活形态，成为虚妄的情识的奴隶也即所谓“情其性”，这是至愚而可哀的事。在这个状态中，人的本心性体、当然之理全得不到照摄与发用，成为“凿”、“亡”的状态。但实际上，伊川这里所说的“凿”、“亡”并不是性体自身的“凿”与“亡”，而是显出似凿、亡相。马一浮先生解释说：“凿犹言戕贼也”；“理本无灭，隐，故有似于灭也；性不可凿，背，故比之于凿也。孟子曰：‘所恶于智者，为其凿也。’物之凿者，形必变异，失其本然之相，故谓之凿”；“性不可亡，今言亡者，谓其等于亡也。曰‘情其性’者，性既随情，则全真起妄，举体成迷，唯是以气用事，而天理有所不行矣”。[1] 据此，性因为现似凿亡相，故性与情现似分裂相。人们越是不节制情识之流荡，性与情所现似的鸿沟与分裂就越大。而对比起邵康节、程明道等人，程伊川对于性与情在现实中的这种鸿沟与分裂，体会和感受得特别深刻，因此对之也特别强调。在伊川看来，只有首先强调这种似分裂相，才能让人们重视到自己的现实生活状态所具有的问题，从而唤起消除分裂、回复融通的自我意愿和本然要求。伊川指出，这就需要使得性与情相“合”的工夫，故谓“觉者约其情使合于中”。在本节第一段独立引文中，伊川揭示出“合”的具体工夫。马一浮先生对此也有精到的总结，其云：“其事有信、行、守三种次第。见得端的则信笃，信笃则决定不疑，迁善改过，如恐不及，斯行之，未有不果

① 马一浮：《泰和宜山会语》，《马一浮全集》，第1册，第53页。

也。笃是知之真切，果是行之勇决，知行合一，日用之间践履益密，斯持守之固确乎不移矣。”① 从本质上说，伊川的这种信、行、守的融合性情的工夫，乃是先要专精致一以作“反情合性”、“摄情归性”、“摄用归体”、“正心养性”的“性其情”的工夫，然后再在此基础上让性情得到交养互通，最终达至性情合一。《颜子所好何学论》是伊川青年时代的文字，其所示修养工夫尚未简约精纯，而后来他将上述这些融合性情的步骤皆归为“主敬涵养”的工夫之下。

由上可见，伊川充分注意到现实生活中人心的性情之“分”的情形，并试图通过工夫之“合”以对治之。实际上我们看到，这里所说的性情之“分”，并非本源、本然意义上之性情分离，而是因情识的流荡、性体的遮蔽而显出性情之似分裂相；因此，这里所说的性情之“合”，也并不是性情本来有分然后再合，而是通过工夫之合而回复到性情本源、本然所具有的一体融通性。因此，伊川思想并不存在心、性、情三分的格局，他与程明道一样同样主张理与气、性与情的一体融通性。只不过伊川更重视性与情在现实情境中的不相通性、似分裂相，并以修养工夫对治之；而明道则喜欢直接从本源、本然的意义上指出性情、理气、体用的一体融通性。就前者而言，必须强调“合”的工夫与作用；而就后者而言，则更无合与不合之事，或者不须言“合”。前者是修养工夫之“合”，后者则指本源结构之“合”。因此两个“合”的层面并不相通。就后者而言，故有明道所谓“合天人，已是为不知者引而致之，天人无间”、“言体天地之化，已剩一体字，只此便是天地之化，不可对此个别有天地”②；就前者而言，故有伊川所谓“约其情使合于中”、“浩然之气是集义所生者，既生得此气，语其体则与道合，语其用则莫不是义”③。另外，正因为两

---

① 马一浮：《泰和宜山会语》，《马一浮全集》，第 1 册，第 54 页。
② 程颢、程颐：《河南程氏遗书》，卷二上，《二程集》，第 33、18 页。
③ 程颢、程颐：《河南程氏遗书》，卷十五，《二程集》，第 148 页。

者所说的“合”不同，因此伊川自己也指出，在性情、道气、体用的本然结构上，是没有合不合之说的。他指出说：“‘配义与道’，谓以义理养成此气，合义与道。方其未养，则气自是气、义自是义。及其养成浩然之气，则气与义合矣。本不可言合，为未养时言也。”①伊川在这里便明确指出从“本”的角度说是不可以说“合”的，但从现实的修养工夫的角度说则可以说“合”。只不过，伊川对于工夫义之“合”的强调，过于对本然义之不必言“合”的强调，这自然是他深刻认识到在现实生活中人们尚难以达至本然义的不必言“合”所致。故《二程外书》曾引谢上蔡的回忆说：“二十年前往见伊川，伊川曰：‘今日事如何?’某对曰：‘天下何思何虑?’伊川曰：‘是则是有此理，贤却发得太早在。’伊川直是会锻炼得人，说了又道：‘恰好著工夫也。’”② 在这里，伊川“是则是有此理”与“恰好著工夫也”两句话，正表明他充分认识到有两个不同层面的内容之不同。

综上，本节通过两大方面内容，疏通和澄清了伊川性情论的内在机理与脉络。首先，本节通过伊川的理气论的背景，辨析了他关于性、情的来源的说法，指出在伊川思想中，情确然是性体自身之感与动所形成者。其次，因为伊川特别强调性与情的区分，严格辨别出“仁性爱情”之说，伊川的这种强调让人感到他确然主张性情有分，故本节分两种情况特别辨析伊川关于性情之“分”与“合”的观点。第一种情况是在本源本真的情况下，性与情是对比而又融通的关系，故无所谓“分”亦无所谓“合”。第二种情况则是在现实情境中人心受到遮蔽从而性与情所显出的似“分”裂相，这时候则需要工夫上的“合”的作用以消除此似分裂相，从而回复性情对比而又融通的本真性关系；在这种情况下性情之“分”非真“分”，而性情之“合”则为工夫上之“合”。因此，综合两种情况，在本然的结构上

---

① 程颢、程颐：《河南程氏遗书》，卷十八，《二程集》，第206页。
② 程颢、程颐：《河南程氏外书》，卷十二，《二程集》，第426页。

性情都没有“分”，因此也就没有在“分”之基础上的“合”。但伊川因为注意到在现实生活中性与情所显出的似“分”裂相，并强调在此基础上通过工夫以“合”之，不善会者则往往将这层面的“分”与“合”，错认为性情的本然结构上的“分”与“合”，这就是将醍醐变成毒药，并完全错解伊川的性情论。因为在本然结构上，性情并无所谓“分”与“合”，而只有对比性的“不分之分”与融通性的“不合之合”也。

如果我们从对比与融通之辩证的角度观之，则伊川在性情论上特别展示出两种对比性。第一种对比性是在本源本真的情况下，性与情的结构性的对比；第二种对比性则是在现实非本源本真的情况下，性与情所显出的似分裂相。正如前文所言，这两种对比性都不能推导出伊川主张性情二分。而伊川理学的特征，则在于特别强调性情的第二种对比性，伊川的这种强调甚于横渠、明道等人。而这种对比性，也即性与情的似分裂相，在实际情况中，则可直接视为性与情事实上的分裂，此即情遮蔽性而性情形成鸿沟之故。但这种事实上的分裂并非本源结构上的分裂，因为人们可以通过工夫作用而回复到其本源的一体融通性。正因为伊川特别强调此点，因此很容易让人们觉得他是在主张性与情在其本源结构上有分裂性。

第二节　性说

伊川除了重视性情关系外，他还特别就“性”之本身作出阐发，并特别注意到孔子“性相近”①、告子“生之谓性”② 以及孟子“性善”③ 等说的微妙异同关系。据此，伊川特别指出“凡言性处，须看他立意如何”④。而即使是同一个人，其关于“性”的说法也可有多义。伊川认为孟子便是一例，因此他指出“孟子言性，当随文看”⑤，而不可执泥。那么，伊川本人则又区别了哪几种性呢？他对于性之诸义之间的关系，又是如何理解的呢？这里，我们先录出伊川论性的相关文字，然后作出申发。

1. 天所赋为命，物所受为性。⑥

2. 人之于性，犹器之受光于日，日本不动之物。⑦

3. 形易则性易，性非易也，气使之然也。⑧

4. 性不可以内外言。⑨

5. 性即理也，所谓理，性是也。天下之理，原其所自，未有不善。喜怒哀乐未发，何尝不善？发而中节，则无往而不善。凡言善恶，皆先善而后恶；言吉凶，皆先吉而后凶；言是非，皆先是而后非。⑩

6. 人性本善，有不可革者，何也？曰：语其性则皆善也，语其才则有下愚之不移。所谓下愚有二焉：自暴也，（原注：一无也字。）自弃也。人苟以善自治，则无不可移者，虽昏愚之至，皆可渐磨而进也。唯

---

① 《论语·阳货》：“子曰：性相近也，习相远也。”参见《论语注疏》，卷十七，《十三经注疏》，第2524页。

② 《孟子·告子上》：“告子曰：生之谓性。”参见《孟子注疏》，卷十一上，《十三经注疏》，第2748页。

③ 《孟子·滕文公上》：“孟子道性善，言必称尧舜。”参见《孟子注疏》，卷五上，《十三经注疏》，第2701页。

④ 程颢、程颐：《河南程氏遗书》，卷十八，《二程集》，第207页。

⑤ 程颢、程颐：《河南程氏遗书》，卷三，《二程集》，第63页。

⑥ 程颐：《周易程氏传》，卷一，《二程集》，第698页。

⑦ 程颢、程颐：《河南程氏遗书》，卷三，《二程集》，第67页。

⑧ 程颢、程颐：《河南程氏遗书》，卷二十五，《二程集》，第323页。

⑨ 程颢、程颐：《河南程氏遗书》，卷三，《二程集》，第64页。

⑩ 程颢、程颐：《河南程氏遗书》，卷二十二上，《二程集》，第292页。

自暴者，拒之以不信；自弃者，绝之以不为；虽圣人与居，不能化而入也，仲尼之所谓下愚也。然天下自弃自暴者，非必皆昏愚也，往往强戾而才力有过人者，商辛是也。圣人以其自绝于善，谓之下愚，然考其归，则诚愚也。既曰下愚，其能革面，何也？曰：心虽绝于善道，其畏威而寡罪，则与人同也。唯其有与人同，所以知其非性之罪也。①

7. 问：人性本明，因何有蔽？曰：此须索理会也。孟子言人性善是也。虽荀、杨亦不知性。孟子所以独出诸儒者，以能明性也。性无不善，而有不善者才也。性即是理，理则自尧、舜至于涂人，一也。才禀于气，气有清浊。禀其清者为贤，禀其浊者为愚。

8. 凡言性处，须看他立意如何。且如言人"性善"，性之本也。"生之谓性"，论其所禀也，孔子言"性相近"；若论其本，岂可言相近？只论其所禀也。告子所云固是，为孟子问他，他说，便不是也。②

9. 孟子言性，当随文看。不以告子"生之谓性"为不然者，此亦性也，彼命受生之后谓之性尔，故不同。继之以"犬之性犹牛之性，牛之性犹人之性与？"然不害为一。若乃孟子之言善者，乃极本穷源之性。③

10. "天下之言性，则故而已矣"，"则"，语助也；"故"者，本如是者也。今言天下万物之性，必求其故者，只是欲顺而不害之也，故曰'以利为本'，本欲利之也。④

11. 棣问：孔、孟言性不同，如何？曰：孟子言性之善，是性之本；孔子言性相近，谓其禀受处不相远也。人性皆善，所以善者，于四端之情可见，故孟子曰："是岂人之情也哉？"至于不能顺其情而悖天理，则流而至于恶，故曰："乃若其情，则可以为善矣。"若，顺也。⑤

12. "少成若天性，习惯成自然。"虽圣人复出，不易此言。孔子

---

① 程颐：《周易程氏传》，卷四，《二程集》，第956页。
② 上两条并见程颢、程颐：《河南程氏遗书》，卷十八，《二程集》，第204、207页。
③ 程颢、程颐：《河南程氏遗书》，卷三，《二程集》，第63页。
④ 程颢、程颐：《河南程氏遗书》，卷十五，《二程集》，第154—155页。
⑤ 程颢、程颐：《河南程氏遗书》，卷二十二上，《二程集》，第291页。

曰："性相近也，习相远也，唯上智与下愚不移。"下愚非性也，不能尽其才也。[①]

13. "性相近也，习相远也。"性一也，何以言相近？曰：此只是言性（原注：一作气。）质之性。如俗言性急性缓之类，性安有缓急？此言性者，"生之谓性"也。[②]

上述文字基本上能够将伊川关于"性"的思想表达出来，笔者疏通上述内容，将伊川的性说表示如下：

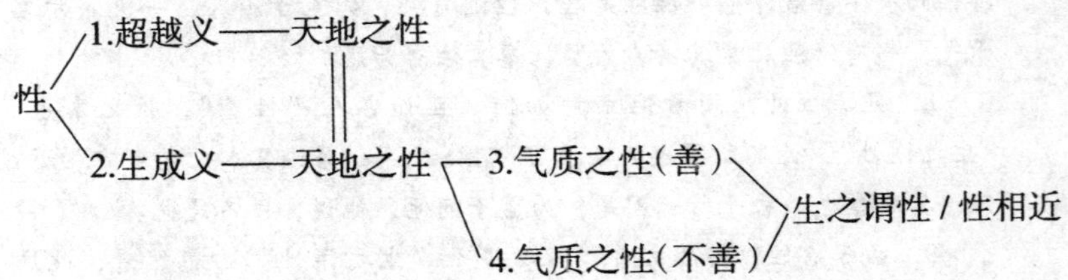

根据这个图表，我们可以通过张横渠所提出的"天地之性"与"气质之性"之分，[③] 分别概括伊川的"性之本"（"极本穷源之性"）与"性质之性"（"气质之性"、"所禀"之性）。这是学界所公认的区分。不过，在这个大致区分之下，仍有许多环节需要疏通，现在分别就伊川性说的三方面内容作出具体阐述。

第一，强调天地之性的超越义。在伊川的思想中，天地之性是性之诸义的根本义、首要义、第一义，如果没有天地之性，就不会有其他诸性。而天地之性则是天理在人性上的体现，故性即理。另外，在第一章我们理解到，理与气是对比而又融通的关系，因此天理之"天所赋为命，物所受为性"的赋命成性之过程，也含蕴着理与气的对比与融通的关系于其中。就理气的对比义而言，天理之赋命成性过

① 程颢、程颐：《河南程氏遗书》，卷二十五，《二程集》，第323页。
② 程颢、程颐：《河南程氏遗书》，卷十八，《二程集》，第207页。
③ 张横渠说："形而后有气质之性，善反之则天地之性存焉。故气质之性，君子有弗性者焉。"参见张载：《正蒙·诚明篇》，《张载集》，第23页。

程最终形成人的天地之性，而同时气化亦有其赋命成性过程，气最终乃形成人的气质之性；就理气的融通义而言，天理流行即是气化流行，气化流行即是天理流行，无无气化之天理，亦无无天理之气化，因此人的天地之性中必定蕴含着气化生成之幾之蕴，而人的气质之性中也必定蕴含着天命的本源之“呼唤”。而经过这种错综之后，人们则容易将不同层面之性或者同一层面之性的不同义蕴，混乱混淆，并引致在实际的生活与人生情境中的迷惘迷失。面对这种问题，伊川赞同孟子的取向，就是溯源至性之渊源，并指出性之诸义可归本于至简至易的“天地之性”一义。

伊川特别强调天地之性作为根本、首要、关键之性，其中最根本的原因是他要揭示出天地之性的超越性，以挽救现实人性的迷惘、沉沦、堕落。在第五段引文中，他指出天地之性即是超越的纯粹之理的体现，理至善而无恶，因此天地之性、人性之源也是至善无恶。而在现实中的人性则不免有不善、不吉、不是之处。这样，天地之性与现实人性就构成了似分裂相、似鸿沟相，形成某种张力。而在现实中，人们对于这种张力如果不通过切实的修养工夫以消除之，这种似分裂相、似鸿沟相就一直存在。在这种状态中，人们永不能臻于本真善美的生活，而堕入虚妄无明的生活。这种情况无疑可以说是天地之性与现实人性宛如有真分裂、有真鸿沟。因此，伊川要将具超越性的天地之性单独揭示、标举、静悬出来，并强调其应然性、当然性，使得现实生活中人们体知到善与恶、是与非、吉与凶的对比，从而不安于不善、不是、不吉的现实人性，并自我要求通过修养工夫，以让天地之性与现实人性的这种似分裂相、似鸿沟相得到消除，最终让现实人性也即现实的气质之性全幅皆是天地之性之通透，并理解到天地之性与气质之性在本源上是一体融通的，两者具有当然与实然的内在关联。如果我们并不特别强调天地之性的终极性与超越性，以及在现实生活中天地之性与现实人性所现出的似分裂相，我们就很容易因为得不到天地之性的照摄与提升，而只认一团柔暗的气质以为全体之性，从而陷入无力、无体、无根之境。因此，伊川对于历来“不识性”也即不明天地之性的儒者，都作出十分严厉的批评，他指出说：“荀子极偏驳，只一句‘性恶’，大本已失。杨子（笔者按：杨子即扬雄）虽少过，然已自不识性，更说甚道?”① 他进而认为，自孟子之后，就更没有人能够理解到人心含蕴天地之性一义。

综上可见，伊川特别强调在现实情况下，天地之性与现实人性也即气质之性所构成的似分裂相、似鸿沟相，也即强调图表中的第一点内容与第四点内容的对比。他之所以特别强调二性的对比，理所当然地是要让人们正视在现实生活中气质之性与天地之性的分裂与阻隔，从而让人们自己要求自己通过修养工夫，以去除气质之性中之不善者，并让天地之性之至善全幅体现为至善之气质之性。同时，正因为伊川要特别强调天地之性与气质之性的这种对比性、似分裂相，因此伊川必须将天地之性悬举而出，强调其超越、寂然、不动义，天地之性宛如独立静存于气质之性之外，而为气质之性之统率。本节的第三段引文便有此意。但究其实这并非是说在本源本真的状态下，天地之性与气质之性自其结构上已然分离出来；而是说在现实生活中气质之性容易偏离天地之性而形成阻隔与分裂，通过天地之性的照摄与统涵的摄用归体的作用，气质之性之不善将逐渐得到消除，而最终全体为善。当气质之性全体为善时，气质之性成为天地之性的全幅通达与流行，这时候天地之性的宛如独立静存之相将息其机用，会相归性。如果人们通过修养工夫到达这个状态，就会理解到先前天地之性所显出的宛如独立、静存、寂然、不动的状态，其本身并非是绝对的独立、静存、寂然、不动，而是寂然不动中含蕴着灵明活泼的动幾。

第二，隐含天地之性的生成义。从前文可见，在本源而本真的状态中，天地之性不但有超越义，而且也兼具生成义。超越性显出了天

① 程颢、程颐：《河南程氏遗书》，卷十九，《二程集》，第262页。

地之性与气质之性的对比性，揭示出天地之性为纯粹至善之天理；而生成性则体现天地之性与气质之性的融通性，也即纯粹至善的天理天性中含蕴着气化流行的幾微之蕴，而此幾微之蕴在人之成性成形的动态过程中，将会显明化、具体化，并成为人的气质之性。但是，在伊川理学中，天地之性的超越性一义较显，而生成性一义较隐，让人在表面上感到伊川所说的性是“静摄”而非“动态”的存有，这当然是因为伊川强调天地之性与气质之性的对比性，同时强调“摄用归体”、“摄气归性”、“以理率气”的方向所致。但是，虽然在伊川思想中天地之性之生成义较隐，但从他的理气论中作出引申，也并不难体会出来。而据上一节所述，伊川曾指出本源之性，是一个以仁之总相统摄五常之性之别相所构成的一多互摄的境域，因此天地之性乃在“静中有物”的冲漠无朕、可感可应的状态中。而这此节的第十段引文中，伊川则借助对孟子论性的话，指出如果我们保持存心养性的话，那么自我的本心或本性就会自然地处于顺遂、流畅、充润、长养的无尽过程中。如果我们戕害之、固执之、拘蔽之，则本性的这种自然的利遂长养当然会受到扭曲。这也是伊川对天地之性的生成性的某种说明，不容置疑。

第三，气质之性的全面界说。因为天地之性蕴含着生成性与气化性，因此人在成性成形的过程中，人的原初的气质之性其实蕴含着天地之性，或者说此气质之性庶几为天地之性的全幅通达。在第十一段引文中伊川指出，这可以通过四端之情可见，情实际上也是本源之性所自然显发出来的气性。因此，如果我们自然地让天地之性顺遂长养并通达为气质之性，或者通过修养工夫让气质或气质之性清明通透，使之庶几成为天地之性之全幅通达，那么这是在现实情境中气质之性的本真自然的状态，是气质之性之善者。保有涵持这种气质之性的人就成为君子以至圣人。但是，如果气质之性不断偏移其本真自然的状态，那么天地之性就不能顺遂通达，义理的当然性就不能显发为实然性，故本真自然的气质之善性乃变异为虚妄扭曲的气质之不善者，从而天地之性与气质之性显出似分裂相，气质之性似能扭曲天地之性，也即“形易则性易”，但实际上“性非易也，气使之然也”。伊川指出，当人之气质之性自身浑浊遮蔽的程度深重的时候，此人往往不能自我感到自心尚含有本源、当然的善性，从而自我封闭了让天地之性通达出来的可能性，并使之成为现实，最终陷入“自暴”、“自弃”的境地。在这个状态中，天地之性与气质之性不但现出似分裂相，而且是天地之性现出似消亡相，似乎此人完全丧失了本然的善性；但其实从理上讲则并不然，因为这只是气质之性完全自我封闭的结果，而天地之性的当然性永在，只不过其已经完全不能实然化而已。总言之，伊川能够全面照顾到气质之性有善与不善的两种情况，善者通于天地之性，不善者则与天地之性相阻隔。

在伊川看来，上述的气质之性中的善与不善的两种情况，都可以通过孔子的“性相近”或者告子所引述的古语“生之谓性”作出概括。同时，因为气质之性可善可不善，其善处则可以通于天地之性，其不善处则偏离了天地之性并成为下堕的遮蔽天命之性的气质。据此，“性相近”与“生之谓性”之说可上讲也可下讲。程明道便直接上讲。他指出说：“‘生之谓性’，性即气，气即性，生之谓也。”① 这里的生之谓性，是指气质之性之全幅通于天地之性的状态而言，这是现实人性的本源本真状态。而伊川其实也深知此义，但他对“生之谓性”理解得更为全面妥当，换言之，他理解到气质之性可上通也可下堕。上通者，如明道之所论，因此伊川自己也“不以告子‘生之谓性’为不然”。下堕者，则伊川理解到告子虽然引用“生之谓性”这句古语，但因为告子其实并不理解天地之性，不知有极本穷源的超越之性，因此告子只能理解到没有天地之性的照摄与通达的自然人性、气质之性，而遂将生之谓性的上通的一面给消解了。孟子深

① 程颢、程颐：《河南程氏遗书》，卷一，《二程集》，第10页。

明告子之学，因此便直接将告子所理解的不能上通的“生之谓性”作出全面的批判，但其实这“生之谓性”只是告子的“生之谓性”也。对此，伊川看得很清楚，因此伊川指出“告子所云固是，为孟子问他，他说，便不是也”。“所云固是”，是说告子所引用的“生之谓性”这一古语本无问题；“他说便不是”，是说告子所说所理解的“生之谓性”因为只有下堕而无上通，只知自然气性而不识超越天性，因此便有问题。由此可见伊川较之明道，更能全面照顾和理解到气质之性、生之谓性既可上讲，也可下论，这当然是与伊川重视现实生活中人性的堕落的一面有关。另外，伊川也指出孔子所说的“性相近”实际上即是作为古语古义的“生之谓性”，也即可以上下其讲的气质之性。但孔子“性相近”之说没有问题，而告子“生之谓性”因为只知下而不知上，故有问题也。

综上，伊川在天地之性与气质之性的论题上，能够全面照顾到其中的各种义涵。首先，在伊川的思想中，天地之性蕴含着超越义与生成义。但因为伊川特别重视现实人性（也即气质之性）与天地之性的对比性、似分裂相，因此特别强调天地之性的超越义以对治之。同时，本节指出，虽然伊川特别强调天地之性的超越义，但其实他也提示出天地之性兼有生成义，只是因为伊川强调超越义，而此生成义遂隐而弗彰而已。可见，伊川所理解的天地之性并非只存有而不活动者。其次，伊川对气质之性则作出全面的界说，他为了对治现实人性的问题，因此较之明道更能指出气质之性的可上可下、可通可蔽。从这个背景出发，伊川对孔子“性相近”、告子“生之谓性”作出合理而全面的界说，值得重视。

第四章 工夫篇

伊川特别重视在现实生活中的理与气、心与理、性与情、天地之性与气质之性的不合一性、似分裂相，因此他必定重视通过系统、具体、深入的修养工夫，以对治现实生活中的这种不合一，以使之回复本源的融通性。对此，还是唐君毅先生说得透彻，他指出说："工夫不济，则一切只由超越的反省所见得之形而上之合一，落到现实，仍是与现实不合一。于此不合一，不加以正视，只自退而上观此形而上之心性本体中之一切合一，仍是一未开之宝藏，而对眼前之生活言，即仍是他家之宝。"① 众所周知，伊川修养工夫论的总纲在于"涵养须用敬，进学则在致知"② 两大方面及其相互为用，概括而言就是"主敬涵养"与"格物致知"。而伊川这两方面的工夫论，也并不是他自己的孤明先发、蹊径独辟，而是会通与引申先秦《周易》、《孟子》、《中庸》、《大学》四大文本所含蕴的修养工夫而成。为方便本章内容的展开，现先将这四大文本的相关内容录出。

1.《周易·坤卦·文言》：直其正也，方其义也。君子敬以直内，义以方外，敬义立而德不孤。直方大，不习无不利，则不疑其所行也。③

---

① 唐君毅：《中国哲学原论·原教篇》，第121页。

② 程颢、程颐：《河南程氏遗书》，卷十八，《二程集》，第188页。

③《周易正义》，卷一，《十三经注疏》，第19页。

2.《孟子·公孙丑上》：曰："敢问夫子之不动心，与告子之不动心，可得闻与?""告子曰：'不得于言，勿求于心；不得于心，勿求于气。'不得于心，勿求于气，可；不得于言，勿求于心，不可。夫志，气之帅也；气，体之充也。夫志至焉，气次焉。故曰：持其志，无暴其气。""既曰'志至焉，气次焉'，又曰'持其志无暴其气'者，何也?"曰："志壹则动气，气壹则动志也。今夫蹶者趋者，是气也，而反动其心。""敢问夫子恶乎长?"曰："我知言，我善养吾浩然之气。""敢问何谓浩然之气?"曰："难言也。其为气也，至大、至刚、以直，养而无害，则塞于天地之间。其为气也，配义与道；无是，馁也。是集义所生者，非义袭而取之也。行有不慊于心，则馁矣。我故曰，告子未尝知义，以其外之也。必有事焉而勿正，心勿忘，勿助长也。无若宋人然：宋人有闵其苗之不长而揠之者，芒芒然归。谓其人曰：'今日病矣，予助苗长矣。'其子趋而往视之，苗则槁矣。天下之不助苗长者寡矣。以为无益而舍之者，不耘苗者也；助之长者，揠苗者也。非徒无益，而又害之。""何谓知言?"曰："诐辞知其所蔽，淫辞知其所陷，邪辞知其所离，遁辞知其所穷。生于其心，害于其政；发于其政，害于其事。圣人复起，必从吾言矣!"（笔者按：本段文字依伊川之说断句。）①

3.《礼记·中庸》：喜怒哀乐之未发，谓之中；发而皆中节，谓之和。中也者，天下之大本也；和也者，天下之达道也。致中和，天地位焉，万物育焉。②

4.《礼记·大学》：物有本末，事有终始。知所先后，则近道矣。古之欲明明德于天下者，先治其国；欲治其国者，先齐其家；欲齐其家者，先修其身；欲修其身者，先正其心；欲正其心者，先诚其意；欲诚其意者，先致其知；致知在格物。物格而后知至，知至而后意诚，意诚而后心正，心正而后身修，身修而后家齐，家齐而后国治，国治而后天下平。自天子以至于庶人，壹是皆以修身为本。其本乱而末治者否矣；

① 《孟子正义》，卷三上，《十三经注疏》，第2685—2686页。
② 《礼记正义》，卷五十二，《十三经注疏》，第1625页。

其所厚者薄，而其所薄者厚，未之有也。此谓知本，此谓知之至也。[①]

笔者认为，伊川以至程朱之学的修养工夫论，其具体的展开皆不出上述四大文本。程明道也经常援引上述文本以作点拨，而程伊川则更作出系统的阐述与引申。以此为基础，本章分“主敬涵养”与“格物致知”两节分别作出阐发。前者多属于“敬以直内”之事，后者则多属于“义以方外”之事。

第一节　主敬涵养

在伊川看来，主敬涵养是一个持续性的工夫历程。这个工夫历程的旨趣首在于摄气归理、摄情归性、摄用归体，然后在这基础上让志气、性情、体用、内外得到相互的涵养与充润，最终在现实生活中达至理气合一、性情合一、体用合一、内外合一。在这个大方向下，伊川反复与学生就主敬涵养的具体内容，作出系统深入的辨析。在本节中，笔者总结出主敬涵养工夫的四方面内容：一、持志；二、养气；三、集义；四、境界。

第一，持志。伊川认为，心性修养工夫的关键只在一个“敬”字，可谓至简至易。故谓“切要之道，无如敬以直内”[②]。他认为《周易·坤·文言》就已经揭示出主敬工夫的重要性与关键性。“敬以直内”，此中之“内”指的是人的本心、性体、天理，性理本无内外，但如果要见性复性，则需要内摄的修养工夫，故称为“内”。“直”指的是让性理之蕴遂直、贞正、自然地通达出来。人们如果要实现内直，则需要心之主敬作用，故伊川谓“直言其正也”、“君子

① 《礼记正义》，卷六十，《十三经注疏》，第1673页。

② 程颢、程颐：《河南程氏遗书》，卷十五，《二程集》，第152页。

主敬以直其内”、“敬立而内直”[①]。换言之，心的主敬作用能够让本心、性体、天理之义蕴自然顺遂地通透出来。

那么，如何主敬？伊川会通《周易》与《孟子》，指出主敬之道在于“持志”。在伊川的思想中，人心有体相用三义，简约地说即为体用二义。在本源本真的情况下，人心之体即心体、性体、仁体、天理，人心之用则是感而能通的心之气或气之心。依伊川之见，既然君子主敬以直其内，因此人心之持志自然是要让心志涵持在心体上做工夫，而不主要在心用上做工夫。这才是持志的根本要义。这里的“志”，指的是“心志”。志有二义：一是所向义，一是存主义。心志的所向，如志于道、志于成圣等；同时，心志是有一个方向的，这个方向将要化当然为实然。心志的存主，则指心志自觉地保持着此当然性，以便在合适的情况下顺遂地化当然为实然。伊川在此志之二义中，特别强调存主义。在他看来，先有心志所存所主之物，然后才会有所向所之之事。故伊川谓“心之所存为志”[②]、“志存乎中则自正矣”[③]、“志动者不能安其常也”[④]。而心志之所存所主之物，则是“一”，因此“持志”就是要“主一”。伊川云：“主一者谓之敬。一者谓之诚。主则有意在。”[⑤] 他指出“主一”的“一”就是“诚”。“诚”其实就是心体、性体、仁体、天理，而伊川将之概括为“诚”，是取其真实无妄义。因此，持志主一就是要逐渐而无间地从各个方面端正自己的心思、心意，使之不走作不妄动，然后专心致志，让心思心志自觉、真实、深厚地存有心体或天理的全幅义蕴。而这个工夫在内容上虽然简易，但却需要持久的外内之力，才得以充分落实下来。首先，从自外而内的角度而言，人要做事专一、仪容严整、心意肃

① 程颐：《周易程氏传》，卷一，《二程集》，第712页。
② 程颐：《周易程氏传》，卷四，《二程集》，第999页。
③ 程颐：《周易程氏传》，卷三，《二程集》，第909页。
④ 程颐：《周易程氏传》，卷一，《二程集》，第725页。
⑤ 程颢、程颐：《河南程氏遗书》，卷二十四，《二程集》，第315页。

敬。伊川云："有以一为难见，不可下工夫。如何（原注：一作行。）一者？无他，只是整齐（原注：一作严整。）严肃，则心便一，一则自是无非僻之奸。"① 在开始的阶段，这当然需要心志的着意之力，故谓"主则有意在"、"其始安得不用意？若能（原注：一无此字。）不用意，却是都无事了"②。因此，这自外而内的整齐严肃的着意之力，虽然不是持志主一的自然状态，却是必经之途，故谓"严威俨恪，非敬之道，但致敬须自此人"③。其次，有了自外而内的着意严整之力，心志还需要由内而外的持志之力，也即对于本心或天理保持着存主、涵持、保育之意，并求其一贯与融洽。这样，通过整肃与涵养的内外夹持，"此意但涵养久之，则天理自然明"④。在外，各种邪妄之事得到消除；在内，本心或天理确然得到涵养与存主。由上可见，在伊川看来，持志主一的修养工夫有着真实的妙用。

第二，养气。前文已述，志有存主义与所向义，伊川则特别强调存主义。但其实他并不否认有心志之所向义，只不过在他的理解下，心志首先有真实的所主所存，才会有其无妄的所向所之。这是因为，本心或天理并不是静涵静摄而不活动的存有，而是静中有物、静中有向的冲漠无朕、寂寂惺惺的状态，而经过主敬、持志、主一的工夫，心志已然涵养、存主、保有本心天理，亦即心与理浑然为一；这样的话，心志之所存自然地含蕴着心志之所向，因为心志所存之本心天理是自然有所向的。而在现实的情境中，心志之所向是与"气"的问题内在地关联在一起的。这是因为，有理则必有气，天理流行即是气化流行；同理，本心因为是天理在人心上的体现，因此本心之寂然不动、冲漠无朕之中，必然含蕴着万象森然、流行发用的气机。所以如

① 程颢、程颐：《河南程氏遗书》，卷十五，《二程集》，第150页。
② 程颢、程颐：《河南程氏遗书》，卷十八，《二程集》，第189页。
③ 程颢、程颐：《河南程氏遗书》，卷十五，《二程集》，第170页。
④ 程颢、程颐：《河南程氏遗书》，卷十五，《二程集》，第150页。

果心的持志主一工夫得到落实，那么其所存所主之本心则自然能生发本源本真之气象，此气象能够让本心有真实无妄的所之所向。在这背景下，伊川提出“养气”之说。不过，养气首先需要持志的作用。从消极的角度说，持志能够敦笃心志，以此消除后天虚妄的外气、习气、客气，故谓“人只为气胜志，故多为气所使”、“若是志胜气时，志既一定，更不可易”①、“学者为气所胜、习所夺，只可责志”②；从积极的角度说，持志能够保证浩然之气之生长有着真实深厚的基础，故谓“志为之主，乃能生浩然之气。志至焉，气次焉，自有先后”③。综上，伊川指出，养气要以持志为基础。

但是，我们是否只要持志主一就足够了呢？在伊川看来，这是不够的；而伊川这种观点则继承孟子而来。在本章开头所引第二段引文中，孟子指出，如果仅仅强调持志的作用，强调志对于气的统帅性与基础性，强调告子所说的“不得于心，勿求于气”或者孟子所说的“志至焉，气次焉”，这是可以的，也站得住脚，却是不足够与不完备的。这是因为志虽然是气之统帅，气虽然自心志中长养出来，但当本源本真的浩然之气长养出来之后，气在某种情况下也可以对志构成影响作用，此即孟子所说的“志壹则动气，气壹则动志也。今夫蹶者趋者，是气也，而反动其心”。持志主一当然能够消除习气，收摄客气，生出元气；但在现实生活中，气往往也能影响心志。这种影响可以是正面的，也可以是负面的。负面的影响，便如孟子所说，一个人在突然跌倒或骤然奔跑之时，此人之“气”也很自然会影响心志，让心志突然受到刺激，于是浩然之气的顺遂长养也必受影响。因此，孟子不但强调持志，而且在持志的基础上也强调养气，故谓“持其志，无暴其气”。对于孟子的说法，二程深有理解并作出继承性阐发。

---

① 程颢、程颐：《河南程氏遗书》，卷十八，《二程集》，第 190 页。
② 程颢、程颐：《河南程氏遗书》，卷十五，《二程集》，第 155 页。
③ 程颢、程颐：《河南程氏遗书》，卷十五，《二程集》，第 162 页。

伊川总结说："由乎中而应乎外，制于外所以养其中也。"① "'持其志，无暴其气'，内外交相养也。"②"志顺者气不逆，气顺志将自正。志顺而气正，浩然之气也。然则养浩然之气也，乃在于持其志无暴其气耳。"③ 明道则指出说："诚然矣，志壹则动气。然亦不可不思气壹则动志。非独趋、蹶，药也，酒也，亦是也。然志动气者多，气动志者少。虽气亦能动志，然亦在持其志而已。"④ "志动气者十九，气动志者十一。"⑤ 综上，孟子、二程在志气关系上可以概括为"以志为本的志气交养"论。一方面，心志之所主所之对于气具有根本性和引导性作用；另一方面，气也能构成对志的正负面影响。因此人们应该持志与养气互动，在内持志以保证浩然之气的生成长养，在外管束并疏导自己的视听言动，而不使之陷入偏失。久而久之，浩然之气便得到顺遂的保育、护持、充养、流淌，最终达至气志如神、气志合一的境界。而在接物行事时，伊川是如何展示出具体的管束疏导的养气工夫的？这就涉及孟子所说的"集义"。

第三，集义。孟子注意到，在日常生活中，我们不只有主敬、静坐、涵养，我们还需要面对"必有事焉"的时候。孟子指出，如果必有事焉，那么这也是养气的机会与凭借，这时候就需要"勿正，心勿忘，勿助长"的工夫。在这里，伊川阐发说，在必有事焉之前，人们要有主敬持志的基础。其云："敬其心，乃至不接视听，此学者之事也。始学，岂可不自此去？""'舜孳孳为善'，若未接物，如何为善？只是主于敬，便是为善也。"⑥ 问："'出门如见大宾客，使民如

① 程颐：《四箴》，《河南程氏文集》，卷八，《二程集》，第588页。
② 程颢、程颐：《河南程氏遗书》，卷十八，《二程集》，第206页。
③ 程颢、程颐：《河南程氏遗书》，卷二十五，《二程集》，第321页。
④ 程颢、程颐：《河南程氏遗书》，卷一，《二程集》，第9—10页。
⑤ 程颢、程颐：《河南程氏遗书》，卷十一，《二程集》，第124页。
⑥ 程颢、程颐：《河南程氏遗书》，卷十五，《二程集》，第154、170页。

承大祭。'方其未出门、未使民时，如何？"曰："此'俨若思'之时也。"① 所谓"俨若思"，指的是庄严肃敬而心思灵睿的状态，这是素来主敬所形成的本真状态。从这些引文可见，伊川认为学者在初学的阶位上，宜以主敬涵养为主，在这个阶位中，学者甚至以不接视听、持志主敬为佳。只有经过主敬涵养的切实工夫，学者才能在应事接物中不致丧失身心、扭曲方向。可见，主敬涵养是必有事焉的基础。伊川总结说："有诸中者，必形诸外。惟恐不直内，内直则外必方。"②

不过，主敬涵养只是基础，当学者遇到事物需要应接的时候，就不能只有主敬，而需要集义。《二程遗书》记道："问：必有事焉，当用敬否？曰：敬只是涵养一事。必有事焉，须当集义。只知用敬，不知集义，却是都无事也。""问：敬义何别？曰：敬只是持己之道，义便知有是有非。顺理而行，是为义也。若只守一个敬，不知集义，却是都无事也。且如欲为孝，不成只守着一个孝字？须是知所以为孝之道，所以侍奉当如何，温凊当如何，然后能尽孝道也。"③ 他指出，主敬工夫是就持己而言，其主要的旨趣是要让心志遂直顺适，让浩然之气完养保育，让天理明澈通达。而在应事接物时，事与物皆含蕴着事之理与物之理，这些事与物之理当然也是天理不同方面的体现，而与人心所含蕴的天理本来是相通融贯而成为一理的。但是，事有事之形，物有物之色，心有心之量，如果人们在应事接物上不能超化各种形、色、量所造成的阻隔，那么其结果，是不但不能超化外物外事的形与色，从而自如合理地应事接物，而且也容易让主敬持志所养成的本然之气得不到伸展，其所蕴含的本心之义理不能与事物融洽，最终全真起妄，元气消散，义理遮蔽。因此，人们如果不是圣人，那么就必须集义，也即在应事接物的过程中"集众理"，超化所应接的事之

① 程颢、程颐：《河南程氏遗书》，卷十八，《二程集》，第184页。
② 程颢、程颐：《河南程氏遗书》，卷十八，《二程集》，第185页。
③ 程颢、程颐：《河南程氏遗书》，卷十八，《二程集》，第206页。

形、物之色所造成的表面的限隔，而不使其成为实质的限隔，并最终融会贯通，深切理解到自心之理与事物之理如如相通，天下之理只是一理。在这个状态中，主敬涵养所牵引出来的浩然之气才能伸展并充塞于天地之间。

那么，究竟如何集义才能得其融贯、归于一理呢？伊川阐发孟子之论，并解释孟子“必有事焉而勿正心勿忘勿助长”一句说：“必有事焉，不忘；不要施之重，便不好。”[①]“必有事焉，谓必有所事，是敬也。勿正，正之为言轻，勿忘是敬也。正之之甚，遂至于助长。”[②]这是说，如果遇到事物之来，就视之为平常，不要刻意求成见效；但同时不要忘记它，因为这样又成为废堕，不忘此事，也是心中主敬的缘故。伊川指出，在这个基础上，孟子再作一个下语较重的强调，也即重复“勿正”之说，指出人们不能因为刻意求成见效而心绪焦灼，作出诸如揠苗助长、赶鸭上架这样的事。人就在“勿正”、“勿忘”、“勿助”之间自然地互动，在“事则不无”与“拟心则差”[③]之间顺理而为，最终便能够让事情不疾不徐地得到解决，此事之事理、道理自然也就得到实现，此事之义也就自然内化为浩然之气向外伸展融洽的本源自然之力，从而达至一边做事一边养气的效验。伊川指出，浩然之气的长养与伸展，是一个不断地配义与道的过程，因此事不要不做，义则要不断地集。在这个集义的过程中，浩然之气生成、长养、充润，最终充塞于天地之间。他阐释孟子的话说：“‘集义’是积义，‘所生’如集大成。若累土为山，须是积土乃成山，非是山已成形，乃名为义。”[④]义的不断积累，就是气的不断充养，同时也是天理的不断融洽与通透的过程。

---

① 程颢、程颐：《河南程氏遗书》，卷十五，《二程集》，第154页。
② 程颢、程颐：《河南程氏遗书》，卷十八，《二程集》，第171页。
③ 程颢、程颐：《河南程氏遗书》，卷一，《二程集》，第12页。
④ 程颢、程颐：《河南程氏遗书》，卷十五，《二程集》，第170页。

第四，境界。伊川认为，当人们经过持志、养气、集义的功夫后，浩然之气将会逐渐长养并通达出来，这时候理与气、心与道乃是逐渐地相融通的，因为此浩然之气本质上就是本心性体自然表现和展示。人在持志、养气、集义的过程中，自心可以自觉到本心、性体、天理之消息义蕴逐渐地通达出来，这种天理通达的如实过程有几个具体的境界。通过这些境界，人们可以验证自己在修养工夫中的阶位，从而可以作自我的省思与提升。我们综合伊川相应的提点，概括出四方面境界：一、自然；二、虚中；三、充盈；四、直方大或至大至刚以直。首先说自然。伊川体会并指出，如果人们真正做到持志、养气、集义，那么久而久之将会有涣然冰释、怡然理顺、不徐不疾的自然从容气象。天理实有诸己之人，其平日涵养以至待人接物，都不迫切、不紧迫，但也不废怠、不麻木。这是因为天理气化流行本身就是自然从容的。伊川故云："志道恳切，固是诚意；若迫切不中理，则反为不诚。盖实理中自有缓急，不容如是之迫，观天地之化乃可知。"① 又云："习到言语自然缓时，便是气质变也。学至气质变，方是有功。人只是一个习。"② 所谓"习"就是在日常生活中持志养气，最后变化气质，客气习气得到收摄并转化为浩然之气，这样便可以做到言语从容和缓。总言之，"须是涵养久，便得自然"③。当然，从持志主一的工夫，到自然从容的境界，是有一个从生到熟的过程的。开始时心会有着意之力，到最后则浑然融化，达至"忘敬而后无（原注：一作毋。）不敬"④ 之境。另外，这持志养气所达至的"自然"之境，可以涵摄"洒落"气象。伊川后学李延平继承伊川持志养气的工夫，指出持志养气的最终境界是洒落。李延平云："由此持守之

① 程颢、程颐：《河南程氏遗书》，卷二上，《二程集》，第 13 页。
② 程颢、程颐：《河南程氏遗书》，卷十八，《二程集》，第 190 页。
③ 程颢、程颐：《河南程氏遗书》，卷十八，《二程集》，第 208 页。
④ 程颢、程颐：《河南程氏遗书》，卷三，《二程集》，第 66 页。

久，渐渐融释，使之不见有制之于外，持敬之心，理与心为一，庶几洒落尔。”[①] 可见，刊落习气、理气相融、心与理一，这是一种庆快畅然的洒落之境，此境也是主敬持志养气而来，因此也可以视作自然之境的一端。因此，虽然伊川并未如李延平一样强调洒落气象，但其自然境界已然含蕴着此气象，故不得谓伊川不能洒落。他之所以不太强调洒落，而以自然为说，则一方面是因为自然能涵摄洒落，洒落则不能涵摄自然。比如自然除了具有洒落气象之外，同时也具有从容不迫气象，洒落则并未显出此意。另一方面，洒落气象容易让学者不能深切理解到在现实生活中心与理、理与气、性与情之不一的实然情况，不能理解到修养工夫的艰贞性，从而减轻修养工夫的力度与深度。据此，伊川与朱子都不特别提倡洒落气象，但其自然气象却已然含蕴洒落了。

其次说虚中。持志养气的主敬工夫能够让虚妄的习气消除，而让自然、浩然之气逐渐流出，因为浩然之气是本心或天理的透显通达，而本心与天理则又是如如无限无量的，因此浩然之气自然具有无限无量的清明、虚静、澈照之气象，伊川将此气象概括为“虚中”。故谓“有主则虚”[②]、“主于内则外不入，敬便心虚故也”、“有主则虚，无主则实”[③]。在《伊川易传》中，伊川通过对咸卦象辞“以虚受人”的解释，揭示出“虚中”的义蕴，其云：“夫人中虚则能受，实则不能入矣。虚中者，无我也。中无私主，则无感不通。以量容之，择合（原注：一作交。）而受之，非圣人有感必通之道也。”[④] 实际上，正如前文所论，这种“中虚”或“虚中”境界，是本心性体所表现出来的本源本真之相，也即喜怒哀乐之情之未发、心之未感的“在中”

① 李侗著、朱熹编：《延平答问》，《朱子全书》（修订本），第13册，第321页。

② 程颢、程颐：《河南程氏遗书》，卷十五，《二程集》，第144页。

③ 程颢、程颐：《河南程氏遗书》，卷十五，《二程集》，第144、154、165页。

④ 程颐：《周易程氏传》，卷三，《二程集》，第856页。

之蕴。因此二程说："敬而无失，便是'喜怒哀乐未发之谓中'也。敬不可谓之中，但敬而无失，即所以中也。"① 这里需要说明一点，即伊川所说的主敬，无论是在偏于动态的做事中，还是在偏于静态的静坐中，都可以主敬涵养。因此伊川强调敬贯动静，故"不用静字，只用敬字"②。但是，人们如果要达至"在中"、"虚中"的清明虚静状态，则静坐以持志涵养是一个相当合适同时也不可缺少的法门，虽然主敬工夫是通贯动静的。伊川自己也特别偏爱"瞑目而坐"、"暇日静坐"，他也赞同并倡导学生静坐，故门人记道："伊川每见人静坐，便叹其善学。"③ 在伊川看来，静坐并不是要如禅宗末流一样走向身心如枯木死灰的境地，而是要在静中体会出未发的在中、虚中状态，这个状态同时也蕴含着浩然之气自然流出的幾微之蕴。而伊川之后，通过静坐以体会未发之在中、虚中状态者，真可谓蔚然成风。例如李延平向朱子回忆其师罗从彦（1072—1135，字仲素）说："某曩时从罗先生学问，终日相对静坐，只说文字，未尝及一杂语。先生极好静坐，某时未有知，退入室中，亦只静坐而已。先生令静中看喜怒哀乐未发之谓中，未发时作何气象。此意不唯于进学有力，兼亦是涵养之要。"④ 罗仲素、李延平的静坐涵养以体会未发的工夫，无疑是从伊川的工夫论中继承下来；而其所体会出来的未发在中、虚中的气象，乃是本心性体所表现出来的原初之气，这是没有疑问的。

其次说充盈。在自然、虚中之外，伊川还特别重视主敬工夫所带出来的"充"、"盈"气象。所谓"充"，是指浩然之气自中心形之于外。此气自然地积累盈满于中，则必然形显于外，让外表不断地得到滋润长养。孟子特别善于形容浩然之气的这种充盈、充润气象，他指

---

① 程颢、程颐：《河南程氏遗书》，卷二上，《二程集》，第44页。
② 程颢、程颐：《河南程氏遗书》，卷十八，《二程集》，第189页。
③ 程颢、程颐：《河南程氏外书》，卷十二，《二程集》，第429、430、432页。
④ 宋·李侗著、朱熹编：《延平答问》，《朱子全书》（修订本），第13册，第322页。

出："气，体之充也。"孟子指出，持志养气所养出的浩然之气，乃自本心表显流出，并不断扩充开来，最终充盈并滋润人的整个身体、四体。孟子对持志养气所达至的这种充盈气象颇有体会，并极善形容。他指出"凡有四端于我者，知皆扩而充之矣，若火之始然，泉之始达"①、"盈科而后进"②、"充实之谓美，充实而有光辉之谓大"③、"君子所性，仁义礼智根于心。其生色也，睟然见于面，盎于背，施于四体，四体不言而喻"④。孟子明确指出，浩然之气之充盈充润，其实就是仁义礼智之本心所生所充之形色气象。伊川的主敬工夫论继承了孟子之说，并且也同样重视持志养气过程中"充"的效果与境界。其云："须是涵养久，则气充。"⑤ 又云："夫充与不充，皆在我而已。"⑥ 在他看来，本心自然地能够生出浩然之气，但这只是当然之事，而要令此当然化为实然，则需要持志养气的工夫，使之自然充盈出来。因此充与不充，就在乎人的主体能否自觉。《伊川易传》中最强调"充"的作用，其云："夫人中正意诚，乃能极中正之道，而充实光辉。""所谓含章，谓其含蕴（原注：一无蕴字。）中正之德也。德充实，则成章而有辉光。"⑦"诚信充实于内，若物之盈满于缶中也。"⑧"谦德充积于中，故发于外，见于声音颜色，故曰鸣谦。"⑨伊川工夫论中"充"的哲学与境界，体现出浩然之气的养成具有根本性、动态性、不息性、生成性，自主性，这从侧面上体现出伊川的道德工夫论并非牟先生所说的"他律道德"之可形容者。

---

① 《孟子·公孙丑上》，《孟子注疏》，卷三下，《十三经注疏》，第 2691 页。
② 《孟子·离娄下》，《孟子注疏》，卷八上，《十三经注疏》，第 2727 页。
③ 《孟子·尽心下》，《孟子注疏》，卷十四上，《十三经注疏》，第 2775 页。
④ 《孟子·尽心上》，《孟子注疏》，卷十三上，《十三经注疏》，第 2766 页。
⑤ 程颢、程颐：《河南程氏遗书》，卷十八，《二程集》，第 190 页。
⑥ 程颢、程颐：《河南程氏遗书》，卷二十五，《二程集》，第 321 页。
⑦ 程颐：《周易程氏传》，卷三，《二程集》，第 923、928 页。
⑧ 程颐：《周易程氏传》，卷一，《二程集》，第 740 页。
⑨ 程颐：《周易程氏传》，卷二，《二程集》，第 775 页。

最后说直方大或至大至刚以直。在伊川看来，主敬工夫所生成的浩然之气，其自然、虚中、充盈之气象，最终皆可概括为《周易》坤卦六二的“直方大”或者孟子所说的“至大至刚以直”的气象中。伊川经过自己体会，指出《周易》和《孟子》两个系统所说的都是圣人完养性体、“从容中道”① 所呈现出来的同一气象。因此他将孟子养气章中“其为气也至大至刚以直养而无害”一句，断为“其为气也：至大、至刚、以直，养而无害”。这样断句则恰好将孟子所说的“大”、“刚”、“直”与坤卦六二的“直”、“方”、“大”互相发明。在这基础上，他解释说：“直、方、大，孟子所谓至大至刚以直也。在坤体，故以方易刚，犹贞加牝马也。言气，则先大。大，气之体也。于坤，则先直方，由直方而大也。”②“至大、至刚、以直，此三者不可阙一，阙一便不是浩然之气。如《坤》所谓‘直方大’是也。但《坤》卦不可言刚，言刚则害坤体。然孔子于《文言》又曰：‘《坤》至柔而动也刚。’方即刚也。”③“坤道至柔，而其动则刚；坤体至静，而其德则方。动刚故应乾不违，德方故生物有常。”④ 总言之，在伊川看来，持志养气所养成的浩然之气，其大，说的是本心所生发流淌出来气象如如无量，因为天理本体便是个无尽藏；其刚或方，说的是浩然之气所本具的健动性、有常性、贞正性；其直，说的是浩然之气的直遂性、顺畅性。伊川还指出，直方大或至大至刚以直的气象，是持志养气工夫所达至的终极、自然之境，这是气之体自然如此，而不是用这个气象来做持志养气的工夫，但这个气象可以验证人们自身是否养成此气，此气是否实有诸己。

本节通过“持志”、“养气”、“集义”、“境界”四方面内容，疏

---

① 程颐：《周易程氏传》，卷一，《二程集》，第708页。
② 程颐：《周易程氏传》，卷一，《二程集》，第708页。
③ 程颢、程颐：《河南程氏遗书》，卷十九，《二程集》，第252页。
④ 程颐：《周易程氏传》，卷一，《二程集》，第711页。

解了伊川“涵养须用敬”即主敬工夫的具体环节。总的来说，主敬工夫的首要内容在于持志。持志就是主一，心之持志主一的作用能够让本心有所主有所存。另外，主敬工夫的次要内容则在养气。持志工夫能够保育涵持本心，而本心不仅有存主义，而且有所向义，在持志工夫的保育下，本心自然会表现并流淌出真实的浩然之气。但在现实情境中，我们也需要做外在的管束工夫如非礼勿视听言动等，以保养此气，使之自然顺遂地扩充，这就是养气的工夫。养气是持志工夫的保持。持志养气，一内一外，内外交养，是伊川主敬工夫的关键内容，也是他对孟子工夫论的顺理阐发。另外，伊川还继承孟子“集义”之说，指出无事时主敬，有事时则应集义，以使得浩然之气得到进一步的伸展与充塞。最后，伊川还通过“自然”、“虚中”、“充盈”、“直方大或至大至刚以直”四大方面内容，展示出主敬涵养工夫所达至的具体境界。这些境界都体现出伊川主敬工夫之所造，确然能够让本心、性体、天理之蕴透露通达出来。

牟宗三先生在《心体与性体》中，对伊川的主敬居敬工夫论证得相当少。牟先生并未充分让伊川修养工夫论的环节及其境界呈现出来，但却下了一个很绝对的判断。其云：“涵养是涵养那‘经验地直内’之经验的敬心也，不是如孟子之言存养，是存养那先天的道德本心也。”“此是后天的敬心说，不是从先天的本心说，仍达不到孟子的程度。虽表面上有迫近之貌似，而本质上仍不同。盖其道德力量既无必然的强度性，亦无普遍的稳固性，此则不可不知也。”① 笔者认为，前述伊川主敬工夫的四方面境界与气象，实可证明伊川的主敬并不全在后天的经验之心，且也通于本心性体。只有这样才会生出自然、虚中、充盈、直方大的浩然之气。只有伊川切实理解并体会到浩然之气是自本心性体自然流出，才会善于形容出此气象之本身所涵具

① 牟宗三：《心体与性体》，中册，第322、324页。

的自然、虚中、充盈、直方大之气象。如果诚如牟先生所言，伊川所理解之理、性是静态而不活动的存有，他所理解的心则只是后天的经验之心、心理学之心的话，那么便难以解释伊川所展示出来的诸种气象是从哪里扩发出来的。特别是充盈与直方大二义，其明显地具有本体性的意味，这并不是经验之心、心理学之心所可能概括的。因此牟先生在伊川工夫论上作出如此的判语，如果不是有根本上的误判，则至少是不谨慎的。实际上，伊川自己也相当强调孟子所说的浩然之气“配义与道”的性质。他指出“道，体也；义，用也，就事上便言义”、“配义与道，谓以义理养成此气，合义与道。方其未养，则气自是气、义自是义。及其养成浩然之气，则气与义合矣。本不可言合，为未养时言也”[①]。道即心体、性体、天理、天道；义则天理、天道在事上的体现。人们如果养成浩然之气，则是气与道、气与义为一体圆融的关系，气之流行即是道义之流行。这样的气，并不是静摄的存有所可实现出来的，更不是后天经验之心所可养成的。

第二节　格物致知

除主敬涵养工夫外，伊川还提出格物致知的工夫，合起来就是“涵养须用敬，进学则在致知”。伊川所提出的主敬、格物二工夫及其关系，后来被朱子所完全继承，并给整个宋明理学以深远影响。在这一节中，我们集中疏解伊川的格物致知论，其思想渊源及其所涵具的某些问题。

上一节已经梳理了伊川以《周易》“敬以直内”、“义以方外”二语为基础，继承并阐发了孟子的“持志养气”与“集义养气”二说，

---

① 程颢、程颐：《河南程氏遗书》，卷十八，《二程集》，第206页。

而其中通过“主敬”工夫将此二说融贯起来。另外，伊川在此基础上，还深入理解到“集义”是一个无尽的过程。因为在伊川的理学思想中，天理流行是一个各正性命、各赋其理的过程，因此事事物物皆有理。而同时，虽然事事物物皆有理，但各自的理皆可归于本源的一理。这就是伊川所总结出来的“理一而分殊”[①]之说。从分殊的角度说，天理体现为“性理”、“人理”（“伦理”）、“事理”、“物理”等诸理；从理一的角度说，诸理虽因形、气、量等的作用而形成特殊之理，但其根源则可通于、归于终极的一理。因为有这个背景，所以伊川在系统体会集义工夫的过程中，深切理解到“集义”不但是要集“事理”或“伦理”中之义，而且还要集“物理”之义，同时更要集“性理”之义。只有将各种特殊之理积集起来，达至全体的融贯，才能确然地让浩然之气充塞于天地之间，才能全幅地达至“大而化则已与理一”[②]之境。但是，在孟子的思想中，特别是在其持志养气章中，性理、事理、伦理之义较显，而物理之义较隐。因此，为了理解到诸理的融通性，理解到万理归于一理，伊川并不满足于从《孟子》中寻找思想资源，他充分理解到《礼记·大学》中含蕴着更为系统的集义之说，也即《大学》不但包括了性理、事理、伦理，而且也含有“物理”的义涵，因为《大学》明确提出“格物致知”之说。在宋代理学家中，周濂溪、张横渠、邵康节等皆不特别重视《大学》，到了二程特别是伊川才系统地阐发《大学》的思想。伊川对《大学》的阐发，其意义与影响可谓至深至远；这当中最关键的是他影响了朱子。朱子对《大学》古本的增、删、移、改，以及他对包括《大学》在内的四书系统的深化与诠释，都有着伊川的关键性影响。

可见，伊川是将“集义”与“格物”融合起来而阐发其工夫论

① 程颐：《答杨时论西铭书》，《河南程氏文集》，卷九，《二程集》，第609页。

② 程颢、程颐：《河南程氏遗书》，卷十五，《二程集》，第143页。

的。如果从性质上说，集义与格物都不是“直内”的工夫，都是“方外”的工夫；同时集义与格物在方法与内容上有重叠相通之处。不过，集义主要侧重在养气上，格物则主要侧重在致知上。集义当然可以致知，但主要还是要养气；格物也当然可以养气，但主要还是在致知。那么，涵养与致知必有不同之处。对于涵养与致知的不同，马一浮先生的说法颇值得留意。他指出涵养有如佛家所说的止、定，致知则有如佛家所说的观、慧。前者为即虑而静，后者为即静而虑。伊川涵养与致知兼用，实际上相当于佛家的止观双运、定慧双修。当然，马先生也指出，儒佛义理名相当然有所不同，不可等量而观，但儒佛两者确实可以互观互发。① 由此可见，格物致知是以主敬涵养为基础的，但格物致知则又有其必要性和相对独立性，后者是通过观物、观理、思虑、省察的渐教工夫，逐渐达至对于性理的理解，并最终理解到天下只是一理之流行与展现而已。

那么，伊川对《大学》中的“物理”义究竟是如何理解和阐发的呢？在此我们可以先将他的相关说法录出。

1. 界说格物

格，至也。物，事也。事皆有理，至其理，乃格物也。然致知在所养，养知莫过于“寡欲”二字。②

今人欲致知，须要格物。物不必谓事物然后谓之物也，自一身之中，至万物之理，但理会得多，相次自然豁然有觉处。③

“致知在格物”，非由外铄我也，我固有之也。④

致知，尽知也。穷理格物，便是致知。⑤

① 具体内容参见马一浮：《泰和宜山会语》，《马一浮全集》，第1册，第65—69页。
② 程颢、程颐：《河南程氏外书》，卷二，《二程集》，第365页。
③ 程颢、程颐：《河南程氏遗书》，卷十七，《二程集》，第181页。
④ 程颢、程颐：《河南程氏遗书》，卷二十五，《二程集》，第316页。
⑤ 程颢、程颐：《河南程氏遗书》，卷十五，《二程集》，第171页。

2. 格物之法

但立诚意去格物，其迟速却在人明暗也。明者格物速，暗者格物迟。①

格物穷理，非是要尽穷天下之物，但于一事上穷尽，其他可以类推。至如言孝，其所以为孝者如何，穷理（原注：一无此二字。）如一事上穷不得，且别穷一事，或先其易者，或先其难者，各随人深浅，如千蹊万径，皆可适国，但得一道入得便可。所以能穷者，只为万物皆是一理，至如一物一事，虽小，皆有是理。②

凡一物上有一理，须是穷致其理。穷理亦多端：或读书，讲明义理；或论古今人物，别其是非；或应接事物而处得其当，皆穷理也。③

问：格物是外物，是性分中物？曰：不拘。凡眼前无非是物，物物皆有理。如火之所以热，水之所以寒，至于君臣父子间皆是理。又问：只穷一物，见此一物，还便见得诸理否？曰：须是遍求。虽颜子亦只能闻一知十，若到后来达理了，虽亿万亦可通。④

或问：格物须物物格之，还只格一物而万理皆知？曰：怎生便会该通？若只格一物便通众理，虽颜子亦不敢如此道。须是今日格一件，明日又格一件，积习既多，然后脱然自有贯通处。⑤

3. 格物之序

人之学莫大于知本末终始。致知在格物，则所谓本也，始也；治天下国家，则所谓末也，终也。治天下国家，必本诸身，“其身不正，而能治天下国家者无之”。

自格物而充之，然后可以至圣人。不知格物而先欲意诚、心正、身修者，未有能中于理者。⑥

---

① 程颢、程颐：《河南程氏遗书》，卷二十一下，《二程集》，第277页。
② 程颢、程颐：《河南程氏遗书》，卷十五，《二程集》，第157页。
③ 程颢、程颐：《河南程氏遗书》，卷十八，《二程集》，第188页。
④ 程颢、程颐：《河南程氏遗书》，卷十九，《二程集》，第247页。
⑤ 程颢、程颐：《河南程氏遗书》，卷十八，《二程集》，第188页。
⑥ 上两条并见程颢、程颐：《河南程氏遗书》，卷二十五，《二程集》，第316页。

“致知在格物”，格物之理，不若察之于身，其得尤切。

人要明理，若止一物上明之，亦未济事，须是集众理，然后脱然自有悟处。然于物上理会也得，不理会也得。（原注：且须于学上格物，不可不诣理也。）①

或问：进修之术何先？曰：莫先于正心诚意。诚意在致知，致知在格物。②

问：观物察己，还因见物、反求诸身否？曰：不必如此说。物我一理，才明彼即晓此，合内外之道也。语其大，至天地之高厚；语其小，至一物之所以然，学者皆当理会。又问：致知，先求之四端，如何？曰：求之性情，固是切于身，然一草一木皆有理，须是察。③

4．格物之效

穷至于物理，则渐久后天下之物皆能穷，只是一理。④

格物亦须积累涵养。如始学《诗》者，其始未必善，到悠久须差精。人只是旧人，其见则别。⑤

随事观理，而天下之理得矣。天下之理得，然后可以至于圣人。君子之学，将以反躬而已矣。反躬在致知，致知在格物。⑥

经过上述编排，伊川格物论的系统及其脉络得到了基本的呈现。这里分几个方面对伊川格物说作出考察与阐发。

第一，格物是工夫。《大学》中并没有明确说明“格物”是否修养工夫，但伊川则明确指出格物是修养工夫，而且是在《大学》中最基础、重要、关键的修养工夫。因此，他要界定“格”与“物”。伊川指出，“格”就是“至”。这里的“至”有消极与积极二义。消极义是指物之“来”、物之“至”；甚至是物之“有”，物之“显”，

---

① 上两条并见程颢、程颐：《河南程氏遗书》，卷十七，《二程集》，第175页。
② 程颢、程颐：《河南程氏遗书》，卷十八，《二程集》，第188页。
③ 程颢、程颐：《河南程氏遗书》，卷十八，《二程集》，第193页。
④ 程颢、程颐：《河南程氏遗书》，卷十五，《二程集》，第144页。
⑤ 程颢、程颐：《河南程氏遗书》，卷十五，《二程集》，第164页。
⑥ 程颢、程颐：《河南程氏遗书》，卷二十五，《二程集》，第316页。

因为有些物不一定是自外而来而至之物，而可能是自己的性分中物，就后者而言此“至”是此物“有”与“显”之“至”。积极义是指自心至于此物，然后通其理，合言之就是穷至其理。因为通过格物的工夫，心贯通物理，物理复涵具于心中，于是便形成对此物及物理之“知”，因此格物在本质上说就是明理、致知。格物、明理或穷理、致知，说法有三，其实则一，只是侧重处不同而已。另外，伊川指出，“物”是“事”。他在这里说的“事”，也有宽严二义。从严格的角度说，“事”主要指的是“人事”，如孝敬父母、学诗论史、应事接物等等，因此格物所至之理即是“事理”、“人理”、“伦理”。换言之，格物的效果与孟子所说的“集义”有相通之处。但是，伊川有时候也会将“事”采取较宽泛的解释，宽泛至极，则将“事”理解为天地一切有形无性之物。自心性分中的心、意、性、理也是事与物，自己之一身也是事与物，天地间之一切草木瓦石、宇宙现象皆是事与物。这是因为人在平常生活中不但要迎接人事，而且还安顿自己的身心，观省外在的物理，而且三者有时候也构成错综关系。这样一来，格物便是要遍格一切物，集义便是要遍集一切理。综上，格物作为修养工夫，就是要穷至并贯通以人事为主、同时又不限于人事并推至天地间所有事物之理，从而使得做工夫者集义集众理，最终达至天下之理得、浩然之气充塞于天地之间的境界。

第二，格物有先后。正如前一点所言，物与事有着宽严二义。我们如果从宽的角度理解，那么物与事乃指以日常的人事伦理为主要内容、同时内可通至性分之物而外可通至天地间一切自然之物的工夫所对之境。这样的话，格物其实在根本的意义上说格性分中物，也即理、性、心、意、身等，使得自己理解并贯通“性理”；而其次则是格自身所应对的日常、人事、伦理中的物，使得自己理解并贯通“事理”、“人理”、“伦理”；而最后则是格自己所面对的自然界的大小现象，从天地宇宙到草木微物皆是，使得自己理解并贯通“物理”。而综合这三方面的次序，格物者乃逐渐地将性理、事理、人理、伦理、物理融会贯通，最终豁然理解到天下归于一理，从而超化心、事、身、伦、物之有形有量有限所造成的阻碍，于是天下之理得而无往不利。因此，格物是一个有先后、缓急、轻重、抑扬的系统性与历程性工夫。如果只穷性理而不穷事理伦理，或者只穷性理事理伦理而不穷物理，就是于格物工夫有所“不明”；如果只穷物理而不穷事理伦理，或者只穷事理伦理而不穷性理，就是于格物工夫有所“不备”。“不明”所造成的问题较大，而“不备”所造成的“问题”则较小。因此，伊川虽然强调一草一木这样的微小的自然之理皆有理，皆要格，但他更强调去格自性、自心、自身之物，也即“一身之中”、“性分中物”、“察之于身”之物，而在外物特别是自然之物，则“理会也得，不理会也得”。

第三，格物要遍格。在伊川的思想中，格物虽然有先后、轻重、缓急之别，但也正如前文所提到的，格物最终是要遍格从自心之物直至草木微物的天下一切事一切物，从而得其融贯。如果有一物之理不能贯通，那么就永不能达至圣人不勉而中、不思而得的圆融境界，那么就在人道上始终有遗憾在。因此格物最终是要遍格。在伊川的意思是，遍格天下之物，不是要对于天下任何事物都具有直接的经验，而是说在格物的过程中不断地触类旁通，由此即彼，自彼明此，彼此互动，终至圆融。同时，如果自伊川之说引申开来，因为天理流行无穷无尽，实际上就算到了圣人的圆融境界，也是不废格物之事的，如孔子入太庙问礼之事便是，因为天理的充满也是生生不息的充满，而圣人的圆融也是新新不止的圆融，故格物之事也是圣人之常事。只不过圣人之格物穷理不费气力，而学者的格物穷理尚费气力而已。另外，在伊川看来，格物由先到后、自重至轻、从急及缓的渐至融通周遍的过程，是一个不断积累、不断涵养、不断明理、不断致知的过程，而不可一蹴而就，因为天理气化流行本来就是不疾不堕的。而这个过程所含蕴的，既有集义所生长出来的浩然之气，同时又有致知所通透出来的全体之理，这浩然之气即是天理流行，全体之理表现为浩然之气，从而达至全气是理、全理是气、即理即气的圆满之理境、气境、知境。因此伊川认为格物工夫最终是要理解到天下之物归于一理，其实这也只是大概而论。格物的终极境界既有“理”也有“气”。因此格物可以包含孟子的集义养气之说，但不能反之，因为格物兼有系统地明理致知的功能。这可以说明伊川为何虽然强调集义，但他更喜欢系统地阐发格物之说的原因所在。

第四，伊川格物论与《大学》文本的张力。上述三点内容应是伊川格物致知之说的主要内容。但是，因为伊川是通过对《大学》脉络的阐发来引出其格物致知的工夫论的，因此这里就含有《大学》文本与伊川格物论是否相通融贯的问题。笔者认为，两者并不完全融贯、融洽。首先，《大学》文本中并没有直接指出“格物”甚至“格物致知”是具体的修养工夫，而伊川则特别强调“格”是心灵主体对物对境的主动作用。而伊川的这个强调，以及他对格物工夫的提出与阐发，都被后来的朱子所继承。朱子对伊川此说是深信不疑的。在这个背景下，朱子当然认为《大学》缺漏了对于格物工夫的阐发，因此便有《大学》格物补传中之事。但是如果我们不如伊川一样，强调“格”的主动性、积极性作用的话，那么《大学》格物义便可以是虚而非实者，也即格物不一定是具体的修养工夫，而只是对于一种状态的描述，只有消极性意义而不大有积极性意义。如果是这样的话，《大学》说格物便没有缺简的问题。后世对《大学》格物义众说纷纭，也是从侧面体现出伊川格物论与《大学》文本实构成了某种张力。其次，伊川的工夫论是“主敬涵养”与“格物致知”两行，而以“主敬涵养”为基础。这种工夫论也与《大学》的脉络并不特别的融贯。一方面，按照伊川的解释，《大学》是以“格物致知”为基础、首要的工夫，但伊川自己则是以“主敬涵养”为基础、首要的工夫，据此，《大学》文本自身其实是缺乏“主敬涵养”这一基础、首要的工夫了。而伊川所说的主敬涵养其实也不能放在“小学”中实行，因为主敬涵养也是大人之学、学以成大人之事。另一方面，

《大学》中的“诚意”、“正心”、“修身”之事，也颇有主敬、涵养、集义、养气之意。正如唐君毅先生所说，“伊川之学，一面谓涵养须用敬，一面谓进学在致知。用敬即《大学》之正心诚意之事，致知即《大学》之格物致知之事”①。如果确实如此，那么《大学》的正心诚意反而是格物致知的基础。综上，从上述两个问题可见，伊川的工夫论与《大学》并不特别的融贯。其原因，是伊川的工夫论乃是融通《周易》《中庸》《孟子》《大学》四大文本而来。因此，对于伊川的格物致知之说，我们可以理解为这是伊川对《大学》的创造性诠释，而不一定是《大学》原来的文义与脉络。

① 唐君毅：《中国哲学原论·原教篇》，第124页。

第五章　政道篇

本书将伊川之学诠释成为一个对比而融通的理学思想系统，而这样的系统同样可以体现在伊川的政治哲学思想中。笔者认为，伊川的政治哲学思想主要体现在其《伊川易传》一书中。固然，《程氏易传》中所含蕴的关于天人之道的建设性思考，仍有待充分阐扬；但同时书中所透露出来的政道与治道思想，则对于当代社会同样具有深刻的启发性意义。本章将从这个角度出来，疏通《程氏易传》所论“道”与“政”及其关系。

自古以来，儒家政治思想的核心观念在于“以德为本”、“政道合一”。德指人心所本具的仁德。仁德上本于天道，下通于政事。因此，政治举措的施行不可能不法天道；而以天道为法，则不可能不体会天道生生之意以栽培仁德、敦厚仁心。从《尚书·洪范》的“九畴”、“皇极”[①] 到《论语·为政》的“为政以德”[②]，都体现出“以德为本”、“政道合一”在传统儒家政治思想中居于关键和核心的位置。伊川以弘扬先秦孔孟之道为己任，自然也继承了先秦儒家“以德为本”、“政道合一”的政治思想。不过，在这基础上，伊川因为亲身经历了当时的政治改革和政治斗争，因此对于政治的问题有了延

---

① 参见《尚书正义》，卷十二，《十三经注疏》，第187、189页。

② 参见《论语注疏》，卷二，《十三经注疏》，第2461页。

伸性的思考。他的思考要点在于，我们在以德为本、政道合一、政教合一的基础上，如何恰当地让政治制度建设有一个相对的独立性与必要性？如何让政治制度建设的相对独立性与必要性，不但不损害以德为本、政道合一的基础，而且使之更好地教育德教、参赞天道？而这个问题，则是围绕“道”与“政”的关系展开的。《程氏易传》则隐含着对道与政关系的建设性思考。

笔者认为，《程氏易传》的政治思想包含三个层面的问题，即“治体”、“治法”与“治者”。“治体”关乎政治的方向与基础，《程氏易传》是通过“中”与“正”的关系讨论这个问题的。“治法”关乎政治的法则与举措，《程氏易传》是通过“仁”与“公”的关系讨论这个问题的。“治者”关乎政治的决策者与管理者，《程氏易传》则是通过“德”与“位”的关系讨论这个问题的。这三个层面的内容都涉及道与政的关系。“中”、“仁”、“德”关联于道，“正”、“公”、“位”则关联于政。而总的来说，伊川在这三个层面上的思考是相当一致的，即“中”、“仁”、“德”分别是“正”、“公”、“位”的基础，但“正”、“公”、“位”则有其相对独立性；而通过对“正”、“公”、“位”的相对独立性的培育，最终可更切实地实现“中”与“正”、“仁”与“公”、“德”与“位”的相互滋润、相互成就。换言之，“中”与“正”、“仁”与“公”、“德”与“位”既相互贯通、体用一源，又相互对比、体用有别。就前者而言，伊川保证了“以德为本”、“政道合一”的儒家政治思想的传统；就后者而言，他则又承认政治问题的相对独立性，确立政制、社会、经济、教育、人才等具体建设的必要性；就前后二者的相通性而言，他指出培育具体的政治制度建设等事，有利于深化、善化、回归儒家“以德为本”、“政道合一”的大传统。本章分别对这三个层面的问题作出梳理。

第一节　中与正

“中正”的问题是伊川在《程氏易传》中经常讨论的根本性的问题。中正问题之所以最为根本，是因为这个问题关系到天道与人道的本源。在《周易》中，如果“中正”合言之，指的是无过不及、不偏不倚的状态。如果“中”与“正”分言之，则“中”指的是卦的中位也即二与五两爻（二为内卦中爻、五为外卦中爻），卦的其他爻容易有变数，而二五两爻因为居中位所以容易有较稳定、充分和恒常的发挥；“正”指的是爻的阴阳是当位还是不当位的问题，阴阳当位为正，不当位为不正。同时，中与正合起来具有“德”的义涵，清人李光地《周易折中》说：“刚柔中正不中正之谓德。刚柔各有善不善，时当用刚，则以刚为善也；时当用柔，则以柔为善也。唯中与正，则无有不善者。”① 伊川从《周易》的“中正”问题出发，融合了他对于《尚书》《论语》《易传》《中庸》等经典有关“中正”的论说的体认，发挥出他自己的“中正”观；同时再通过这种“中正”观，反过来对《周易》的“中正”问题作出充实与丰富。总的来说，伊川将“中正”的义涵延伸至天道与人道的问题上去，指出“中”即是“中道”、“天道”、“天理”；② 正则是“人道”的正当而合乎天道的状态。同时，正因为“中正”问题直接关联天道与人道，因此“中正”自然也是政治问题的根本与基础。宋代儒者包括伊川都特别重视对“中正”、“中和”的参悟，他们认为参透了这个问题，天人

---

① 李光地：《御纂周易折中》，《影印文渊阁四库全书》，第38册，台北：台湾商务印书馆2008年版，第35页。

② 伊川谓“中即道也”、“使万物无一失所者，斯天理，中而已”。参见程颢、程颐：《二程集》，第606、1182页。

之道的根本消息自然在其中，同时政治的根本方向、基础、价值也自然得到确认，立国的根本也自然得到客观的维系。那么，伊川在《易传》中对“中”与“正”的关系有怎样的阐发呢？在本书第一章的“中说”一节，我们曾经对此作出了具体的疏解，这里我们主要从政治哲学的角度来作出概括与申发，个别内容与本书第一章的内容有重复。

首先，中者时中。“中”因为是“天道”、“天理”本身，而天道、天理则是变动不居、周流六虚、生生不息的存在与本体，因此“中”具有本源性、时间性、境域性，并非一成不变、有形有体、可执可持者。故“中”为“时中”，君子须随时随处以处中，以达至“时中”之境。反过来说，如果人君不能保民成教，失政失责，那么这一定是因为他不能体取时中之义。因此伊川指出：“中字最难识，须是默识心通。且试言：一厅则中央为中，一家则厅中非中而堂为中，言一国则堂非中而国之中为中，推此类可见矣。”① 故君子体《易》玩《易》，最关键就是提取天道时中之义。他的《〈易传〉序》开篇便说：“易，变易也，随时变易以从道也。”② 天道变易无常，势有消长，气有屈伸，随时而中。君子体此，则应随时变易，知时识势，识势从道，从道得宜，从而也获得时中之义，并以此修身、待人、接物。君子如此，人君、天子更应如此。天命、天道、天理是变易而时中的，如果人君缺乏对于天道时中的戒慎、恐惧、敬畏，不能通过自身修德以配合天道时中，不能通过敬德保民以推行天道时中，那么他的国家、政权、政制必不会长久，同时也必然会被另一个国家、政权、政制所取代。其实，这种观念是先秦儒家一贯的政治观，渊源已久。如《论语·尧曰》便指出尧舜禹之授受相承，是以“天之历数（指时节气运）在尔躬”为要，而躬行的根本则在于“允执

---

① 程颢、程颐：《河南程氏遗书》，卷十八，《二程集》，第214页。
② 程颐：《易传序》，《二程集》，第689页。

其中”。《礼记·中庸》也引用孔子的话说舜是“执其两端，用其中于民”。伊川对传统儒家的这一政治观，当然是全面继承的，这在《程氏易传》中可以深切感受到。同时，他则更进一步，通过对《周易》卦爻象位的阐释而发挥此义，使之具有来源于《周易》的根据。这里可注意之处，在于他以“心”来说“中”。涣卦（䷺）彖：“王假有庙，王乃在中也。”伊川解释说：

> 在中谓求得其中，摄其心之谓也。中者心之象。刚来而不穷（笔者按：九来居二。），柔得位而上同（笔者按：六上居四而巽顺于五。），卦才之义，皆主于中也。王者拯涣之道，在得其中而已。孟子曰：“得其民有道，得其心斯得民矣。”享帝立庙，民心所归从也。①

在伊川看来，“中”虽无形无体，但有可象之理。“中”即“心”之象。因此人君如要“允执其中”、“时中”，则必须对于“心”的义涵有深切的把握。心只是一心，心可为体也可为用，可彻上也可彻下。② 如果通于心之义，那么就能通过“时中”而得民、保民。但这当然是不容易的事，而需要人君作出深入系统的养心、修德的工夫方得以达至。

其次，中重于正。《周易》将“中”与“正”并列而言，但《周易》有时候则强调“中”与“正”具有对比性。《说文》将“中”训为“内也”，将“正”训为“是也”、“从止，一以止”。由此可略见“中”与“正”的关系，颇有“内”与“外”、“隐”与“显”、“无形”与“可守”的意味。另外，在《周易》中，“正”与“贞”是相关联的。“贞”的本意为卜问。段玉裁说：“贞之为问，问于正者，必先正之。”③ 因此由“贞”可引申出“正”，“贞”、“正”相通。伊川根据他对于一卦中诸爻的中正之德的体会，在震卦（䷲）

---

① 程颐：《周易程氏传》，卷四，《二程集》，第1001页。
② 参见程颐：《与吕大临论中书》，《二程集》，第609页。
③ 段玉裁：《说文解字注》，上海：上海古籍出版社1981年版，第127页。

六五中指出说：

> 六五虽以阴居阳，不当位为不正，然以柔居刚，又得中，乃有中德者也。不失中，则不违于正矣，所以中为贵也。诸卦：二五虽不当位，多以中为美；三四虽当位，或以不中为过，中常重于正也。盖中则不违于正，正不必中也。天下之理，莫善于中，于六二、六五可见。①

诸爻在二、五之中位，无论阴阳，都有中德，且都不违正、失正。在三、四之位的爻，即使是其阴阳当位，但因为它们不处中位，所以容易有过咎。因此，“中”包含了“正”，“中”重于“正”，但“正”则不能够包含“中”。换言之，“中”是“正”的基础和根据所在。伊川在《易传》中反复强调“中重于正”这一观点。同时，“中”与“正”又并非纯以爻位而言，“中”因为关联于“天道”，天道是变动不居、周流六虚、六位时成的，因此“中正”的关系可以引申至体用的关系，或者《中庸》所说的“大本”与“达道”的关系。“中”为“体”，“正”为中体之“用”。有体则必有用，有大本则必有达道，因此“中”则必有“正”，“中”重于“正”；有用则不必有体，因此“正”则不必有“中”。体无方，故中无形；用有相，故正有则。在伊川看来，各种个人、家庭、国家、礼乐、刑政上的位置与法则，如果得其宜，则皆属于“正”。但君子与人君则更需要在守“正”、守“则”的基础上，进一步回归“中”，并以“中”充实“正”，达至中正相涵之境，也即伊川常说的“居中得正”②。这也体现出伊川“中重于正”的思想。

最后，守正得中。伊川虽然强调“中”重于“正”，强调“中”中含“正”，但他毕竟承认“中”与“正”的对比性。进而言之，他未尝否认“正”的相对独立性。在未得乎“时中”的圆融之境时，君子必须有正可守、有则可循。只有通过对公正的法则的逐渐熟悉与

① 程颐：《周易程氏传》，卷四，《二程集》，第966页。
② 参见程颐：《周易程氏传》，卷一，《二程集》，第716页。

训练，才能体认到“事事物物上皆天然有个中在那上”[1]，从而达至“正”中显“中”，“中”“正”相融。在政治的领域，承认和重视“正”的独立性，就在于撑开横向的制度性建设，并通过对于公正的制度与治法的确立、培育、持守、遵循，最终让整个政治制度归本并配合天道“时中”之义。从义理的先后本末体用而言，“中”为体而“正”为用；但从现实的施行次序而言，则守“正”然后才能得“中”，因此“为政之始，立法居先”[2]、“大纲不正，万目即紊”[3]。所谓大纲之“正”，就是要“建立纲纪，分正百职，顺天揆事，创制立度，以尽天下之务，治之法也。法者，道之用也”[4]。这里的问题是，为何对于“正”的培育与持守最终可以“得中”呢？在伊川看来，守正可以防邪、闲邪，久而久之，则中道的诚实无妄之蕴自能显现于其中，这就是《乾·文言》所说的“闲邪存其诚”。他在《易传》中特别注重守正闲邪的重要性。他说：“人之所随，得正则远邪，从非则失是，无两从之理。”[5] 又说：“不正而合，未有久而不离者也；合以正道，自无终睽之理。故贤者顺理而安行，智者知幾而固守。”[6] 同时，伊川指出，对于公正的纲纪法度的确立、持守、护育，需要逐渐的努力与时间，不能一蹴而就。他说：“根本须是先培壅，然后可立趋向也。趋向既正，（原注：一作立。）所造有浅深，则由勉与不勉也。”[7] 勤勉正道，久久方戎。正因为公正的纲纪法度的培育需要努力和时间，因此他对“改作”[8] 特别谨慎。他反对朝令夕改

① 程颢、程颐：《河南程氏遗书》，卷十七，《二程集》，第181页。
② 程颐：《周易程氏传》，卷一，《二程集》，第720页。
③ 程颢、程颐：《河南程氏遗书》，卷十五，《二程集》，第159页。
④ 杨时编：《河南程氏粹言》，卷一，《二程集》，第1219页。另伊川在《为家君应诏上英宗皇帝书》中对此有更丰富的论说，参见《二程集》，第519—520页。
⑤ 程颐：《周易程氏传》，卷二，《二程集》，第785页。
⑥ 程颐：《周易程氏传》，卷三，《二程集》，第892页。
⑦ 程颢、程颐：《河南程氏遗书》，卷六，《二程集》，第87页。
⑧ 程颐：《周易程氏传》，卷四，《二程集》，第951页。

与全盘变革，而主张渐进稳固的调整。二程兄弟甚至认为“居今之世，则当安今之法令；治今之世，则当酌古以处时。制度必一切更张而可为也，亦何义乎”①，这或者是因为有感于王安石的激进变法而说，但同时也是伊川对“正”的相对独立性的承认与重视的题中之义。他还通过对鼎卦（䷱）之象的阐释而发挥此义，其云：

> 鼎，大器也，重宝也，故其制作形模，法象尤严。鼎之名正也，古人训方，方实正也。以形言，则耳对植于上，足分峙于下，周圆内外，高卑厚薄，莫不有法而至正，至正然后成安重之象。故鼎者法象之器，卦之为鼎，以其象也。
>
> 木上有火，以木巽火也，烹饪之象，故为鼎。君子观鼎之象，以正位凝命。鼎者法象之器，其形端正，其体安重，取其端正之象，则以正其位，谓正其所居之位。君子所处必正，其小至于席不正不坐，毋跛毋倚。取其安重之象，则凝其命令，安重其命令也。凝，聚止之义，谓安重也。今世俗有凝然之语，以命令而言耳。凡动为皆当安重也。②

个人身心的修养需要敦厚平实，大纲正法的命令与推行也需要凝止安重，这需要时间与努力以谨慎、逐渐地培育出来。而当公正的纲纪法度逐渐稳固和安重后，统治者、决策者和管理者自身则无法完全左右和破坏之。另外，当公正的纲纪法度培育出来同时又有天道时中的导向时，“正”自然地能通于“中”，并达至“由乎中而应乎外，制于外所以养其中”③ 的“中”“正”交养互动的圆融之境。这使得纲纪法度不至于因为它的相对稳定性和相对独立性，从而陷入偏滞、僵化、过时，而最终能够在通于“时中”的过程中调整自身、与时俱进。

---

① 杨时编：《河南程氏粹言》，卷一，《二程集》，第1216—1217页。

② 程颐：《周易程氏传》，卷四，《二程集》，第957、958页。

③ 程颐：《四箴》，《河南程氏文集》，卷八，《二程集》，第588页。

第二节　仁与公

笔者认为，在伊川的思想中，“中”与“正”可以说是提出“治体”，是政治的精神、方向、基础。“仁”与“公”的关系则体现出他对于具体的“治法”的主张。而“治法”则是“治体”的具体体现：天道之“中”体现在人身上则是“仁”，“中”则必有“正”，因此“仁”则必有“公”；“中”通过“正”而逐渐实现，同样地，“仁”也需要通过“公”而逐渐达至。

关于“仁”与“公”的关系问题，伊川有过表述。在《易传》中，“仁”即是乾元之“元”在人身上的体现。他说：“四德之元，犹五常之仁，偏言则一事，专言则包四者。”① 乾道或天道的元、亨、利、贞四德，体现在人性上，即是仁、义、礼、智、信（信运行于四者之中）的五常之性。元可包涵四德，仁则自然能统摄五常之性。同时，乾道或天道之“元”作为天地人物存在的根源，具有开放性与生长性，让善生长出来并化育群生、各正性命，也即《乾·文言》所说的“元者善之长也”。“仁”是“元”的体现，因此“君子体仁足以长人”（《乾·文言》），伊川解释说：“体法于乾之仁，乃为君长之道，足以长人也。体仁，体元也。”② 君子体会乾道、天道之“元”就是体会人性之“仁”。而在这过程中，乾元的至善性、开放性与生长性，让君子自然地能够敦厚己德、推己及人，最终让他人与自我都得到成全与成就，这就是“仁”的体现。而在“仁”的基础上，伊川指出，“仁”的敦厚己德、推己及人的忠恕过程，体现出“公”的义涵，因此可以通过“公”而知“仁”。他说：

① 程颐：《周易程氏传》，卷一，《二程集》，第697页。
② 程颐：《周易程氏传》，卷一，《二程集》，第699页。

仁者，天下之公，善之本也。(《易传》)

天心所以至仁者，惟公尔。人能至公，便是仁。(《外书》)

又问：如何是仁？曰：只是一个公字。学者问仁，则常教他将公字思量。(《遗书》)

先生曰：孔子曰："仁者己欲立而立人，己欲达而达人，能近取譬，可谓仁之方也已。"尝谓孔子之语仁以教人者，唯此为尽，要之不出于公也。(《遗书》)①

在伊川看来，"仁"至为难言，而要形容"仁"的义涵，则"公"字最为接近、恰当、得体。概言之，"公"是"仁"的具体的体现、法则、道理、规模、脉络，即"仁之理"。② 另外，仁是通过尽己之"忠"与推己之"恕"展示出来的。在忠恕的过程中，自己与他人并没有陷入封闭，走向私吝，而是在人我的互感互通中得到双向的充实与丰富。这个过程，自然地具有一个道理在其中。这个道理具有公共性、公平性、共同性，从而也就获得某种相对的稳定性，而不会随着某时某地某人而轻易改变，这个道理就是"公"。伊川在《易传》中说："理者天下之至公，利者众人所同欲。苟公其心，不失其正理，则与众同利，无侵于人，人亦欲与之。若切于好利，蔽于自私，求自益以损于人，则人亦与之力争，故莫肯益之，而有击夺之者矣。"③ 忠恕是仁自然的展示，其中天然地含有公共性、公平性、共同性的天理之公，如果有人不遵守、不依循此天理之公，并将公事封闭为私利，那么必然会受到他人的指责与抗争。总言之，在伊川看来，"公"是"仁"最恰切、具体的体现。

但是，虽然"公"、"仁"相通一贯，但是和"中"与"正"的关系一样，"公"与"仁"两者也有着某种对比性。换言之，"公"

---

① 程颢、程颐：《二程集》，第820、439、285、105页。

② 程颢、程颐：《河南程氏遗书》，卷十五，《二程集》，第153页。

③ 程颐：《周易程氏传》，卷一，《二程集》，第917—918页。

虽然最接近“仁”，但并不等于“仁”本身。伊川说：“仁道难名，惟公近之，非以公便为仁。”① “公只是仁之理，不可将公便唤做仁。（原注：一本有将字。）公而以人体之，故为仁。”② “公”作为公共、公平、共同之理，并不即是“仁”；只有在人们体取、推行公理之事的过程中，让公理之事通于人心、天理之常，这才称作“仁”。因此可以说，一方面“仁”是“公”的基础，“公”是“仁”的体现，两者在本源上是相通的；另一方面“公”相对于“仁”则有其相对的独立性、可守性、可见性、稳定性。君子以“仁”为己任，他自然地会呼唤和要求“公”的实现；同时，通过对“公”的逐渐的培育、持守、发展，则可以更好地落实“仁”，并最终实现“公”与“仁”的相互滋润、交养互动，从而既保障了公共制度和政策的稳定性、纯洁性、公正性，同时又因为有“仁”的栽培和滋润，而不使公共制度和政策的推行陷入僵化或急遽，或成为人们图利泄忿之事。例如，伊川发挥泰卦（☷）九二“包荒”、“用冯河”、“不遐遗”、“朋亡”四义，指出平泰之时的改革，需要注意“自古立法制事，牵于人情，卒不能行者多矣。若夫禁奢侈则害于近戚，限田产则妨于贵家，如此之类，既不能断以大公而必行，则是牵于朋比也。治泰不能朋亡，则为之难矣”，这是说政治经济制度和政策的改革，必须不讲人情，敢得罪人，大公无私，让其稳定性、纯洁性、公正性得到逐渐而彻底的推行落实。但这同时，也需要决策者与执行者有含容仁恪之心，他说：“治之之道，必有包含荒秽之量，则其施为宽裕详密，弊革事理而人安之。若无含弘之度，有忿疾之心，则无深远之虑，有暴扰之患，深弊未去，而近患已生矣，故在包荒也。”③ 包含荒秽之量正是仁心的体现，只有让先难后获、动心忍性的仁恪之心支持和滋润

① 程颢、程颐：《河南程氏遗书》，卷三，《二程集》，第63页。
② 程颢、程颐：《河南程氏遗书》，卷十五，《二程集》，第153页。
③ 程颐：《周易程氏传》，卷一，《二程集》，第755—756页。

改革的推行，“大公无私”方不至于成为“刚愎自用”而走向失败。

伊川在《易传》中特别强调“公”的相对独立性，他也特别重视对“公”的培育、持守、推行。《说文》解“公”作“平分也”，《玉篇》则解为“方平也，正也，通也”。因此“公”就意味着分配的公平性、正确性、恰当性。而公平性的实现，则需要制度的设置作为保障。因此伊川相当重视“公法”的确立与维护，指出公平的治法有利于防范不公之事，同时也可以有助于仁德善俗的养成。这正如前文论“中”与“正”的关系时所说，为政之始，必须先有公正的纲纪法度的确立和推行。在这里，“正”体现为具体的“公法”。伊川在《易传》中对治狱、用兵、教育、民生产业等方面如何确立、维护和推行“公法”都有阐发。其中，他特别强调刑法（诉讼与刑狱）与教育是最重要的两大端。其云：

> 子曰：圣王为治，修刑罚以齐众，明教化以善俗。刑罚立则教化行矣，教化行而刑措矣。虽曰尚德而不尚刑，顾岂偏废哉？①

为治之始，必须以制定和确立公正的法律与刑罚为首务。在他看来，民众容易有欲心、私心、邪心，如果不制定独立公正的刚性的法律和刑罚，而只是借助于仁爱的引导作用，则民众之邪欲难以止除，因此具体的刑讼之道必须先行。他说：“治蒙之初，威之以刑者，所以说去其昏蒙之桎梏，桎梏谓拘束也。”“治蒙之始，立其防限，明其罪罚，正其法也，使之由之，渐至于化也。”② 在《易传》中，他具体地讲述了君子对于诉讼的问题应有怎样的处理态度和方法；而他对于刑狱的各方面内容，如施刑原因、察狱之道、量刑之道、议狱之道等，也都有丰富的阐发。③ 他还指出，君子之所以重视刑讼，其实

① 杨时：《河南程氏粹言》，卷一，《二程集》，第1212页。

② 程颐：《周易程氏传》，卷一，《二程集》，第720—721页。

③ 对于《程氏易传》所论刑讼之道的整理与疏解，参见林益胜：《伊川易传的处世哲学》，台北：台湾商务印书馆1988年版，第194—201页。

是要防民入邪、导民以正，并最终顺乎公心、合乎正理、显乎仁德，体现出刑讼之法的公正性与公共性，故谓“命令政事，顺理则合民心，而民顺从矣”①。另外，民众对于以刑讼为主的法律与刑罚并非短时间可熟悉，因此相关法令并不能急遽推行，而需要一个逐渐稳固的培育和沉淀过程。其云：“夫发政行教，必使民熟于闻听，然后能后，故三令五申之；若骤告未喻，遽责其从，虽严刑以驱之不能也，故当如水之洊习。”② 法令的推行需要稳固的培育和沉淀过程，让民众理解、熟悉和接受训练，这一方面体现出“公法”的相对独立性，另一方面则体现出法令的推行过程是需要“仁”的滋润并实现“仁”与“公”的交养互动，因为太急于求“公”而不顾“仁”，则并非真正的“公”而陷入“私”与“邪”了。伊川说：“人才有意于为公，便是私心。”③

民众在熟悉并接受刑讼之道之后，邪心私欲得到基本的止除，公共心与公正心得到初步的培育，但这仍是不够的，还需要教育、教化的作用以作固本培元之功。这在《易传》中也得到充分发挥。他认为，刑与教两者中，教广于刑，或者说刑可视作教的特殊形态，即寓刑于教。刑的根本在于教。他说：

> 圣人则知所以止之之道，不尚威刑，而修政教，使之有农（原注：一作耕。）桑之业，知廉耻之道，虽赏之不窃矣。故止恶之道，在知其本、得其要而已。④

教育是治法中最根本的环节。在明确教育的根本性之基础上，他强调大众教育的关键所在就是通过君子的礼教，达至厚人伦、养德义、敦风俗的旨趣。而具体的方法除了设置学校、制定规约之外，最

① 程颐：《周易程氏传》，卷四，《二程集》，第994页。
② 程颐：《周易程氏传》，卷二，《二程集》，第845页。
③ 程颢、程颐：《河南程氏遗书》，卷十八，《二程集》，第192页。
④ 程颐：《周易程氏传》，卷二，《二程集》，第831页。

重要的是主教育者乃贤能有德之士。他说："国家养贤，贤者得行其道也。"① 延邀有才而更有德的德才兼备之士主持教育事业，是国家真正视教育作为"公法"即公共性事业的具体体现。同时，与刑法的推行一样，因为教育事业具有相对的独立性和稳定性，所以人伦、德义、风俗的真实成就，也需要渐进的过程。他说："人之进于贤德，必有其渐，习而后能安，非可凌节而遽至也。在己且然，教化之于人，不以渐，其能入乎？移风易俗，非一朝一夕所能成，故善俗必以渐也。"② 教育事业之所以必须渐行渐进，是因为它的健康发展需要"养"（养贤、养民）的作用，伊川因此说："人之顺德，由养以成，既丽于正，当养习以成其顺德也。"③ 对于"养"的强调，其实就意味着教育事业的推行不能没有"仁"作为基础和归宿。不特教育如此，整个国家之治法都应该统摄在"养"的过程中，给所养者恰当、合适的条件和时间，而不轻易、急遽求成。伊川于颐卦（䷚）阐发"养"之义说：

> 天地之道，则养育万物；养育万物之道，正而已矣。圣人则养贤才，与之共天位，使之食天禄，俾施泽于天下，养贤以及万民也，养贤所以养民也。夫天地之中，品物之众，非养则不生。圣人裁成天地之道，辅相天地之宜，以养天下，至于鸟兽草木，皆有养之之政，其道配天地，故夫子推颐之道，赞天地与圣人之功曰："颐之时大矣哉！"④

"养"之道为生之道、仁之道。"养"的治法既使得国家的公共制度和事业保持相对独立性与稳定性，同时也使得"公"与"仁"得到交涵互养，而使"公法"在独立性、稳定性的基础上具有"时中"性，而不至于流为"严刑峻法"。同时，学界对中国传统的政治哲学的研究，缺乏对于"养"等问题的探索，伊川在公共政策与事

① 程颐：《周易程氏传》，卷二，《二程集》，第828页。
② 程颐：《周易程氏传》，卷四，《二程集》，第974页。
③ 程颐：《周易程氏传》，卷二，《二程集》，第850页。
④ 程颐：《周易程氏传》，卷二，《二程集》，第833页。

务的问题上对“养”的强调，可以给当代学界带来许多启发。

第三节　德与位

“德”与“位”的问题也是《程氏易传》中特别重视的问题。在《程氏易传》中，“位”多指一卦中爻的上下高卑贵贱之位，在此，伊川引申出“君臣”关系的问题。五为君位，二、四等为臣位。这样，“位”就涉及统治者、决策者、管理者之间的关系的问题。同时，在他看来，“位”与“德”有着本源的联系，在正常的情况下，“位”的差等性来源于“德”的差等性，有怎样的德性，就有怎样的位置。当然，在现实情况下，“德”与“位”会形成某种张力。那么伊川是怎样从《周易》中思考“德”与“位”的问题的？本节分三方面论述之。

首先，位称其德。正如“中”是“正”的基础、“仁”是“公”的基础一样，伊川也以“德”作为“位”的基础，因此他提出“位各称其德”的命题。其云：

> 古之时，公卿大夫而下，位各称其德，终身居之，得其分也。位未称德，则君举而进之。士修其学，学至而君求之，皆非有预于己也。农工商贾勤其事，而所享有限，故皆有定志而天下之心可一。①

在伊川看来，在正常的情况下，有其德则有其位。德业有高下，其位则应随之有高下。有盛德大业者则宜居高位，此即《中庸》所谓“大德者必得其位”、“大德者必受命”。如果有德者而无其位或处非其位，则在上者应该推举之并让他有恰当的爵位与地位，以配合他的德业。如果天下之人的位分都能称其德，则天下自有定志，从而增强凝聚力，保持稳定性，天下之人安居乐业。这就体现出在伊川的思

---

① 程颐：《周易程氏传》，卷一，《二程集》，第750页。

想中，“德”是“位”的基础，君子最重要的是“修德”而非“存位”。因此他解释《系辞》“谦也者，致恭以存其位者也”一句说：“夫君子履谦，乃其常行，非为保其位而为之也。而言存其位者，盖能致恭所以能存其位，言谦之道如此。”① 君子能保有谦逊之德，就能够具有保有其爵位、位置的基础，但这并不是说君子为了存心保有其位而修谦逊之德。因此，君子即使不在位或无位，也应该言慎行修、明理畜德、守其志节、独洁其身，不能够因为“位”的问题而影响“德”的修省，② 不然的话就是颠倒本末。

其次，守位存德。虽然“德”是“位”的基础和根据，但是“位”与“德”也有其对比性，“位”实际上具有相对的独立性和稳定性。因此，君子不但不能忽视“位”的作用，而且应该在某种程度上承认其积极意义。伊川认为，“位”的积极意义在于“位”是天理、天德、天道所呈现出来的自然脉络。他在《易传》中说：“理必有对待，生生之本也。有上则有下，有此则有彼，有质则有文，一不独立，二则为文。非知道者，孰能识之?”③ 上下、尊卑、高低、彼此的“序”、“位”、“分”都是天理、天德之“节文”，都有其合理性、积极性和相对独立性。④ 因此君子处其位，则首先需要循序、守位、尽分。让自身之“序”、“位”“分”得到妥当而有序的固守、持循、善化，并在这个过程中逐渐让“德”与“位”得到交养互动，从而达至守位以存德。放在君臣关系上说，“位”实际上就是“职责”、“职分”。君有君的职责，臣有臣的职责；君应尽君之位，臣应守臣之位。就臣位而言，臣无论是处于二还是四的位置上，其相对于

---

① 程颐：《周易程氏传》，卷二，《二程集》，第776页。

② 参见程颐：《周易程氏传》，卷二，《二程集》，第802、793页。

③ 程颐：《周易程氏传》，卷一，《二程集》，第808页。

④ 按：伊川在其《易传》中特别重视《序卦传》，并融入序卦以解《易》，其根据即在此。

君都是居下位的，因此臣的守位之法应是“尽职自守”、“含晦其美”。所谓“尽职自守”，就是谨慎言行并充分履行恪守自己的职责，安于所处，幽静安恬，贞固自守，而不能躁动、急促、匆遽地汲汲以上求，以求见信于君，这种做法会陷入不安于位、不能守位的境地，因此也就不能通过守位以存德，最终结果就很可能是德之失、道之否、君子之退为小人。① 所谓“含晦其美”，就是说君臣的关系天然地具有上与下、主与从的关系，因此下不能凌上、从不能代主，而必须让自己的尽职之功归之于上，并含藏自己的潜力、好处、才华。他说：“为臣之道，当含晦其章美，有善则归之于君，乃可常而得正。上无忌恶之心，下得柔顺之道也。”② 他因此在《易传》中批评王安石认为鲁祀周公以天子之礼乐，是因为周公能为人臣不能为之功故可用人臣不能用之礼乐的说法，认为鲁国的做法本来就是非礼，并指出无论周公的功业怎么大，其实都是尽其为臣之位分而已，其之所以能有此功业，也是“皆君所与而职当为也”。③ 当然，为臣含晦其美，并不意味着全然含藏而终不为，如果有合适的机遇时节，则是能够有所作为而为君尽忠的。这其实也是守位以存德的体现。

就君而言，君因为处于至尊至上之位，而位愈高则要求愈高，因此处于君位，必须有更高更谨慎的要求。这些要求可概括为“必有其位”、“安民厚本”、“修德受命”、“威如孚信”。所谓“必有其位”，是说君必有确实的君位，如果没有君位，则不成为君。他发挥旅卦（䷷）六五一爻之义说：“五，君位，人君无旅，旅则失位，故不取君义。”④ 他并指出在“五”的位上，以阳刚居尊位（即九五）则多为最恰当者。其云：“以阳刚居尊位，称其位矣，为有其位矣，

① 参见程颐：《周易程氏传》，卷一、卷三，《二程集》，第734、751、875页。
② 程颐：《周易程氏传》，卷一，《二程集》，第709页。
③ 程颐：《周易程氏传》，卷一，《二程集》，第734页。
④ 程颐：《周易程氏传》，卷四，《二程集》，第992页。

得中正之道，无过咎也。”① 所谓“安民厚本”，是说在君之位，其职责是对天下万民负责。没有在下的民众，也就没有在上的君主，因此如要守其正位，则需要存安民之心、行养民之道，从而保民而王、敦厚其本。他说：“下者，上之本，未有基本固而能剥者也。故上之剥必自下，下剥则上危矣。为人上者，知理之如是，则安养人民，以厚其本，乃所以安其居也。”② 所谓“修德受命”，是指既然人君居最中正之位，因此天下对于人君的“德”的要求就更高。处人君之位，如果要尽其分位，则必须通过修德的工夫，让自身“上顺天命，下应人心，顺乎天而应乎人也”、“王者之兴，受命于天”③。“上顺天命”就是通过修德工夫通于天道、天理，让自己的德性全幅是天道、天理的流行；“下应人心”就是人君这全幅的德性即通于全体民众的德性，与民同患，保民而王，最终通过至德而通贯天人。④ 而在实际上，君主或为气质柔暗之人，自身很难尽其分位，这就需要忠臣、贤士、严师的教育、提携、辅助，才能共同弥补这个缺憾，而亦可在客观上达至顺天应人的效验。所谓“威如孚信”，就是说人君之位是凝

---

① 程颐：《周易程氏传》，卷三，《二程集》，第934页。按：余英时先生认为“伊川理想中的君主只是一个以德居位而任贤德象征性元首；通过‘无为而治’的观念，他所向往的其实是重建一种虚君制度，一切‘行道’之事都在贤士大夫之手”。（余英时：《宋明理学与政治文化》，长春：吉林出版集团有限责任公司2008年版，第141页）笔者认为，此说推论太过。通观《程氏易传》一书，可以看到在伊川的思想中，君位其实并不“虚”，因此伊川以行道之事皆应属士大夫之说也并不确切。我们只能说《程氏易传》认为君臣各有分位。伊川关于君臣分位的这种思想与后来黄宗羲在《明夷待访录》中对秦汉以后君主制的严厉批判尚有所不同。

② 程颐：《周易程氏传》，卷二，《二程集》，第814页。

③ 程颐：《周易程氏传》，卷四，《二程集》，第952页。

④ 按余英时先生又认为伊川论君臣关系根本没提“天命”之说，君民关系从实际的需要出发、并通过具体的契约实现。通过上述引文，我们知道这个说法也不确切。实际上在伊川看来，如果人君没有修德顺天的基础，就不能尽人君之分位；只不过伊川同时也承认实际上人君也会与常人一样，不一定能够做到这一点，而需要大臣贤士的辅助和教育作为弥补。参见余英时：《宋明理学与政治文化》，第145页。

重稳固的大位，人君守其位，则必须对于天地人物孚诚守信，同时也必须在仪表气象上整饬严格，有威严之态，才能使得下不犯上、以德服众。综合上述四点，我们可知作为君主，其职责和分位具有严格的要求，其位不能虚，其德不能空，其保民之心与养民之道不能无。

综上，在伊川看来，君臣皆各有其位，君臣如要达至“君君”、“臣臣”，则必须各守己分，各尽其责，慎于言行，思不出位。因此，“位”与“正”、“公”一样，也具有相对的独立性与稳定性，足以让处其位者，疏通并明确自身在政治领域中的界限与分际。如将这界限与分际更加以具体化，则可以推出自己应该享有的权利、履行的义务、运用的权力。当然，又因为“位”以“德”为本，因此虽然“位”具有相对性，但“守位”的旨趣是“存德”，也即做到“位”与“德”的交养互动，从而达至守位存德。而正因为“位”中有“德”，所以君子虽然守位安分以体现“位”的相对独立性，但他也不会为“位”所囿固，而知时而行、随时得中。

最后，君臣关系。伊川除了阐发君臣之“德”与“位”的内容外，他还特别重视君臣关系的问题，也即君位与臣位的关系。总的来说，伊川理想的君臣关系，是既能体现出制衡原则又能体现出沟通原则的关系。因为君臣各有其相对独立之“位”，因此君臣之间实可相互制衡；因为君臣各自之“位”皆通于“德”，“德”是天道之“中”与人心之“仁”的体现，“德”具有感通性，因此君臣之间实可相互沟通。君臣之间既有其分，又得其通，这是伊川理想的君臣政治关系。这里，我们可略做具体阐发。自君臣的制衡原则来说，伊川特别强调君主招邀贤士的立场、态度、做法。他指出：“虽屈己求贤，若其德不正，贤者不屑也，故必含蓄章美，内积至诚，则有陨自天矣，犹云自天而降，言必得之也。自古人君至诚降屈，以中正之道，求天下之贤，未有不遇者也。”“人之相遇，由降屈以相从，和顺以相接，故能合也。”① 因为贤士作为在下守位者，必定是个安守素分、不轻上求之人，如果在上者不能屈己下求、尊贤重士，则守位之贤士必不会与之相应。这就体现出君臣之间有其分际性以至制衡性，臣服务于君的前提是君对臣谦下相求、礼敬以待，否则臣对于君的义务将有解除的可能。而自君臣的沟通原则说，伊川指出良好的君臣关系，需要君臣忠诚相感、相感以正、同心协力、上下相助。君臣至诚感通、互动相交，其效果是臣能畜止君之邪心邪欲，令其归于善正，君则能得臣相助，获安民厚本之功。因此总言之，在伊川看来，最佳的君臣关系，是“德”与“位”交养互动的关系。

本章分别从“治体”、“治法”、“治者”三方面疏通《程氏易传》中“道”与“政”的关系。总的来说，在伊川思想中，“道”是“政”的基础，因此“中”、“仁”、“德”是“正”、“公”、“位”的基础，但是在“中”、“仁”、“德”自身的要求之下，“正”、“公”、“位”有其相对的独立性与稳定性，通过对于“正”、“公”、“位”的相对独立性与稳定性的逐渐培育，加之有“中”、“仁”、“德”的基础作为统摄，承认和培育“正”、“公”、“位”的相对独立性，不但不与“中”、“仁”、“德”相分离，而且可以达至“中”与“正”、“仁”与“公”、“德”与“位”的互动交养，并在这过程中回归“中”、“仁”、“德”。而伊川的这种政治思想，则又是与其理学思想联系在一起的。由于这并非本章所要处理的问题，今从略。

伊川的这种政道关系观，当然具有当代性的价值，并可以为当今中国乃至人类社会建设民主化的过程提供某些思想资源。《程氏易传》对于公众教育的重视，对于公共之法的强调，对于制衡性原则的肯定，对于沟通性原则的体认等等内容，都与当今民主政治的理念与原则有异曲同工之妙。而另一方面，《程氏易传》的政治理想给我

① 程颐：《周易程氏传》，卷三，《二程集》，第928页。

们带来许多建设性的启示。如果延伸伊川的思考，我们或可认为当代民主政治的健康开展，是在保持政治架构的相对独立性的基础上，德性与政治相互涵养的过程。

附录一 论张载哲学思想中的“感通”问题

摘要：“感通”在张载哲学思想中具有重要的地位，但学界对于张载哲学思想的研究，往往忽略了感通的问题。本文通过感通与天道、感通与心性、感通与体用三大方面内容，展示出感通在张载哲学思想中的关键性作用，并由此还原张载哲学思想中的动态性、过程性和脉络性，澄清了理解张子之学的一些困难，如虚与气、体与用、天地之性与气质之性、德性之知与见闻之知的关系问题等，并揭示出在感通的视野下，张载哲学思想所具有的当代性意义。

关键词：张载；感通；天道；心性；体用相涵

在宋明理学的研究中，张载（1020—1077）研究是一个很特殊的领域。张载研究之所以特殊，是因为张载哲学思想的特殊性。张载哲学思想一方面与周敦颐、二程的理学有密切的内在关联；而另一方面则又有其自身的系统、思路和问题意识。研究宋明理学者（包括二程本人）往往重视前者而忽略后者，也即通过程朱理学的问题、视野、架构来考察张载哲学，因此容易造成或多或少的误解，从而也影响到后世对张子之学的界说与定位。笔者认为，如果我们要对张载哲学思想作出恰当合理的研究与定位，首先需要剥离后世学者如二程、朱熹、王夫之等人的解读思路，并让张载的著作、文本的意义得到充分呈现。其次则需要发掘张载思想中未被充分注意却相当关键的概念，以还原与展示出张载哲学思想的脉络。例如，我们对张载哲学中的天、道、气、性、心、知等概念有着充分的疏解与分析，但这些疏解与分析往往流于孤立和静态。然而张载哲学特别强调天、道、气、性、心、知等内容的动态性、历程性以及相互关联性。而这些概念与内容之间之所以能够相互构成一个动态的历程，则是因为张载哲学特别强调"感通"的论题。学界对于张载的感通问题的研究尚不深入系统，这无疑也影响到我们对张载哲学思想的理解与定位。①

在这个背景下，本文的任务是以张载哲学思想中的感通论题为线索和关键，通过感通而将张载哲学中天、道、气、性、心、知等基本概念结合起来，展示出张载思想所蕴含的动态性、历程性，从而让我们对张子之学有更深入的理解与定位。本文将分三部分展开，首先着眼张载的天道论，揭示感通与天道的内在关联；其次概述张载的心性论，阐释感通在心、性、知等论题上的关键性作用；最后总结张载的体用观，疏导出在感通视野的背景下，张载体用观的真实义涵及其当代性意义。当然，上述这些工作尚是张载哲学及其感通问题研究上的基础性工作，希望这个基础性工作能引发更深入系统的研究，起到抛砖引玉之效。

一　感通与天道

理学的早期创立者（如周敦颐、邵雍、张载等）的运思，都着重从天道的问题开始，然后再从天道而引申到人道。但从二程开始，

---

① 目前学界对张载"感通"说的相关研究，参见唐君毅：《中国哲学原论·原教篇》，北京：中国社会科学出版社2006年版，第45—76页；唐君毅：《中国哲学原论·原性篇》，香港：新亚研究所1968年版，第325—334页；杨立华：《气本与神化：张载哲学述论》，北京：北京大学出版社2008年版，第90—104页。上述研究中，唐君毅先生的论述甚值得重视，本文的许多观点是受到唐先生的启发而形成的。

这种思路被倒转过来。二程并不首先从天道立论，而直接指出人道蕴含天道，尽人道即达天道。通观张载的思想，我们很容易知道张载还是属于理学早期的人物。因此研究和论述张载思想，宜自其天道论开始着眼。而下面两段文本是张载对于天道的重要表述：

神，天德；化，天道。德，其体；道，其用，一于气而已。①

由太虚，有天之名；由气化，有道之名；合虚与气，有性之名；合性与知觉，有心之名。②

张载哲学思想的殊胜之处在于其气论。而张载气论的展开，实际上是天道与人道及其关系的展开。而在其天道论中，“天”与“道”虽然相互融通，但“天”、“道”二者是各自相对独立的两个概念，有时候不可含混。而在张载哲学思想中，与“天”相应的概念为“虚”、“神”、“体”、“一”，与“道”相应的概念为“气”、“化”、“用”、“两”。我们先疏解张载关于“天”的论述。天的首要义是其“虚”的特质，因此他特别地以“太虚”（张载另有“太和”、“虚空”、“太极”等与之义涵相通而用处有别的概念）论天。所谓“由太虚，有天之名”。“太虚”是他自铸的语词。他之所以要用这个词，一方面是要通过“太虚”将儒家与佛道的“空”、“无”之说，在言辞与实义上都作出区别，在实义上，前者蕴含生化性、功能性，后者则只有境界性、作用性；③ 他另一方面的目的则要揭示出天的虚寂、周遍、无形、无碍、无限的义蕴。作为天的太虚是虚寂无形的，而万事万物都本于天，那么，无形的太虚是如何能生成和实现出有形的万物的呢？张载指出，太虚之所以能生成、生化，在于太虚蕴含有阴阳感通的潜能与作用。其云：

太和所谓道，中涵浮沉、升降、动静相感之性，是生絪缊、相荡、

① 张载：《正蒙·神化篇》，《张载集》，北京：中华书局1978年版，第15页。
② 张载：《正蒙·太和篇》，《张载集》，第9页。
③ 参见唐君毅：《中国哲学原论·原性篇》，第331—332页。

胜负、屈伸之始。①

太虚无形，气之本体，其聚其散，变化之客形尔；至静无感，性之渊源，有识有知，物交之客感尔。客感客形与无感无形，惟尽性者一之。②

感而后有通，不有两则无一。故圣人以刚柔立本，乾坤毁则无以见易。③

气本之虚则湛一无形，感而生则聚而有象。④

太虚者，气之体。气有阴阳，屈伸相感之无穷，故神之应也无穷；其散无数，故神之应也无数。虽无穷，其实湛然；虽无数，其实一而已。⑤

上述这几段话展示出太虚生成天地万象的结构与机理。天之太虚并非什么也没有，而是蕴含着阴阳、动静、聚散之性。就其性质而言，这两两相对的阴阳、动静、聚散之性之间，既存在着对比性、差异性的关系，又存在着融通性、一体性的关系。因为天之太虚蕴含上述关系，所以太虚具有神妙、幾微、不测的特征，故虚即“神”。同时，太虚所蕴含的对比性（两）与融通性（一）的存神状态，会培育出感通的活动。根据张载的思想，感的生起来源于对比性，而感之所以能通，则在于对比性中含有融通性。合言之，感通就是贯通对比性与融通性的动态性、中间性过程。⑥ 无形的太虚通过其阴阳之性的感通作用，从而源源不断地生发出有形的气化之道。因此张载论天道，是以虚（天）——感通——气（道）的动态性结构与脉络展示

① 张载：《正蒙·太和篇》，《张载集》，第7页。
② 张载：《正蒙·太和篇》，《张载集》，第7页。
③ 张载：《正蒙·太和篇》，《张载集》，第9页。
④ 张载：《正蒙·太和篇》，《张载集》，第10页。
⑤ 张载：《正蒙·乾称篇》，《张载集》，第66页。
⑥ 张载说：“感即合也，咸也。以万物本一，故一能合异；以其能合异，故谓之感；若非有异则无合。天性：乾坤、阴阳也。二端故有感，本一故能合。”见张载：《正蒙·乾称篇》，《张载集》，第63页。

出来的。

通过这个结构与脉络，我们可以对张载哲学思想作出若干延伸性的理解。本文主要指出下述两点内容。首先，是虚与气的关系问题。虚生发并展示为气，这是一个虚气感通的过程。感通之所以可能，在于对比性与融通性的交互作用。虚与气正是既有对比性又有融通性的关系。虚是虚寂无形者，气是流动有形者，这是虚气的对比性关系；虚通过自身的感通展示为气，气的本体即是虚，这是虚气的融通性关系。据此，就虚气的融通性关系而言，张载指出“虚空即气”、“太虚即气”、[①]“太虚之气”[②]，并鲜明地批判割裂本体与现象的虚气二分倾向以及与此相关的虚能生气的宇宙阶段论。而就虚气的对比性关系而言，张载实际上提示出虚相对于气的优先性、根源性、首要性，虚是气之体，气是虚之用。此即张载所谓“德其体，道其用”。总之，在对比性的意义上，虚与气不能视作同层并列的概念。虚对比气来说要根本和纯善一些；气对比虚来说则要后起一些，气是“客形”而非“主体”。因此张载指出“地，物也；天，神也。物无逾神之理，顾有地斯有天，若其配然尔”[③]、“天所性者通极于道，气之昏明不足以蔽之”[④]、“虚者天地之祖，天地从虚中来”、[⑤]“凡不形以上者，皆谓之道，惟是有无相接与形不形处知之为难。须知气从此首，盖为气能一有无，无则气自然生，气之生即是道、是易”[⑥]。可见，张载对于虚气的对比性与融通性两义皆有充分的体认和发挥。不过，在张载的文本中，虚气的融通性关系较显朗，而其对比性关系则较隐

① 张载：《正蒙·太和篇》，《张载集》，第8页。
② 张载：《横渠易说·系辞下》，《张载集》，第231页。
③ 张载：《正蒙·参两篇》，《张载集》，第11页。
④ 张载：《正蒙·诚明篇》，《张载集》，第21页。
⑤ 张载：《语录下》，《张载集》，第326页。
⑥ 张载：《横渠易说·系辞上》，《张载集》，第207页。

晦，致使后世学者容易误解认为张载论虚气只有融通义而没有对比义。[①] 其次，是虚、感、气的过程中的先后状态问题。在张载的思想中，感通是虚生发并展现出气的从体起用的动态性过程。那么在这个过程中，虚是感通之前、之先（此处不探讨这个先与前是否物理性时间的先与前）的状态，气是感通之后的状态。就虚气的融通性关系而言，这两个状态当然不是各自独立的两个阶段。但就虚气的对比性关系而言，这两个状态的性质和义涵是不同的。虚的状态是“至静无感”、“湛一无形”。如前所述，这个状态体现出虚相对于气的优先性与本源性。而虚的感通作用成就出气化流行之道，气的状态则是阴阳互宅、动静互根、聚散互交、出入互摄的动态性过程，这个状态则体现出虚与气的相即性、互动性、互摄性。气化流行的阴、静、聚、入的一面为虚神，气化流行的阳、动、散、出的一面为气化，从而共同成就出一阴一阳的气化感通流行之道。因此总言之，在虚、感、气的动态过程中，虚的无形无感状态体现出虚气的对比性关系，体现出虚对于气的根本性与优先性；而气的有形感通状态则体现出虚气的融通性关系，体现出虚与气的相即性、互动性、互摄性。

综上，本文展示出张载文本中的天道论具有虚（天）——感通——气（道）的动态性结构与脉络。在张载的思想中，感通之所以可能，是因为有对比（两）与融通（一）。因此，虚与气也具有对比性与融通性。而通过感通的过程的考察，本文指出，在无感无形的太虚状态下，虚与气具有对比性，虚相对于气具有根本性、优先性；在有感有形的气化状态下，虚与气是互动与融通的动态过程。因此，通过考察张载哲学中的感通论题，我们理清了张载天道论的基本环节。

---

① 笔者按：二程特别是程颐所论理气的关系，也与张载虚气关系论一样，都强调理气的对比义与融通义。但程颐与张载相反，程颐侧重在理气的对比义上，显出理相对于气的根源性与统摄性，而对于理气融通性的发挥则较隐。

二　感通与心性

张载的人道论是他的天道论的自然延伸，两者息息相关。他的天道论主要探讨虚、气以及虚、气的关系问题，他的人道论则主要探讨性、心以及性与心的关系问题。现在首先讨论“性”的问题。在张载看来，性有人性，也有物性，但无论是人性还是物性，都源于天、虚、神。换言之，性根本上就是天、虚、神在人或物上的体现而已。因为就对比性而言，天、虚、神相对于道、气、化具有优先性与根本性，因此性就其本源上说、就其通于太虚的意义上说是“通乎气之外”①、“通极于无”② 的。这种通于虚、无的性的状态，体现出作为渊源意义的性不同于作为可形可见之气的性。前者称作“天地之性”，后者则称作“气质之性”。③ 天地之性是人与物未形未象之先的性，体现出至静无感、湛一无形的特质。

然而，性的天、虚、神的状态又并不是与气割裂开来的。因为太虚蕴含阴阳、动静、聚散等两两相对之性，因此天地之性也蕴含着阴阳、动静、聚散之理，只不过这些道理尚未展示为有形有象的气质而已。同时，当天道气化各正性命、生育人物之时，人与物皆进入成形成象的过程中。而这个过程实即天地之性感而遂通的过程。天地之性之所以能感，是因为性中蕴含阴阳、动静、聚散之理的对比，以及性与气、性与形的对比；性之感之所以能通，是因为阴阳、动静、聚散之理具有融通性，即合为一性。因此，在人物赋形的过程中，天地之性体现出阴阳动静两端之感通、流行、气化的特质，而不再是至静无感、至虚存神的状态，此张载所谓“性其总，合两也”、“物所不能

① 张载：《正蒙·诚明篇》，《张载集》，第21页。
② 张载：《正蒙·乾称篇》，《张载集》，第64页。
③ 参见张载：《正蒙·诚明篇》，《张载集》，第23页。

无感者谓性”①、“有无虚实通为一物者，性也”、“天性：乾坤阴阳也，二端故有感，本一故能合”、“感者性之神，性者感之体”、“惟屈伸、动静、终始之能一也，故所以妙万物而谓之神，通万物而谓之道，体万物而谓之性”②。天地之性的这种感通流行赋形过程，就是太虚气化流行之道在人与物上的体现。太虚气化流行表现为虚与气的相即、互动、互摄，因此天地之性的感通赋形就表现为天地之性与气质之性的相即、互动、互摄。所以，人在有形有身之后，不会没有天地之性，也不会没有气质之性；人不能去除天地之性，也不能消灭气质之性。但是，人在有形有身之后，气质之性人各殊异、千差万别，有昏明、通蔽、厚薄、偏正之不同；同时，人在后天的生活中，也会因为“习相远”的作用使得气质之性更加走向偏蔽，成为人欲之蔽。这种气质之性乃至人欲的偏蔽状态，实际上可以说是天地之性与气质之性的互动感通流行机制自身受到阻碍的结果。这个时候，人就应该自觉到这种偏蔽状态，并通过切实的修养工夫，让天性与气质重新得到良性的互动与交养。具体地说，这种修养功夫，就是不再陷入偏蔽的气质之性中去，而是反本溯源，返归到根源性的天地之性，并通过保有、持存天地之性，而让气质之性在天地之性的照摄之下得到调整与善化，并与天地之性顺畅无碍地感通交养。因此，在修养工夫的过程中，天地之性是第一位、第一义的；气质之性是第二位、第二义的。因此张载说：“形而后有气质之性，善反之，则天地之性存焉。故气质之性，君子有弗性者焉。”又说：“德不胜气，性命于气；德胜其气，性命于德。”③ 通过修养工夫，人性通过“性善”（天地之性）、“善恶混”（气质之性与天地之性的感通受阻）而到达“成性”

---

① 张载：《正蒙·诚明篇》，《张载集》，第 22 页。

② 张载：《正蒙·乾称篇》，《张载集》，第 63—64 页。

③ 张载：《正蒙·诚明篇》，《张载集》，第 23 页。

（气质之性与天地之性顺畅感通互动）的境界。[①] 综合上述内容，表示如下：

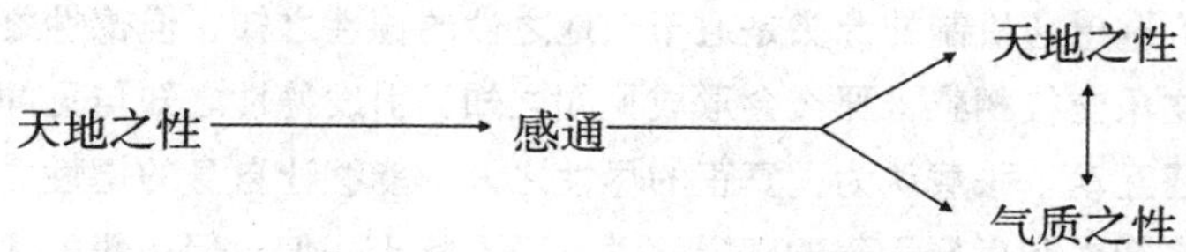

这个性的流行过程，与张载天道论中虚（天）——感通——气（道）的动态结构其实是相一致的。另外，从性的整体的结构来说，天地之性是天之太虚的体现，气质之性则是道之气化的体现。因此在张载看来，“合虚与气，有性之名”。

另外，张载对于心以及心性关系，也有丰富深入的揭示。关于心的义涵与结构，张载指出“合性与知觉，有心之名”。心是依性而有的，性通过其与象、物的互动交感的综合性作用，逐渐形成知觉，性与知觉统合起来即称作心。因此，将心推溯至其本源，其实即是至静无感之性也即天地之性。天地之性通于太虚，是太虚在人身上的体现。人有知觉，其最根本的状态就是知通于太虚天德，通于天地之性。张载将之称作“德性所（之）知”、“天德良知”、“诚明所知”[②]。知通于虚，这样的知是虚无之知，因此德性所知即是“无知”。无知则能够无所不知，因为天地万象并归于太虚天德。[③] 同时，因为知是人之知，人有形有身，所以有心象、物我、内外、天人的对比，而心象、物我、内外、天人在其本源上则又是相通合一的（都是

---

① 张载说：“性未成则善恶混，故亹亹而继善者斯为善矣。恶尽去则善因以成，故舍曰善而曰‘成之者性也。’”张载：《正蒙·诚明篇》，《张载集》，第 23 页。另参见唐君毅：《中国哲学原论·原教篇》，北京：中国社会科学出版社 2006 年版，第 75 页。

② 张载：《正蒙·诚明篇》，《张载集》，第 20、24 页。

③ 张载说：“无知者，以其无不知也；若言有知，则有所不知也。惟其无知，故能竭两端，《易》所谓‘寂然不动，感而遂通’也。无知则神矣，苟能知此，则于神为近。”张载：《横渠易说·系辞上》，《张载集》，第 200 页。

太虚的体现)，加之太虚天德或天地之性作为心的本源，其中蕴含着感通之理，因此人心在与物象的交接的过程中，必然会引生出感通的机制。这感通机制的源头是通于天地之性的德性之知，但德性之知一旦与物象交接相感，那么会形成见闻之知，引发德性之知与见闻之知的感通互动。张载认为，真正的尽性之人，能够让自身的德性之知与见闻之知得到良好无碍的感通互动，而不陷于一偏。但一般的人则容易粘贴并执着在“客感客形”的物象中过日子，埋没在见闻之知中而不知有德性之知；佛道二宗则反过来，厌弃闻见之知，而只求通于“无感无形”的虚空境界。张载指出，“客感客形与无感无形，惟尽性者一之”①，儒家孔子思想的特质就在于能够本源地统合德性之知与闻见之知，而让两种知觉得到良性的感通互动。表示如下：

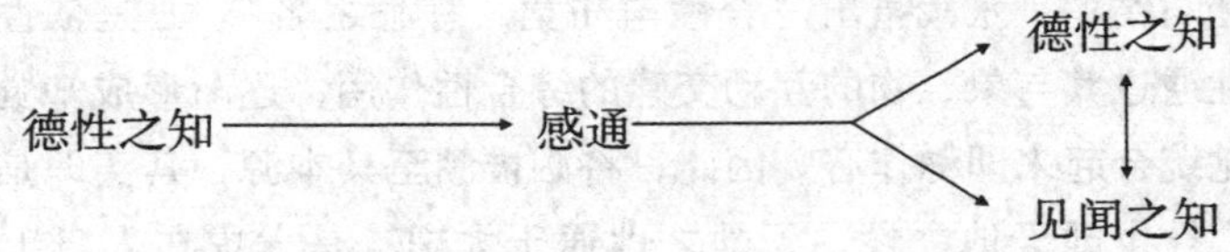

显而易见，张载关于心与知觉的论述，是与他的天道论与性论相一致的。另外，在此基础上，张载特别描述了常人容易陷入见闻之知的根据与过程。他说：“由象识心，徇象丧心。知象者心，存象之心，亦象而已，谓之心可乎？”②“由象识心”是说心与物象交接互动的过程中，心通过与物象的交接而自觉到自身的存在。王夫之由此举了一个例子，即孟子所说的人们通过自己乍见孺子将入于井这个“象”，而生起恻隐之心，并最终自觉到本然之善心的存在。③“徇象丧心”是说人心容易意向并执着物象，使得心为此物象所同化，并沿物象而生起种种欲望以遮蔽此心。因此，象对于心来说具有两种作用：要么

---

① 张载：《正蒙·太和篇》，《张载集》，第7页。
② 张载：《正蒙·大心篇》，《张载集》，第24页。
③ 王夫之：《张子正蒙注》，北京：中华书局1975年版，第123页。

引发心与象的顺畅的感通互动，并使得心知获得自觉自知自省的能力；要么让心附着于象并阻碍心象的感通互动，最终为象所化。但无论象具有何种作用，其实都源于心本身具有这两种能力。前一种能力造就出德性之知与见闻之知的良性感通互动，后一种能力则使得人们在形成见闻之知的基础上执着并封闭于见闻之中，从而使得德性之知与见闻之知的感通互动受阻。

那么，应该如何让粘滞于见闻之知的负面情况得到改变？在张载看来，这仍需心的作用。他指出，“世人之心，止于闻见之狭”，而要超化闻见之狭，则应该“大其心”，“大其心则能体天下之物”。①所谓“大其心”就是开发心量、展拓心力，不要被有限的见闻之知所封囿，并让心遍运于无限。同时他认为，心之有知，是“合内外”的结果。见闻之知由心与象的内外之合所形成，而德性之知则由心与象之本即太虚的内外之合所形成。物象有限，而太虚无限；物象有形，而太虚无形。因此大其心就是要化除心与象的内外之合的过程中所形成的执着与固蔽，并让心运化于无形无限的太虚之中，让通于太虚的德性之知涵摄和融化（而非摒弃和消除）见闻之知，而不让见闻物象桎梏人心，从而在德性之知的遍运照摄之下保持见闻之知与德性之知的顺畅的感通互动，最终通过尽心的力量达至知性知天、穷理尽性的效验。

综上，与其天道论相通，张载的心性论也与感通相关联，并充满着对比性与融通性。在感通之“先”，人性与心知都体现为通于太虚、无感无形的天地之性与德性之知。因此天地之性相对于气质之性、德性之知相对于见闻之知来说具有首要性和优先性。但同时，通过后起的感通的作用，天地之性与气质之性、德性之知与见闻之知得到了顺畅的互动与融通。而当天地之性与气质之性、德性之知与见闻

---

① 张载：《正蒙·大心篇》，《张载集》，第24页。

之知的相互感通的机制受到阻碍时，人们应该通过提撕、显豁出具有首要性和优先性的天地之性与德性之知，并通过天地之性与德性之知的照摄作用，回复并保持天地之性与气质之性、德性之知与见闻之知的良性的感通互动。可见，感通的论题在张载的心性论的内容中，也具有关键性的地位。通过对这个感通机制的疏解与探明，张载的心性论得到更为丰富与动态的展示。

三　感通与体用

张载上述关于天与道、虚与气、神与化、天地之性与气质之性、德性之知与见闻之知的论题及其关系，其实都具有对比性与融通性。就对比性而言，天相对于道、虚相对于气、神相对于化、天地之性相对于气质之性、德性之知相对于见闻之知具有首先性与优先性；就融通性而言，通过感通的作用，天道、虚气、神化、天地之性与气质之性、德性之知与见闻之知是相互感通、融摄、滋润的关系。

其实，上述论题及其关系，可通过“体用”关系作出概括。[①] 因此，在张载的思想中，体与用既存在着对比性，又存在着相涵相通性。笔者认为，张载的这种体用观能够涵摄并调适宋明理学以来的不同的体用观。

首先，就宋明理学的整体思想取向（并非全部）而言，宋明理学的主流强调的是体用的对比性，也即体相对于用的优先性。受到佛

① 按：体用是中国传统哲学使用最广范的概念之一。讨论体用概念及体用问题，其优点在于这个概念与问题有简易性、深入性、概括性、涵摄性，其缺点则在它容易流于笼统与宽泛。笔者认为，在研究宋明理学及其当代性意义时，体用问题仍有研究、讨论和应用的必要。在研究和讨论过程中，我们只要界定清楚所讨论的体用是何种意义上的体用时，则可避免其缺点而发挥其优点。本文所讨论的体用，接近于“本体”（体）与“现象”或“功能”（用）的关系。参见郭齐勇：《熊十力哲学研究》，北京：人民出版社2011年版，第42页。

学的刺激，宋明理学家指出“明体”、“见性”的根本性作用，而对于“致用”方面的思考则力有未逮。在这大背景下，宋明儒者在性情的论题上强调性的根本性，在理气的论题上强调理的根源性，在身心的论题上强调心首出性。笔者认为，这是正确而合理的取向，因为只有强调心、性、理的本源性与本体性，才能先立其大，树立根本，提示方向，界定规模；才能有理、有力、有体。不过，宋明理学家大多过分地强调强调心、性、理的基础性地位，而相对地忽略了身、情、气的作用，这表明宋明理学尚处于“未完成态”或“待完成态”，还有待进一步的演进与发展，用张载的话表示，就是“敦厚而不化，有体而无用也”①。

其次，宋明之后的儒者特别是清代儒者，由于时代变化以及思想内部演进等各种原因，儒学内部的思想取向发生变化，即有些学者不再坚持宋明理学以“心”、“性”、“理”为本的取向，而主张以“身”、“情”、“气”作为基本视野进行思考。换言之，就是在体用中特别强调“用”的作用，甚至进一步将“用”视作“体”。这当中以王夫之最为典型。王氏指斥佛老以及宋明理学中陆王一系“有体无用”、“舍用言体”的思想取向，而特别强调“用”的重要性与根本性。他说：“《中庸》一部书，大纲在用上说，即有言体者，亦用之体也。乃至言天，亦言天之用；即言天体，亦天用之体。”② 同时，他还提出了“体用相依”、“体用互涵”、“体用相需、交与为体”的“体用相涵”说。③ 总言之，王夫之特别批判了宋明以来“以体为本”的思考方向，提出“大纲在用”、“体用互涵”的命题，强调体与用的融通互动性。王夫之的这种体用交融互动的思想来源于张载，但他

---

① 张载：《正蒙·神化篇》，《张载集》，第18页。

② 王夫之：《读四书大全说》，卷三，长沙：岳麓书社1982年版，第529页。

③ 参见葛荣晋：《中国哲学范畴通论》，北京：首都师范大学出版社2001年版，第323—325页。

对于张载的“太虚本体”之说，则未有继承，甚至有所扬弃。换言之，王夫之是继承了张载体用的融通性关系的一面，而淡化了体用的对比性关系，略去了体相对于用的优先性的一面。

再次，现代新儒学对于宋明理学与王夫之思想的这种张力有着某种程度的自觉。这当中要数熊十力最有苦心孤诣之思。熊十力提出“见体”之说，同时又力主“体用不二”。前者强调的是体用的对比性，以及体对于用的根本性、首出性与优先性，后者则强调体用的融通性。前后结合，体现出熊十力对于宋明理学与王夫之思想的综合与会通的用心。可惜的是，熊十力的这种综合会通工作并不十分成功。这体现在他在体与用的关系上摇摆不定，通观熊十力的思想历程，可以说他是在“摄用归体”与“称体起用”的矛盾中思考。① 他有时强调“体”的根本性，有时则又强调“用”的根本性，在某种程度上打破了体与用的良性、平衡的关系。熊十力之所以在综合会通上述两大思想典范的过程中出现困难，是因为他没有通过一个具有内在联系、思理一致的机制与视野对之作出融摄。

笔者认为，如果我们具体考察宋明理学内部各派，就会发现虽然宋明理学在整体上耽于明体而略于致用，其实理学内部也隐藏着某种体用互动、明体致用之思。张载的体用观就包含着这样的系统性的展示。一方面，张载强调“明体”的重要性，他将太虚以及与太虚相通的天地之性、德性之知作为“体”，而将气化以及与气化相通的气质之性、见闻之知作为“用”，显豁出体与用的对比性关系，强调体相对于用的根本性。这与宋明理学的整体取向是一致的。另一方面，他指出太虚、天地之性、德性之知蕴含着引发感通的机制，感通的机制一打开，太虚与气化、天地之性与气质之性、德性之知与见闻之知就会相互感通、融会、滋润。因此通过感通的通畅机制，体与用的关

---

① 参见郭齐勇：《熊十力哲学研究》，第65—74页。

系则体现为相互融通的特征，这与王夫之的“体用相涵”说有相通之处，毕竟王夫之此说是对张载思想中的一方面的引申与发展。而再一方面，在体用相涵、相感、互动的过程中，体用的感通互动机制往往受到阻碍，这时候则需要重新显豁出体与用的对比性关系，在“体”的提撕与引领下，让体用的感通互动回复顺畅。综上言之，张载通过对感通机制的体认，展示出具有内在的结构与脉络的体用观。这种体用观可以说是“以体为本的体用相涵”说。“以体为本”体现出体用的对比性、体相对于用的首出性与优先性，“体用相涵”体现出通过感通机制所激活后的体与用的动态的交涵性与融通性。

笔者认为，“以体为本的体用相涵”说能够融会宋明理学、王夫之以至熊十力等的体用论，并弥补、扬弃各自的不足与偏蔽之处。这种体用论具有现实的价值和意义。[①] 举科技为例，现当代社会是科技挂帅的社会，科技的发展给人类带来许多福祉，但同时科技的发展得不到人文与之相互感通、相互滋润，则容易走向封闭与独断。张载一方面不废见闻之知，另一方面提出在德性之知的提撕与照摄下让德性之知与见闻之知得到良性的感通互动，这思想无疑能够给当今的科技社会带来指导性意义。当然，要具体地通过张载的思考，深入至科技文明的内部作出考察并提出建设性思考，则是另一个问题，本文只是提出一个大纲而已。

四　余论

本文主要通过感通的论题和线索，重新探析张载哲学思想的基本

① 笔者认为，“以体为本的体用相涵”的思想，不但在张载气学中可见，而且在二程、朱熹的理学中也可以疏通出来。不过，程朱与张载的侧重点略有不同。程朱强调体与用的对比性，同时更强调对体用关系的结构的具体展示；张载则强调体与用的融通性，以及强调体用感通、互动过程中的动态性。

环节和脉络。本文的主要观点，是通过对张载哲学中的天与道、虚与气、心与象、体与用、天命之性与气质之性、德性之知与闻见之知等两两成对的论题的考察，揭示出这些两两成对的论题的双方，都相互具有对比性与融通性关系。就对比性关系而言，天、虚、心、体、天命之性、德性之知相对于另一方，具有根本性、首出性和优先性；而就融通性关系而言，双方事实上又具有着互动互涵的动态性关系。而每一论题的双方之所以能由对比走向融通，就在于感通机制的关键性作用。因此，通过展示出张载思想中所蕴含的感通机制，张载哲学思想中上述各种论题之间的内在关系得到了更恰切的呈现，张子之学的动态性和历程性也得到了更丰富的揭示。

“感通”的论题是中国哲学的一个重要论题。疏解和探明感通的机制，展示感通机制的“间性”、“际性”及其运作过程，能够阐发出中国哲学中关于体用、性情、天人、理气、有无、心物等重要问题的真实面相，还原这些问题所含有的丰富的动态性脉络，澄清这些问题的某些难点，同时也更好地体现出中国哲学的当代性意义和价值。在当代中西社会，情与理、天与人、身与心、自我与他者等的关系很容易受到扭曲和遮蔽，导致封闭、冲突、矛盾等负面后果，究其根本，就是双方之间或多元内容之间的感通机制受到阻碍所致。因此，当今学界应该充分重视和系统研究感通的问题。不过，感通的论题易涉笼统，因为它含有多个面向，而且感通的各个面向经常构成复杂的互动关系，因此要对感通问题作出系统而切实的研究，还需要努力。就笔者目前所见而言，古今学者和思想家中，对感通问题有系统深入的阐发的要数唐君毅先生。唐先生的晚年巨著《生命存在与心灵境界》就是以“感通”为线索展示感通机制在知识论、形上学等方面的基础性地位的。另外，唐先生还系统地通过感通论题阐释中西哲学史。因此，研究感通问题，不能不消化唐先生的工作和贡献。当然，在笔者看来，唐先生的工作还未能涵盖和穷尽感通问题的所有脉络，而且他在感通问题上的思想取向和处理方式也未必完全合理，这体现出我们对于感通问题的研究还有待推进。而本文的工作则是感通研究的一个具体展开，希望能为张载思想研究与感通问题研究带来双向的探明。

附录二　程颐性理说新论

摘要：程颐的理学思想一直是宋明理学研究的重点，不过对于程颐理学的关键问题（如理、性、心等）的理解与定位，学界仍存在相当大的差异。在相关的研究中，牟宗三先生对于程颐的解读尤为显眼。本文通过展示程颐理学中“理的境域性”、“心的三向度”、“性的生成性”三方面内容，提供与牟先生观点不同的新思考。

关键词：程颐；理；心；性

程颐（程伊川）之学对于宋明理学特别是程朱理学的发展起到了奠基性的作用。当代学界对于程颐思想的研究也相当丰富深入。在这些研究当中，牟宗三先生（1909—1995）的研究显得十分独特，其影响也相当深远。他别树一帜，将二程兄弟（程颢、程颐）拆解开来，指出程颢（程明道）的理学思想属于“一本”的系统，而程颐及其继承者朱熹则属于“分解”的系统。前者主张心、性、理、神是一，理既是本体论的存有，又是宇宙论的活动，是“即存有即活动”的本体宇宙论的实体。后者则将心视为气，由此使得心与理（性）分而为二，由于心理、理气二分，理逐渐被理解成为静态而不活动者，因此是“只存有而不活动”的本体论的实体。二程兄弟由此被分家了。

本文的任务，将一方面在新的角度上整体考察程颐理、心、性之说，另方面在此基础上顺带辨析牟先生的某些关键性判断，从而试图提出对于程颐性理说的重新理解。

一　理的境域性

学界对于程颐的理的研究，一般是从其语录中选取相关语句进行分析与判别，这固然值得肯定；然而我们也可以从程颐思想的整体取向作为基础视野作出研究。牟宗三先生可谓两种方法兼用之。他明确指出程颐理学的主旨在于格物论，并以其所理解的程颐格物论为中心，选取程颐语录中相关文字证成程颐的理是静态的只存有而不活动的理。其实，程颐思想的主旨并不全在格物论，程氏一生致力于对《周易》思想的体会与阐发，因此要研究程颐的理，首要的方法应自其易学思想出发，并结合其语录作出展示与诠释。

程颐关于理的论述是从其易学思想中延伸出来的。《周易》经传的一个重要内容是展示出卦爻中辞、变、象、数等内容的义涵及其相互关系。程颐对此有系统的看法。他说：“理无形也，故因象以明理。理既见乎辞矣，则可由辞以观象。故曰：得其义，则象数在其中矣。”① “在理为幽，成象为明。” “言所以述理。‘以言者尚其辞’，谓于言求理者则存意于辞也。”② “至微者理也，至著者象也。体用一源，显微无间。”③ 综言之，程颐举示出一个理——象数——辞的结构。在这个结构中，理与象是体用、幽明、隐显的关系：理不可见，而象则有形；同时理与象是一体的隐显两面，两者并非分离。程氏又认为，学《易》的最终旨趣应在“明理”，也即“得其义”；但是因

---

① 程颐：《答张闳中书》，《河南程氏文集》，卷九，《二程集》，北京：中华书局2004年版，第615页。

② 程颐：《河南程氏经说》，卷一，《二程集》，第1028、1030页。

③ 程颐：《易传序》，《二程集》，第689页。

为理不可见，所以必须通过理的显现形态即象以明理，而象则表现在辞中，所以学《易》者应该通过玩辞、观象的方法，从而默识心融，最终达至明理的旨趣。因此，程颐一方面强调理、象、辞是一体的，另一方面则强调象、辞的重要性，并认为通过圆熟的观象玩辞工夫则明理的旨趣自然涵具于其中。从前一方面说，他明显坚持一本论的立场；从后一方面说，他则要通过对象辞的重视而针砭佛家有理一而无分殊的流弊。通过上述关于理、象、辞的思想，程颐还引申出即气明理的理气观与即物穷理的格物说，从而既保证理气、物理一体的立场，又重视理与气、理与物、存在与存在者的对比性关系。

因此，从上述说明来看，牟宗三将程颐之理解读成具有理气二分倾向的静态的存在之理，并不合乎程颐的本意。同时，正是因为坚持理与象、气、物一本的立场，程颐的理实涵具有境域性（horizontal）的义涵。换言之，理具有生成性，理能含蕴万德而引生万化，因此并非“只活动而不存有”者。这也可以从程颐易学思想中的“感应”、“中正”、“常变”、“时义”等论题中体现出来。今依次述之。

首先说感应。《周易·系辞传》：“易，无思也，无为也，寂然不动，感而遂通天下之故。”程颐在其《易传》及语录中对《周易》感应之道展示得较为充分，而这些展示是与理关联在一起的。牟先生论证认为程颐说寂感、感应皆落在气上说，而不是在理上说，所以理成为无寂感之道的静态之理。实际上如果衡以上述程颐即气明理、即象明理的路向，可以说，牟先生似将目光胶固在程颐以气说感应的表面文字上，从而并未重视到也并未意识到其即气明理、即气是理的旨趣。① 不过，我们现在要退一步，指出程颐的理其实也具有寂感、感应的维度，因此其论感应并非只胶固在气上而言。感应始于动，动则

① 其实，不但程颐通过气来说感应，即使是《周易》经传也是以气来说感应，咸卦彖传明谓“二气感应以相与”。因此牟先生认为《易传》的感应不是从气上说，这是不确切的。

是感应的发端，因此可以从程颐论动静的思想来研究其感应观。复卦彖传说："复，其见天地之心乎。"程氏《易传》解释说："一阳复于下，乃天地生物之心也。先儒皆以静为见天地之心，盖不知动之端乃天地之心也。非知道者，孰能识之?"[①] 天地之心其实就是天理。程颐指出天地之心并非处于静态之中，同时以静态的方式也不能见到天地之心，我们需要通过体认天地之心动的发端处，也即其将发未发的幾微境域中，才能见到天地之心。换言之，天理本身并不是完全静止不动的，其寂然不动之中乃蕴含着感动之幾微，这正如周敦颐在《通书》中所谓"动而未形，有无之间者，幾也"[②]，而程颐语录中所说"冲漠无朕，万象森然已具"、"寂然不动，万物森然已具在"[③] 等思想也应自天理本身之幾微性来理解。因此熊十力说："伊川云：'冲寞无朕，万象森然已具。'以吾义通之，冲寞无朕，说为一理。万象森然，不可徒作气来会。当知万象森然，即是无量无边的众理秩然散着也。"[④] 同时，经过自身的感与动，天理便流动并显发为象、气、形，故《程氏易传》论恒卦说："天下之理，未有不动而能恒者也。"[⑤] 又其语录说："'维天之命，於穆不已'，自是理自相续不已，非是人为之。"[⑥] 这里应理解为理本身能感能动。

其次说中正。程颐易学中关于"中正"的论说也可以作为分析其天理说的依据。中正在《周易》中本以表示卦爻之德，李光地《周易折中》说："刚柔中正不中正之谓德。"[⑦] 程氏《易传》对于中

① 程颐：《周易程氏传》，卷二，《二程集》，第 819 页。
② 周敦颐：《通书》，《周敦颐集》，北京：中华书局 1990 年版，第 417 页。
③ 程颢、程颐：《河南程氏遗书》，卷十五，《二程集》，第 153、154 页。
④ 熊十力：《新唯识论》（语体文本），《熊十力全集》，卷三，武汉：湖北教育出版社 2001 年版，第 280—281 页。
⑤ 程颐：《周易程氏传》，卷三，《二程集》，第 862 页。
⑥ 程颢、程颐：《河南程氏遗书》，卷十八，《二程集》，第 226 页。
⑦ 李光地：《御纂周易折中》，《影印文渊阁四库全书》第 38 册，台北：台湾商务印书馆 1983 年版，第 35 页。

正关系有丰富的论述，并且将中与正扩展成为关于理与气（或者就人而言就成为未发之中与已发之和）的另一种表述。所以《程氏粹言》引述谓“使万物无一失所者，斯天理，中而已”、“理善莫过于中”[①]。又《遗书》记程颐说：“‘喜怒哀乐之未发谓之中。’中也者，言寂然不动者也。故曰‘天下之大本’。”[②] 因为中与正是理与气、已发与未发的关系，所以程氏解释《周易》卦爻时往往揭示“中重于正”、“正不必中”[③] 的思想。同时，作为天理之体现的中，体现出天理的浑然至真至当，此浑然之天理乃是非对象化、非现成化的存在本身，具有幾微性与境域性，而不能视为一个固定不变的客观实体或现成存在者。因此程颐反复地指出“中无定体”、“仕止久速惟其可，不执于一。故曰‘君子而时中’也”、“安排着，则不中矣”[④]。如果程颐所体认出来的天理之中是静态的存有，那么是绝不可能具有“中无定体”的境域性特征的。

其次说常变。常与变、不易与变易也是《周易》哲学的基本问题。程颐在其《易传》中对常变问题有着深入阐释。简言之，程氏易说重视常而不甚重视变，并认为人应该知常应变、安常则吉。常在程氏易学中主要作“常理”来解，意谓天理是恒常不易之理，常者天理、天道之常。程颐谓“道无不中，无不常”[⑤]，其论大壮卦说：“正而大者道也，极正大之理，则天地之情可见矣。天地之道，常久而不已者，至大至正也。正大之理，学者默识心通可也。”[⑥] 可见常即是本体、天理、存在本身，因此我们可以通过疏释程颐易学中常的论述以分析其天理说。同时，程颐虽然强调知常、安常，但他同时担

---

① 杨时：《河南程氏粹言》，卷一，《二程集》，第 1175、1182 页。
② 程颢、程颐：《河南程氏遗书》，卷二十五，《二程集》，第 319 页。
③ 程颐：《周易程氏传》，卷三，《二程集》，第 863 页。
④ 程颢、程颐：《二程集》，第 181、1182、1178 页。
⑤ 程颐：《周易程氏传》，卷二，《二程集》，第 838 页。
⑥ 程颐：《周易程氏传》，卷三，《二程集》，第 870 页。

心人们将常对象化、固定化为一个静态的客观存有，从而失去常的幾微性与境域性，因此他特别指出不能“泥常”。程氏论述恒卦说：“夫所谓恒，谓可恒久之道，非守一隅而不知变也，故利于有往。唯其有往，故能恒也，一定则不能常矣。又常久之道，何往不利?”既然常非一定，那么该如何理解常理?他指出唯有随时变易才是常道，[①] 换言之，正如《程氏外书》所谓“无常乃所以为常”[②]。天理之所以为至常，是因为天理流行无间，正如孔子形容道体谓“逝者如斯夫，不舍昼夜”（《论语·子罕》），因此应该承认，程颐所体认的常理确然涵藏着生生不息的境域性与流行性。

最后说时义。在《周易》哲学中，时与义的论题十分微妙，当代新儒学特别是牟宗三先生等因受到西方近代哲学典范的影响，往往并不十分重视时间性的问题。而近代以来的现象学运动，特别是胡塞尔与海德格尔现象学特别研究时间问题，并指出原本的时间并非物理、线性的时间，而是一个过去、现在、未来相互交织生成的存在论境域（ontological horizon）。这一对于时间性（temporality）的原初见地，在《周易》经传中有着丰富精微的发挥。《周易》中“生生”、“神”、“幾”、“变动不居”、“上下无常”、“原始反终”等思想充分展示出原初时间的境域性与神妙性。而程氏《易传》则可以说是历代《周易》诠释当中最重视时间性、同时也最能体会时间性的易学著作。同时，在其《易传》中，程颐经常时、义并举，并提出“《易》随时取义，变动无常”[③]、“《易》之取义无常也，随时而已”[④] 的思想。我们结合上文理解，其实程颐的时与义就是上文变与常的另一种体现，所以对于时义的分析也可以丰富我们对程颐天理观

① 程颐：《周易程氏传》，卷三，《二程集》，第861—862页。
② 程颢、程颐：《河南程氏外书》，卷七，《二程集》，第394页。
③ 程颐：《周易程氏传》，卷一，《二程集》，第769页。
④ 程颐：《周易程氏传》，卷四，《二程集》，第954页。

的理解。因此在程氏看来，义即常理，时即变动、变化之象，而时与义的关系可以归结为他的易学宗旨："《易》，变易也，随时变易以从道也。"① 换言之，时是变易，义即天理，而天理并不是与时隔别的静态的存有，而是体现在本原的时间性之中的活泼的存在境域，这个境域需要通过时间性的展示方能成就出义。因此从根本上说时即义，义即时，天理本身就蕴含并充盈着时间性，因此是一个具有生成性（generative）的存在境域。所以君子体认天理，必须参与至时间境域之中去体认："君子之道，随时而动，从宜适变，不可为典要，非造道之深，知幾能权者，不能与于此也。故赞之曰：'随时之义大矣哉！'"② 如果程颐的天理诚如牟先生所说是"平置的、实在论式的理"、"理益显其为吾人之心所攀企的对象"③，那么他决不会念兹在兹地充分展示出时、义之丰富的境域性的，而只是绕过时间性的向度而直接收缩提炼成静态之理即可。

综上，通过对程颐易学中"感"、"中"、"常"、"时"的展示，我们认为程颐的理具有幾微性与境域性的特征，是寂感一如的真实存在境域，而并非是只存有而不活动的实体。笔者认为熊十力对程颐之理的体认较牟先生为恰切，其云："佛家云真理，伊川云实理，义意深微。如非真实，何能备万德而肇万化乎？"④

二　心的三向度

除天理说外，程颐思想另一个备受争议甚至批评之处在于他的心论。这其中仍数牟宗三先生的批评最为显眼。牟先生指出，程颐在理

---

① 程颐：《易传序》，《二程集》，第689页。
② 程颐：《周易程氏传》，卷二，《二程集》，第784页。
③ 牟宗三：《心体与性体》，上册，上海：上海古籍出版社1999年版，第75、70页。
④ 熊十力：《新唯识论》（语体文本），《熊十力全集》，卷三，第281页。

气论上将理收缩为静态的存有，已经具有理气二分之实。其在心性情论上，则以性为理，以心、情为气，心只是经验性的心，并无本心、本体的义涵；同时，因为理是静态的存有，所以性也是静态板结而不活动的存有，这一思想导致了后来朱熹主张心性情三分的格局。因为这个格局，人的道德成为他律道德，而与程颢以德性为即存有即活动的自律道德大异其趣。

其实，与其理象、理气说一样，程颐的心性情之论也可以视为自其易学思想引申至人身上来的说法。一方面，理与象、理与气是一体无间的，相应地心、性、情在根源上是一源而非二本；另方面程颐因为强调象、气的重要性，所以在心性上他特别强调以心为气之灵的一面，并严格展示情、心与性的对比性关系。然而这并不表示程颐的心只是气，也决不表示性与情在实质上能够分离开来。在本节中，我们将分析程颐的心论，并指出程颐所说的心也具有本心义，而并非仅以气言。

对程颐的心可以作出不同角度的分析。本文另辟角度，通过辨析程氏《易传》及其语录中的相关内容，指出程颐展示出三种向度的心："私心"、"公心" 和 "诚心"。他认为，人心的本然状态是中正无偏、虚明通廓、无所遮蔽的，故谓 "中者心之象"①、"心兮本虚，应物无迹"②。然而，人心充满着各种可能性，同时人心也能动，因此心可以顺着其本然虚明的状态而动，也可以偏离其本然状态而妄动。前者即是公心，后者则形成私心（或称邪心、欲心）。公心能够公天下之心、顺天下之志，让天下万事万物在其本然的明正通达中得到生养成遂。私心则因为妄动并偏离本然的虚明状态，从而有所偏蔽，让自己与他者陷入局限甚至虚妄之中。因此在程颐看来，心具有十分重要的地位。心之动是真是妄，造成明与蔽、通与塞的后果，故

---

① 程颐：《周易程氏传》，卷三，《二程集》，第1001页。

② 程颐：《四箴》，《河南程氏文集》，卷八，《二程集》，第589页。

程氏《易传》谓“人心有所蔽，有所通。所蔽者暗处也，所通者明处也”，“圣人感天下之心，如寒暑雨旸，无不通，无不应者，亦贞而已矣。贞者，虚中无我之谓”，“以有系之私心，既主于一隅一事，岂能廓然无所不通乎”①。程颐还指出，心之妄动的原因在于人有“欲”，所谓“动以天为无妄，动以人欲则妄矣”、“心有欲而为者则妄也”。所谓“欲”就是人心偏向并侧重于一隅一处并对之有所粘附固执，从而遮蔽了人心本然之公，因此“所欲不必沈溺，只有所向便是欲”。② 所以即使是着意地去为公，而不出自人心之本然，实际上也是一种私心。③

同时，欲因为是人心不如实、虚妄的偏向，因此可以通过修养工夫令人欲消除，最终让私心转化并回复到公心的本然如实状态。这种修养工夫就是敬，也即“主一无适”。程颐说：“所谓敬者，主一之谓敬。所谓一者，无适之谓一。且欲涵泳主一之义，一则无二三矣。”④ 主一无适就是收摄整顿身心并涵养这种收摄之意，从而令心不向外走作驰骛，心没有妄向妄动，就自然能够回复到本然虚明通廓的公心的状态。反之，如果没有敬的工夫，人心就不能避免妄向妄动，此即程氏《易传》所谓“不能敬慎则妄动”⑤。由上，程颐对人欲与私心作出深入充分的辨认，而其消除人欲与私心的工夫也相当清晰严格。

在程颐看来，敬可以转私心为公心，但是敬的最终效果还不止于此。这就涉及对于敬的主一工夫中“一”的深一层理解。他认为一个人仅仅以去除私心为目的是不够的，如果没有“一”的统摄、导

---

① 程颐：《周易程氏传》，卷二、卷三，《二程集》，第847、857—858页。

② 程颢、程颐：《二程集》，第822、825、145页。

③ 程颢、程颐：《河南程氏遗书》，卷十八，《二程集》，第192页。

④ 程颢、程颐：《河南程氏遗书》，卷十五，《二程集》，第169页。

⑤ 程颐：《周易程氏传》，卷二，《二程集》，第851页。

引与提升，那么在表面上私心或可得到暂时的消除，但其实从根子里私心并未彻底消失。而这个一就是诚、理、仁、性。程氏《易传》论无妄卦说："虽无邪心，苟不合正理，则妄也，乃邪心也，故有匪正则为过眚。"① 因此，无妄与无私的真实本然状态应奠基在本源的存在的基础上。只有让天理至诚全体显豁出来，才会有真实的无妄与无私。程颐因此说："无妄者至诚也，至诚者天之道也。""无妄者，理之正也。""主一者谓之敬。一者谓之诚。"② 可见，敬的工夫通过收摄、整顿、涵养身心，最终是要达至至诚的存在境地上去；只有达至至诚，敬的工夫方为圆成。因此，人由私心转化为公心仍是不足够、不彻底的，公心还要再通过至诚来充实之。换言之，公是至诚所透显出来的气象，但仅仅说公、公心则不足以尽至诚之蕴。程颐还指出，由敬而后才能达至至诚，而至诚则无不敬，所谓"诚则无不敬。未至于诚，则敬然后诚"③，因此敬与诚构成了一个循环，敬既是工夫，也通于本体，正如《中庸》所言"诚则明矣，明则诚矣"。④

这一至诚境地，程颐又称作"仁"。因为公是至诚所显之气象，但公则不足以尽至诚之蕴，所以公也不一定是仁，但仁则一定有公的气象。因此程颐说："仁道难名，惟公近之，非以公便为仁。""仁之道，要之只消道一公字。公只是仁之理，不可将公便唤做仁。"⑤ 这里"仁之理"的理字作文理、气象解。

应该指出，这里说的诚、仁等，也是一种心，只不过此心是较公心更富于本源义涵的心，具有本体也即基础存在论的意味。因此程颐

---

① 程颐：《周易程氏传》，卷二，《二程集》，第822页。

② 程颢、程颐：《二程集》，第822—823、315页。

③ 程颢、程颐：《二程集》，第1170页。

④ 因为敬与诚具有实质性的关联，所以唐君毅先生认为程颐的敬皆只就心之已发（即作为情气的状态）而言，实际上说得太绝对了些。参见唐君毅：《中国哲学原论·原教篇》，台北：学生书局，1990年，第197—201页。

⑤ 程颢、程颐：《二程集》，第63、153页。

又将此称作诚心。其云："四端不言信者，既有诚心为四端，则信在其中矣。"① 四端为性之四端，也即仁义礼智。因此在程颐的思想中，至诚、诚心也就是性体本身。由此可见，程颐的心并非仅只有经验之心、心气之心的向度，他明确指出心具有诚心的向度，而诚心即是作为本体的性，因而程颐之心也具有"本心即性"的本心本体的向度，所以他在《与吕大临论中书》中明确指出心"有指体而言"、"有指用而言者"②。只不过程颐可能因为辟佛的需要、加之为了对治在现实情境中人心的不如实的表现，因此特别着重在对于私心、公心的分析上，同时其论敬则多就工夫而少就本体而论，因此程颐思想中的本心义以及敬关联于本体之义略隐而弗彰，但我们却不可因此直接地认为程颐完全是以气为心。

三　性的生成性

由论程颐的心，本文再试图深入到程颐论性的内容上去。心有诚心的向度，诚心即至诚，即天理，即仁，即性，即一。诚心就是性本身，而性则与理、诚、仁、一等义相通不二。从这个意义上说，我们可以通过将程颐所论诚、理、性、仁、一等说法的相互观照、相互诠释、相互丰富，从而再深入探讨程颐所论性或本心的义涵。通过对程颐本心说的探讨，我们将展示出程颐之性实非如牟宗三先生所说，是静态而不活动的存有，而是即寂即感并具有构成性与生发性的根源性存在。

首先，程颐并不认为作为本心本体的"一"是抽象的理念或完全静态的存有。如果一是静态的存有，一自身便不能具有生化性与生成性。但程颐明确指出一是生化和生成之源泉，寂静贞专却又神妙不

---

① 程颢、程颐：《河南程氏遗书》，卷二十四，《二程集》，第315页。
② 程颐：《与吕大临论中书》，《河南程氏文集》，卷九，《二程集》，第609页。

测。其谓“有一便有二”、“唯精醇专一，所以能生也”、“惟其专直，故其生物之功大”，所以“其理至微”[1]。一之所以能够蕴含生化性与生成性，是因为一中有着阴阳的微妙对比与互构关系，这正如张载所说“一故神”、“两在故不测”[2]，程颐的“冲漠无朕，万象森然已具”也应从这个意义上去理解。

其次，正因为一具有生化性与生成性，因此作为本体的至诚自然也就生生无间无息，所谓“至诚无远近幽深之间”[3]、“情，有替也；诚，无息也”[4]。同时，一或诚既是天地生化之源，也是人之本心本性；人可以通过主一、存诚、正心、养性的工夫令本心本性透露出来。因此，一方面本心本性就是一或诚本身，是人所本然具备的，所以程颐谓“闲邪则诚自存，不是外面捉一个诚将来存着”[5]；另一方面因为一或诚蕴含着生化性与生成性，所以本心本性也绝不是完全静态的存有。早在青年时代，程颐便在《颜子所好何学论》一文中展示出本心本性的基本蕴义。其云：“曰：天地储精，得五行之秀者为人。其本也真而静，其未发也五性具焉，曰仁义礼智信。形既生矣，外物触其形而动于中矣。其中动而七情出焉，曰喜怒哀乐爱恶欲。”[6]这段话明显承袭了其师周敦颐的《太极图说》而有所丰富，《太极图说》谓“惟人也，得其秀而最灵。形既生矣，神发知矣，五性感动而善恶分，万事出矣”[7]。因此，程颐所说的“动于中”、“其中动”应理解为本心即性之感动，性之感动则表现为七情。

那么这里便引申出一个问题：性为何会有所感动？这是因为一方

---

① 程颢、程颐：《二程集》，第225、910、1029、767页。
② 张载：《正蒙·参两篇》，《张载集》，北京：中华书局1978年版，第10页。
③ 程颐：《周易程氏传》，卷四，《二程集》，第1010页。
④ 程颐：《杂说》，《河南程氏文集》，卷八，《二程集》，第588页。
⑤ 程颢、程颐：《河南程氏遗书》，卷十五，《二程集》，第149页。
⑥ 程颐：《颜自所好何学论》，《河南程氏文集》，卷八，《二程集》，第577页。
⑦ 周敦颐：《太极图说》，《周敦颐集》，第6页。

面诚或一本然地具有生化性与生成性，因此性作为诚一在人身上的表现，则自然地具有感生性；另一方面，在程颐看来，性本身蕴含着“真而静”的本然气象，“真而静”并非是说固化不变的寂静，而是形容性体“冲漠无朕”的精微蕴义，而之所以有这种蕴义，是因为性体蕴含着仁义礼智信五性、“五性具焉”。换言之，本心本性涵摄着诸多相互构成、相互融通的德相，诸多德相通过相互的构成与融通，乃成就出一个“冲漠无朕，万象森然已具”的精微的构成性境域（constitutional horizon）。程颐晚年在《易传》中更指出：“四德之元，犹五常之仁，偏言则一事，专言则包四者。”① 乾卦元亨利贞四德中的元，一方面是别相，即与其余三德一样是四德中的一德；而另一方面则统摄诸多别相而成为的德之总相。相应地，性中仁义礼智信五常的仁，既是五性之别相，也是五性之总相。因此，性就是一个总别不二、总别互具的本源构成性境域，其未发动时真寂微妙，涵藏着无尽的生成性与神妙性。因此只要一有所感、一有所触，就自然能够动而生成出七情万事。而这种动是性之动，也是心之动，也是仁之动。因为在这个环节上，心是本心，本心即是性，也即是作为德之总相的仁。程颐谓“自性之有动者谓之情”②、“情者，性之动也”③等，就明确指出性之有动，因此唐君毅也指出程颐的性是“生性”、“生理”。④ 但牟宗三先生论证程颐“性之有动者谓之情”之说并指出这并非是说性之自动，而是说情依性而动而为性所统驭者，从而否认程颐的性具有生成性。而我们通过程颐所论一、诚、性、仁的相互诠释、相互丰富，可见性并非静态固定的实体，同时通过对《颜子所好何学论》所论性的义涵进行分析，还展示出程颐的性具有构成性、

---

① 程颐：《周易程氏传》，卷一，《二程集》，第 697 页。
② 程颢、程颐：《河南程氏遗书》，卷二十五，《二程集》，第 318 页。
③ 杨时：《河南程氏粹言》，卷二，《二程集》，第 1257 页。
④ 唐君毅：《中国哲学原论·原教篇》，台北：学生书局，1990 年，第 177 页。

蕴含生发性，故牟先生之说转嫌缴绕而不实。

四　总结

本文集中分析了程颐理学中关于理、心、性的思想，这些思想在程颐理学甚至宋明理学中都是关键性的问题。同时，这些问题也引发学术界长期的论辩，甚至到目前为止仍未有一致定论。在这些论辩中，牟宗三先生对于程颐的解读尤为深入系统，但其中可能带来相当程度的误读。因此本文欲在这些关键性问题上提出另外一种解读，这种解读或许略能丰富对这些问题的探讨。

本文认为，表现程颐思想最成熟的文字无疑是《易传》，同时程颐理学在很大程度上来源于其易学，格物论可以说是其易学思想的延伸。因此本文采取将程氏《易传》与其语录互观互诠的方式，探讨程颐理学中理气与心性的义涵。在理气上，程氏易学一方面主张理象、理气的本源一体性；同时又强调理象、理气的对比性关系，强调即象明理、即气是理的路向；因此将程氏思想认定为理气二分并不合乎程颐的本意。同时在理上，程颐通过感应、中正、常变、时义等内容，展示出理本身具有境域性、生成性的性质，因此牟先生将程颐的理解读成为静态固定的不活动的存有，是有问题的。在心性方面，本文以对程氏《易传》及其语录的分析出发，辨析出程颐的心具有三个向度，即私心、公心与诚心。人的诚心即天地之至诚，至诚是天地之本体，因此诚心并不是心气之心，而是具有本心的义涵。人可以通过敬的主一工夫，去除私心、达至公心，并最终住于诚心，因此敬既是工夫，也是本体。由对心的分析以及对诚心的展示，本文进一步分析程颐的性的义涵。我们认为，程颐所论诚、一、理、仁、性等义，可以互动互诠，因为其皆从不同侧面诠表同一义蕴。诚具有生成性，因此程颐的性也绝不是固定静态的存有，而且本文通过分析，确认程颐之性具有构成性与生成性，此构成之性能有所动，因此作为本心的性，也并非如牟先生所言，是心性二分的性、静态而不活动的性。

我们知道，关于程颐理学的论辩实际上并不始于牟氏，因为程朱与陆王之辨本来就是宋明理学的主要问题之一。只是这一问题同时也深刻影响到了现代新儒学，牟先生在《心体与性体》中将程颐、朱熹视为一系，并竭力论证这一系统走向了理气二分、心性情三分的格局，这无疑将朱陆之辨的问题继续显豁并深化，同时也为陆王等系统批判程颐朱熹提供更系统深入的理据。不过，经过本文对程颐理学的分析，我们认为程颐思想使人有理气二分、心性情三分的表面印象，同时程颐朱熹的后学也可能不善于体认理解，并将此表面印象转为理气二分、心性情三分之实，从而萎缩了程颐理学思想的丰富性与活泼性，并给陆王等批判程颐理学留下把柄。我们平心而观，程颐朱熹出于严判儒佛分野的思想方向兼及其他原因，从而强调理气、心性、性情的对比与分辨（注意：是对比而非对立、分辨而非分解）过于严苛，其对比力度过大，并相当突出地举示出理的尊严性，从而让学者容易失去对其理学中理气一体、心性一源这一思想向度的体认，从而陷于一偏。这是程颐自觉或不自觉所造成的潜在的思想导向与思想问题。不过，如果我们说程颐过分严格地强调对比之二，那么也可以说其兄程颢实亦过分地展示圆融之一，后者则容易陷于浑沦而无别。因此实际上，我们认为，大凡深通天人之存在根源的有道者，都能体会到“一而二、二而一”这一存在境域。只是为了有所侧重、对治、强调，从而或偏重在对于一的提点，或偏重在对于二的展示，能兼之而无偏者，则可谓优入圣域。但克实而言，前者虽然强调一，但其一是“二而一”基础上的一；同理，后者虽然强调二，但其二是“一而二”基础上的二。就后者而言，如果我们将“一而二”的思想理解并拆分为“一分为二”，则是将程颐的思想引向衰竭与错误，这并不是程颐的初衷，也不合其思想的性质。本文则主要侧重展示程颐思想中“一”的向度，以求为深入理解程氏思想以及重新考察牟先生的程颐研究提供一二角度与省察。以此观之，其实牟先生实未如唐君毅先生所论伊川之学为恰切，唐先生总结程颐之学谓“依此伊川所说，则性情、理气、寂感，一方是相对为二，而二中亦有相向以成其不二之义”①。同时，与牟先生一样，唐先生对程颐理学诸论题也有着丰富的论析，遗憾的是学界尚未于此着眼并加以阐发，而这可以成为今后程颐研究的新方向。

① 唐君毅：《中国哲学原论·原教篇》，北京：中国社会科学出版社2006年版，第112—116页。

后记

近十年来，笔者主要从事现代新儒学与宋明理学的研究。笔者的硕士论文研究的是《伊川易传》，而博士论文则研究马一浮先生的现代新儒学思想。近年来，笔者逐渐感受到，马一浮新儒学思想与伊川理学思想有着内在的关联性。因此，在今年夏天完成《马一浮六艺论新诠》一书的修改与润色后，随即在夏秋之季撰写此书，系统地阐发笔者所理解伊川之学。完成并出版这两本拙著，也算是对自己十年来的学与思的某种交代吧。

另外，撰写这本关于伊川理学的书稿的另一个用意，是试图提供出理解、诠释伊川理学的新视野与新方法。这里的“新”，是相对于牟宗三先生对伊川、朱子的诠释模式而言的。牟先生对于伊川、朱子的衡判，对学界产生深远的反响与影响。但牟先生的这种衡判，与笔者对伊川理学的理解，构成了一个很大的张力与鸿沟。因此笔者便着手处理这个张力与鸿沟，最终感受到牟先生对伊川的研究存在着误读的成分，故必须做出具体而系统的辨析与澄清工作。所以拙著也可以说是针对牟先生的伊川研究而写的。当然，除了对牟先生的伊川、朱子研究不太满意之外，笔者从牟先生的哲学思想与哲学史研究中，所获甚多，同时也深深感受到牟先生为人为学的高贵品格。这当然是毋庸赘言的。

谨将这本不成熟的拙著，献给我的恩师范立舟教授。从笔者本科学习的期间，范老师便对笔者的学与思，作出相当多的指导。我本科读的是中文系，后来报考了华东师范大学中国哲学专业的硕士，便是范老师给我的意见；其后笔者申请到香港科技大学人文学部就读中国哲学的博士班，也是范老师给我的指引。不特如此，范老师对我的关怀和提掖，是多方面、全方位的。范老师是宋代理学与宋代思想史的专家，故谨将拙著献给范老师，以表对范老师的感恩之情。

另外，笔者从 2011 年起，在武汉大学哲学学院从事师资博士后的研究，受到合作导师郭齐勇老师的关怀与鼓励。能够亲近郭师，感受郭师的为人为学，便足以一生受用。笔者还感谢武大哲学学院吴根友院长的鞭策，让我理解到青年学者的责任。另外，好友陈晓旭在我写作的过程中，给我很大的支持与勉励。同事郑泽绵、王萌关心本书的思想与撰写进度，没有他们的敦促，拙著或者也不可能写出来。感谢岳麓书社刘文先生对于拙著的不吝接纳。最后，当然更感念我的家君家母。所谓大恩不言谢，我只有在将来努力养德、养身、养家、养学，以报答我所永不能报答的父母了。

刘乐恒

2014 年 9 月 20 日于珞珈山麓

主要征引文献

阮元校刻:《十三经注疏》，中华书局 1980 年版。

高振农校释:《大乘起信论校释》，中华书局 1992 年版。

普济:《五灯会元》，中华书局 1984 年版。

张载:《张载集》，中华书局 1978 年版。

程颢、程颐:《二程集》，中华书局 2004 年版。

朱熹:《朱子全书》(修订本)，上海古籍出版社、安徽教育出版社 2010 年版。

朱熹:《朱子全书外编》，华东师范大学出版社 2010 年版。

黄宗羲:《宋元学案》，中华书局 1986 年版。

王夫之:《张子正蒙注》，中华书局 1975 年版。

王夫之:《读四书大全说》，岳麓书社 1982 年版。

周敦颐:《周敦颐集》，中华书局 1990 年版。

段玉裁:《说文解字注》，上海古籍出版社 1981 年版。

马一浮:《马一浮全集》，浙江古籍出版社 2013 年版。

熊十力:《新唯识论》，中华书局 1985 年版。

熊十力:《熊十力全集》，湖北教育出版社 2001 年版。

唐君毅:《生命存在与心灵境界》，台北学生书局 1986 年版。

唐君毅:《中国哲学原论 · 导论篇》，中国社会科学出版社 2005 年版。

唐君毅:《中国哲学原论 · 原教篇》，中国社会科学出版社 2006 年版。

唐君毅:《中国哲学原论 · 原性篇》，香港新亚书院研究所 1968 年版。

唐君毅:《中华人文与当今世界补编》，台北学生书局 1988 年版。

牟宗三:《心体与性体》，上海古籍出版社 1999 年版。

牟宗三:《牟宗三先生全集》，台北联经出版事业有限公司 2003 年版。

刘述先:《论儒家哲学的三个大时代》，香港中文大学出版社 2008 年版。

侯外庐、邱汉生、张岂之主编:《宋明理学史》，人民出版社 1984 年版。

余英时:《宋明理学与政治文化》，吉林出版集团 2008 年版。

郭齐勇:《熊十力哲学研究》，人民出版社 2011 年版。

沈清松:《沈清松自选集》，山东教育出版社 2005 年版。

葛荣晋:《中国哲学范畴通论》，首都师范大学出版社 2001 年版。

林益胜:《伊川易传的处世哲学》，台北商务印书馆 1988 年版。

图书在版编目(CIP)数据

伊川理学新论/刘乐恒著. —长沙:岳麓书社,2014.12(2024.9重印)
(青年学术文库)
ISBN 978—7—5538—0311—1

Ⅰ.①伊... Ⅱ.①刘... Ⅲ.①程颐(1033—1107)—理学—思想评论 Ⅳ.①B244.6

中国版本图书馆CIP数据核字(2014)第284421号

YICHUAN LIXUE XINLUN
伊川理学新论

作　　者　刘乐恒
责任编辑　刘　文
责任校对　舒　舍
书籍设计　萧睿子

岳麓书社出版发行
地址:湖南省长沙市爱民路47号
电话:0731—88804152　88885616
邮编:410006
网址:www.yueluhistory.com

2014年12月第1版　2024年9月第2次印刷
开本:890×1240　1/32
印张:7.25
字数:188千字
印数:1—1 000
ISBN 978—7—5538—0311—1/B・136
定价:75.00元

承印:唐山楠萍印务有限公司

如有印装质量问题,请与本社印务部联系
电话:0731—88884129